SHIJIE YILIU SHENGJI DIANWNAG QIYE JIANSHE
TANSUO YU SHIJIAN

世界一流省级电网企业建设探索与实践

国网江苏省电力有限公司　组编

中国电力出版社
CHINA ELECTRIC POWER PRESS

内容提要

作为国家电网公司创建世界一流示范企业典型引领单位，国网江苏省电力有限公司锚定世界一流目标，奋力推进世界一流企业建设工作，在部分重点领域和关键环节取得一系列标志性成果。

本书系统总结了国网江苏省电力有限公司所属各单位在探索建设世界一流企业过程中的好经验、好做法。全书分为综合实践篇、专项实践篇、示范基地篇共三个部分，共收集整理了60多个典型示范。

本书脉络清晰、描述具象、借鉴性强，可供国家电网公司系统各单位学习借鉴。

图书在版编目（CIP）数据

世界一流省级电网企业建设探索与实践／国网江苏省电力有限公司组编．—北京：中国电力出版社，2023.7

ISBN 978-7-5198-7620-3

Ⅰ．①世…　Ⅱ．①国…　Ⅲ．①电网—工业企业—工业企业管理—研究—江苏　Ⅳ．① F426.61

中国国家版本馆 CIP 数据核字（2023）第 042461 号

出版发行：中国电力出版社
地　　址：北京市东城区北京站西街 19 号（邮政编码 100005）
网　　址：http://www.cepp.sgcc.com.cn
责任编辑：崔素媛（010-63412392）
责任校对：黄　蓓　王海南
装帧设计：赵丽媛
责任印制：杨晓东

印　　刷：三河市航远印刷有限公司
版　　次：2023 年 7 月第一版
印　　次：2023 年 7 月北京第一次印刷
开　　本：787 毫米 ×1092 毫米　16 开本
印　　张：19.75
字　　数：382 千字
定　　价：118.00 元

编委会

主　编　杨章平

副主编　徐　磊　游余根

参　编　范　忠　王晓丹　刘　伟　徐　然　孙亦芸

沈　忱　朱孝辉　华明明　张聂鹏　王　鹏

王　昀　景海洋　项　珍　杨东升　鞠增祥

代　磊　王　颖　黄成燕　高拓宇　陈　品

杜　钰　陈　琦　俞　雪

前言

PREFACE

加快建设世界一流企业，是以习近平同志为核心的党中央着眼于党和国家事业发展需要作出的重大战略决策。习近平总书记高度重视建设世界一流企业，在党的十九大、党的十九届五中全会、党的二十大作出了明确部署，强调加快建设一批“产品卓越、品牌卓著、创新领先、治理现代”的世界一流企业，为新时代国有企业改革发展指明了方向。

近年来，作为国家电网公司创建世界一流示范企业典型引领单位，国网江苏省电力有限公司（简称国网江苏电力）认真贯彻落实党中央国务院、国家电网公司决策部署，锚定高质量发展目标，积极开展世界一流示范企业创建和对标管理提升行动，以国家电网公司行动纲领为指导，统筹谋划、精准发力，各项创一流改革任务取得了显著成效。国网江苏电力业绩考核连续十一年保持国家电网公司系统第一名、实现“十一连冠”，公司资产负债率、单位资产供电量、客户服务满意度、综合线损率等多项指标已达到国际领先水平，国网江苏电力获评国务院国资委管理提升标杆企业。

为了更好地总结宣传好经验、好做法，充分发挥示范引领作用，向国家电网公司系统输出可复制、可推广的优秀经验，促进系统内各单位相互学习借鉴，国网江苏电力法律合规部（体改办）组织国网江苏电力各单位总结提炼创一流过程中的好经验、好做法，编写形成了《世界一流省级电网企业建设探索与实践》一书。

本书以案例形式系统总结了国网江苏电力在建设世界一流企业过程中探索形成的特色亮点做法，分为综合实践篇、专业实践篇、示范基地篇共三个部分。综合实践篇以公司各单位为主体，全面总结各单位特色做法和亮点成效，展现示范引领形象。专业实践篇聚焦某一专业领域实践成果，集中呈现了公司在公司治理、管理提升、绿色低碳、专业技术、优质服务、人力资源、科研创新、数字化转型、品牌塑造等方面的最佳实践。示范基地篇选取了公司系统内具有较高管理水平，承担重要业务实施功能，在实际应用中获得显著经济或社会效益，具有可借鉴、可推广价值的10个示范基地进行展示。

建设世界一流企业，是一项长期目标追求。国网江苏电力将坚持以高质量发展为主题，推动“一业为主、四翼齐飞、全要素发力”发展总体布局在江苏率先实现，奋力在具有中国特色国际领先的能源互联网企业建设中站排头、当先锋、作表率。

本书在编写过程中得到了国网江苏电力各部门、各单位的支持和帮助，在此表示衷心的感谢。因时间紧张，水平有限，本书可能存在疏漏与不当之处，同时本书所列的案例做法也有不断提升和完善的空间，诚恳期待读者赐教、指正，以起到互学互鉴、共同提升的目的。

作者

2022年12月

综合实践篇

专业实践篇

示范基地篇

综合实践篇

坚持全球视野　加快建设世界一流企业

国网江苏省电力有限公司

一、工作推进情况

国网江苏电力立足“三个排头兵”[1]的目标定位，高标准高质量推进建设工作。一是加强系统谋划。贯彻落实辛保安董事长关于国网江苏电力要在国家电网公司系统站排头、当先锋、作表率的指示要求，将建设世界一流企业工作纳入践行能源革命、推动能源转型、助力长三角区域一体化发展、服务“强富美高”新江苏建设等国家发展大局，与公司战略一体推进实施，研究制定了1个行动纲领、16个专项方案、18个方面重点建设任务。二是加强组织领导。充分发挥深化改革委员会及深化改革办公室统筹协调作用，压紧压实专业部门、基层单位“一把手”主体责任，建立“研究部署—分解实施—督导检查—动态评估—改进提升”闭环管控机制，推动将世界一流建设成效纳入公司业绩考核，形成上下贯通、横向协同的工作格局。三是加强对标找差。树立国际视野，研究制定6个维度49项对标世界一流指标体系，选取法国、德国、日本等500强能源电力企业开展指标数据和管理实践对标，编制发布《公司对标世界一流分析报告（2022年版）》，科学评价公司发展水平，查找分析公司发展优劣势，并制定改进提升举措。四是加强分层实施。遴选30个基层重点项目纳入公司级项目统筹推进，发挥基层在关键领域的重点支撑作用。组织开展公司系统标杆示范选树，培育出13个标杆企业、10个示范基地等一批优秀管理实践，充分发挥示范带头作用。系统总结基层特色亮点工作，汇编形成《世界一流电网企业建设探索与实践案例集》。

[1] 建设“具有中国特色国际领先的能源互联网企业”的排头兵；服务“双碳”目标、推动能源高质量发展的排头兵；服务“强富美高”新江苏建设的排头兵。

二、建设世界一流企业的主要做法及成效

（一）聚焦主业主责，打造一流的经营实力

国网江苏电力深入贯彻“四个革命、一个合作”能源安全新战略，紧盯“两利四率”，持续提升经营管理水平。一是持续加大电网投入。建成特高压“一交四直”、500千伏“七纵七横”、各级电网协调发展的大电网体系，35千伏及以上变电站3316座、输电线路10.8万千米，电网发展规模高于德国、英国、日本等发达国家。二是推动国有资产保值增值。深化全面质量管理与多维精益管理，深入实施提质增效专项行动，强化投资、成本精准管控，大力拓展综合能源、电动汽车、能源数字服务等新兴市场，2022年，国网江苏电力营收超4000亿元，位列世界500强企业第205位，资产周转率、资产负债率、营业收入增长率、单位资产售电量等经营指标高于世界500强国际电力企业。三是全力做好电力保供。积极争取电力资源，形成省市县、政电企、源网荷协同攻坚局面。率先上线新型电力负荷管理系统，探索构建政策优、机制优、技术优、社会参与度高的“三优一高”负荷管理体系，以经济杠杆引导用户错峰避峰，实现错峰能力最大化、电量影响最小化。2022年迎峰度夏和迎峰度冬期间，全网最大负荷86天过亿、最高达到1.31亿千瓦。

（二）强化内部变革，打造一流的治理能力

国网江苏电力充分发挥改革的先导和突破作用，深入实施国企改革三年行动，为建设世界一流企业注入强劲动力。一是健全中国特色现代企业制度。全面落实“两个一以贯之”，全国首创党委委员复合式分工模式，研究制定党组织前置研究事项清单，推进党的领导融入公司治理各环节。配齐配强子企业董事会，建立以章程为基础的治理制度体系，推动各治理主体依法履职。二是优化公司管控模式。区分监管非监管业务，在主业实施“战略+运营”、在市场化单位实施“战略+财务”管控，围绕经营决策权、项目审批权、专业管理权累计下放174项“放管服”事项，充分向基层一线赋能。三是深化混合所有制改革。抢抓国资委“双百”试点和国家发展改革委混改试点有利契机，完成江苏综合能源混合所有制公司组建，持续建立健全市场化经营机制，在各地市层面设立属地子（分）公司，显著提升国有资本影响力与带动力，获评国务院国资委专项评估A级企业。四是深化“三项制度”改革。建立差异化业绩考核体系，推进内部模拟市场全级次覆盖，构建职务、职员、专家“3+1”职业通道发展体系（3为职务、职员、专家，1为职级），探索职业经理人制，推广项目分红、项目跟投等中长期激励模式。

（三）重塑业务流程，打造一流的服务品质

国网江苏电力坚持以人民为中心，精简流程、融合职能，“获得电力”水平全国领先，荣获全国AAA用户满意标杆单位。一是健全现代服务体系。践行“人民电业为人民”企业宗旨，构建以客户为中心的现代服务体系，推进城乡一体化服务，推广全域网格化供电服务，畅通线上线下服务渠道，服务质量和效率显著提升。二是优化电力营商环境。推动出台电力营商环境配套政策超百项，建成“开门接电”示范区65个，实现“阳光业扩”“三零”（零上门、零审批、零投资）“三省”（省心、省力、省钱）服务全覆盖，高、低压客户接电时长分别降至26.3个工作日和2.9个工作日。客户万户投诉率保持国网系统最低，服务便捷性和满意度保持公用事业行业前列。三是服务新业态发展。上线“供电+能效服务”平台，接入用能客户、能源服务商4万余户。组建省市县三级直接交易服务团队，开展重点能耗单位在线监测，降低企业用能成本。开发全国首个电力大数据公共查询平台，绘制上下游产业链复工复产关联图，做法得到国务院肯定。

（四）注重清洁低碳，打造一流的绿色发展水平

国网江苏电力秉承绿色发展理念，结合“经济大省、资源小省”实际，积极服务“双碳”目标，可再生能源发电利用率达到100%，处于国际领先水平。一是保障清洁外电入苏。构建政企长效机制，建成雁淮、锡泰、白鹤滩等特高压工程，海上大规模新能源消纳能力大幅提升。加强资源统筹，通过签订中长期交易合同、市场化代购代销等多种方式稳定供需，确保长期可靠的区外来电。2022年高峰期间最大区外来电达3240万千瓦，其中通过省间电力现货市场高峰时段最大增供460万千瓦。二是积极服务“双碳”目标。发布公司“双碳”工作实施方案，明确6大类、102项重点任务。配合政府编制江苏省碳达峰实施方案，配合建设江苏省“双碳”服务平台。推动制定市场化光伏建设方案和整县屋顶分布式光伏试点方案。发布全国首个省级电力系统碳排放分析平台和全国首个碳服务品牌。光伏、风电等新能源并网容量达5090万千瓦。三是加快实施电能替代。聚焦工业生产、生活消费、农业农村等领域，促请出台“瓶改电”、港口岸电等电能替代支持政策。大力推进充电桩建设，电动汽车充放电网络高速公路全覆盖，建成城区3公里充电圈。

（五）坚持创新攻坚，打造一流的核心技术

国网江苏电力始终坚持把创新作为推动发展、破解难题的第一动力，持续加大管理、技术创新资源投入。一是建立健全创新工作体系。组建“校、企”创新联合体，建立由直

属科研单位、双创中心等组成的创新协同网络，构建“2+2”成果转化体系，建成18个国家电网公司级、省级实验平台，拥有国家级人才25名，国网首席专家14名，培养了一批科研领军团队和基层创新工匠。二是加强核心技术攻关。建成投运大规模源网荷储友好互动系统、苏通GIL综合管廊、白鹤滩入苏混合级柔性直流输电工程等一批重大示范工程，取得了一系列拥有自主知识产权达到世界领先水平的重大科技成果。累计获国家科技进步二等奖3项、中国专利金奖、银奖各1项、中国标准创新贡献一等奖1项、国家管理创新一等奖5项，成为具有行业影响力的创新型企业。三是积极推动企业管理创新。近年来，管理创新累计获得国家级成果一等奖3项、省部级奖项超200项。全面导入卓越绩效模式，公司荣获全面质量管理推进40周年杰出推进单位，所属南京供电公司成为行业内首个获得第十八届亚洲质量卓越奖的单位。

（六）肩负央企使命，打造一流的品牌价值

国网江苏电力牢记肩负的政治责任、经济责任和社会责任，主动融入全省新发展格局。一是主动服务区域协调发展。紧密对接长江经济带发展、长三角一体化发展等区域重大战略，制定服务长三角一体化发展行动计划，大力推进重点项目建设，新建改造500千伏北电南送、西电东送电力保障通道1500余千米，完成沪通、宁启等铁路配套供电工程，提高供电保障能力。二是助力乡村振兴。巩固脱贫攻坚成果，持续推进行业帮扶、定点帮扶和消费帮扶等工作。开展“百镇千村”示范点建设，累计推广乡村电气化项目2.8万个。打造“能源绿·镇江红、苏州红、淮安红”等电力扶贫特色品牌，构建具有全国示范效应的“行业+产业+就业”精准扶贫模式，荣获全国脱贫攻坚先进集体。三是打造特色核心子品牌。强化品牌形象塑造，培育“电力橙”“电蜜蜂”“电博士”等各类子品牌，实现子品牌自身价值增长有效反哺国家电网母品牌。深化社会责任，连续11年发布服务地方经济社会发展白皮书，连续8年召开最佳履责实践发布会，公司蝉联中国电力行业企业公众透明度典范企业。

聚焦数字转型升级 聚力“三位一体” 提升争创能源互联网企业的示范标杆

国网南京供电公司

一、基本情况

国网南京供电公司是国家电网有限公司下属大型供电企业，负责向南京市11个区的500万余户电力客户提供安全、经济、清洁、可持续的能源供应服务。公司本部设14个职能部室和14个业务支撑与实施机构，下辖江北新区、江宁区、溧水区、高淳区4个县级供电公司，在六合区设立了供电服务中心。南京电网历经百年峥嵘岁月，已发展为华东电网北电南送和西电东送的重要枢纽，形成500千伏“O”型双环、220千伏“四片六环”的坚强网架结构，城市大受端电网逐步成型。南京电网现有35千伏及以上变电站320座（其中500千伏变电站7座），变电容量5.78万兆伏安；35千伏及以上输电线路长度7877千米；配电线路长度3.8万千米，配电电缆化率达到70%。2022年，南京全社会用电量724.5亿千瓦时，同比增长6%；公司售电量651.7亿千瓦时，同比增长7.2%。

二、主要做法

国网南京供电公司在获得“亚洲质量卓越奖”“全国质量奖”的基础上，持续深化卓越管理模式，搭建“三位一体”3C管理提升体系（如图1所示），该体系结合国网南京供电公司“勇于担当、勇争第一”的精神特质，将其中包含的“履责、创新、争先”（Conscientiousness、Creation、Challenge，3C）融入企业“理念、行为与运营”的“三位一体”3C管理提升体系。该模式立足企业运营全过程大质量管理，将战略、指标、价值链、制度流程、绩效评价与改进融为一体，形成了一套以质量管理提升为统领，客户服务过程和企业管理质量相互统一衔接的质量管理体系，能够快速响应和满足客户用能需求。

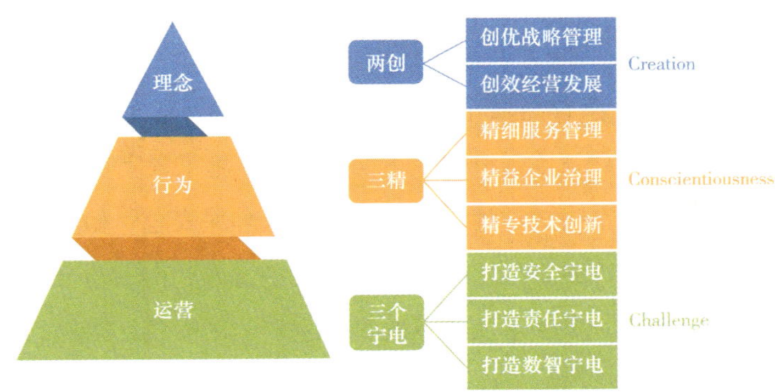

图1 “三位一体”3C管理提升体系示意图

在理念层面上，着眼国际一流目标，深入开展对标世界一流管理提升行动，坚定“勇于担当、勇争第一”的信心和决心，推动公司实现更好的效益、更高的效率和更优的效能。一是创优战略管理。围绕“双碳”顶层设计，全省首家发布新型电力系统建设总体方案，积极探索特大城市新型电力系统建设的实践路径。推动“一体四翼”发展布局落地与城市发展相融并进，强化战略全过程闭环管理。推动政府出台“建立以电为核心的综合能源系统”“有序充电桩建设运营补贴”等多项政策，政策环境支持力度领先。二是创效经营发展。围绕国网江苏电力重点工作任务，出台重大专项激励实施方案。大力推进提质增效专项行动，近三年来累计增收节支超30亿元。扎实开展数字化、智能化经营诊断分析，推进市县全层级内模市场建设，高效配置核心生产要素。围绕运维检修、不停电作业、应急抢修等六大领域，优化产业单位人财物管理模式，持续增强产业核心支撑能力。

在行为层面上，坚持以人民为中心，发挥好电力“先行官”作用，不断优化服务、精简流程、建强队伍，实现让客户放心、使客户省心、与客户知心。一是精细服务管理。搭建能效服务组织架构，深化“供电+能效服务”。推动市区两级电力外线政企共担政策全覆盖。常态化开展电水气“一次申请、一并答复、一同接入”服务模式。配合政府编制《“十四五”电动汽车充、换、储电基础设施规划》。省内首创“开门接桩、充电无忧”服务，建成70个示范小区。二是精益企业治理。牢记“国企姓党”，深化党委委员复合式分工模式，编制“三重一大”事项决策权责清单，将党的领导融入公司治理各环节。扎实推进国企改革三年行动各项任务落地落实。稳妥实施省管产业改革，确保经营有序、队伍稳定。落实“合规管理强化年”工作部署，排查治理全领域经营风险。持续深化“三项制度”改革，健全能力付薪机制，促进薪酬能增能减；强化岗位聘任制契约管理，推动岗位能上能下。三是精专技术创新。用创新的举措破解“卡脖子”技术难题，增强企业发展内生动力。国网首席专家朱红团队研发的创新成果获日内瓦国际发明展金奖。深化电能替代技术应用，成功首航长江流域最大载重吨位电动货船。打造全国首座电动汽车智慧充电楼宇——极客空间，建成全国首座城市级“同城通换”重型卡车换电站。完成国网首个“5G+专网”多模通信终端应用试点。开发基于北斗系统的施工数字化监测平台。

在运营层面上，坚持稳字当头、稳中求进，全力以赴保安全、稳经济、促发展，以可靠电力供应和能源低碳转型，更好地服务省公司高质量发展和南京社会主义现代化典范城市建设。一是打造安全宁电。贯彻落实国务院安全生产“十五条”措施，从严从细落实国家电网公司“38项举措”、省公司“50条细则”，持续推进安全生产专项整治。全面开展防跳闸专项行动，实施设备管理“五强化、五提升”专项行动，提升设备本质安全水平。狠抓现场作业安全管理，时刻保持反违章的高压态势。从严从细抓牢疫情防控。二是打造责任宁电。坚决胸怀国之大者，牢固树立电力保供首要责任，全力打赢电力保供攻坚战。科学调整运行方式，电网始终保持“全接线、全保护”状态。精细开展设备运检，154个抢修点24小时待命，快速恢复供电。成立全国首个用电智慧响应服务中心，开创“行政+市场”双重机制引导下的保供新格局。三是打造数智宁电。运用“大云物移智链”等现代信息技术对传统电网升级改造，投运全球首个使用模块化多电平换流技术的220千伏统一潮流控制器工程，建成运营全球首个1.8G频段全域覆盖的电力无线专网，一系列首台首套示范工程推动南京电网的数字化、智能化水平走在世界前列。建设企业级实时量测中心，高效支撑配电网抢修、线损分析等应用场景。推动数字化转型，运营无线专网基站630余座，配电自动化“三遥”覆盖率全省第一；拓展能源大数据中心应用价值，为全市绿色用能提供决策依据。

三、实施成效

近年来，国网南京供电公司在各项工作中争先领先率先，取得了丰硕的发展成果。一是经营状况良好。2022年，公司获评国家电网公司先进集体，勇夺国网江苏电力年度业绩考核、同业对标、重大专项考核“三个第一”，经营规模在省会城市供电公司中位居前列。第三方评价客户满意度保持全国领先，EBITDA（亿倍塔）利润率处于国家电网公司A段。二是管理能力突出。2017年，公司荣获第十七届“全国质量奖”，2020年作为仅有的两家企业之一，代表中国企业参评并荣获“亚洲质量卓越奖”。2021年5月，在国资委对标世界一流管理提升现场推进会议期间，公司数字化、智能化实践成果得到了与会各级国资委和央企负责人的充分认可。2021年12月，公司获评国家电网公司对标世界一流管理提升“标杆企业”。三是服务质效优异。南京“获得电力”指标连续两年在国家发改委全国营商环境评价中成为全国标杆。地市公司中首家获评全国市场质量信用标杆（AAA级）。新街口核心区国内率先告别“计划停电”，供电可靠率始终保持省内第一、全国前列。四是党建凝心聚力。公司石城供电抢修服务队被中央宣传部、国家发改委联合表彰为全国“诚信之星”并荣登榜首，石城共产党员服务队获评江苏“时代楷模”称号，所在党支部被中共中央授予“全国先进基层党组织”称号。

国网南京供电公司将在国家电网公司、国网江苏电力的坚强领导下，忠诚担当、求实创新、追求卓越、奉献光明，保供稳增促发展，担当作为勇争先，为国网江苏电力在建设具有中国特色国际领先的能源互联网企业中站排头、当先锋、作表率，作出更大贡献！

强电网、优服务、谋创新、促发展　在世界一流企业建设新局中打造苏供样板

国网苏州供电公司

一、基本情况

国网苏州供电公司是江苏省电力有限公司所属特大型供电企业，营业区辖常熟、张家港、太仓、昆山4个县级市和姑苏、吴中、相城、吴江、工业园区、高新区（虎丘区）等6个区。截至2022年底，国网苏州供电公司员工总数超过7000人，服务营业户数656.97万户，固定资产原值1184亿元。

国网苏州供电公司认真贯彻落实国企改革三年行动和对标世界一流管理提升行动部署要求，对照“三个领军、三个领先、三个典范”目标，夯实发展基础，对标先进企业，持续创新突破，奋力打造“人无我有、人有我优”的苏供样板，在建设具有中国特色国际领先的能源互联网企业的征程中，积极贡献“苏州智慧”“苏州方案”。国网苏州供电公司先后荣获全国实现可持续发展目标先锋企业、全国文明单位、全国“五一劳动奖状”、国家电网先进集体、国家电网文明单位先进标兵等荣誉称号。

二、主要做法

国网苏州供电公司以坚持党的建设为引领，以新型电力系统为方向，以服务经济社会发展为目标，以深化创新创效为手段，全力推进“产品卓越、品牌卓著、创新领先、治理现代”的世界一流企业建设。

（一）聚焦“产品卓越”，保供电促转型，打造新型电力系统建设的苏供样板

苏州是全国第一大工业城市，为满足日益增长的用电需求，国网苏州供电公司勇于先行先试，在确保能源安全的前提下，率先探索建设新型电力系统，更好助力能源电力保供和“双碳”目标实现。

优化能源供给新体系。坚持“清洁替代、外引内增”的能源发展思路，坚持新增电源“两头发力”，大规模引入区外来电、大力开发本地新能源，加速整县分布式光伏开发，逐步提高清洁能源占比。±800千伏特高压白鹤滩水电入苏工程投运后，苏州电网升级为特高压“一交两直”交直流混联大受端电网，基本形成特高压交直流混联接入作为支撑、500千伏作为骨干网架、9个220千伏分区电网互济运行、110千伏及以下智能配电网协调发展的网架结构。

构建能源配置新模式。加快新型电力系统关键技术研发应用，紧扣配电网这个核心环节，建设国际领先的城市配电网，并以吴江经济开发区为先行示范区，创新试点中低压直流配用电系统建设，探索建设适应整县光伏的新型配电网系统，保障整县分布式光伏有序高效接入。

塑造能源消费新形态。作为国家第二批低碳试点城市，国网苏州供电公司聚焦能源消费新形态，持续打造电能替代、“供电+能效服务”和网荷高效互动三大典型样板，推动能源向绿色低碳、安全高效转型。2022年，该公司在城市配套、工业企业、生态旅游、民生等方面共有1499项电能替代项目落地生根，累计电能替代量达到26亿千瓦时。

（二）聚焦“品牌卓著”，树品牌强担当，打造服务经济社会发展的苏供样板

主动为政府、企业、居民办实事解难题，将服务转化为国网苏州供电公司的生产力、竞争力、品牌影响力，提升人民群众的获得感、幸福感。

打造服务品牌。打造“舒心电力5S”电力营商环境品牌，从办电提速、服务提质、供电可靠三个方面入手，大力提升“获得电力”水平，做到特快更省时（Speedy）、便捷更省力（Simple）、阳光更省钱（Saving）、智慧更省事（Smart）、可靠更省心（Safe），在国家发展改革委营商环境评价中，苏州“获得电力”指标进入全国标杆城市行列。

主动助企纾困。灵活响应出口企业、小微企业波动性用电需求，推出全国首个“全电共享”模块化租赁服务模式，通过设备“模块化”预制、现场“拼装式”施工、企业“租代购”运营，为企业大幅压减接电时间、节约投资成本。2022年苏州疫情期间创造10小时快速通电的“苏州速度”，目前已累计服务企业200余个，节约企业成本超5000万元。

助力乡村振兴。以太仓东林村为试点，以“清洁供电+智慧用电”赋能生态循环农业全环节，在生态养殖场屋顶建设分布式光伏电站，开展粮食烘干煤改电、智能农机、恒温种植等电气化应用，打造电气化服务现代农业和乡村振兴样板。国网苏州供电公司获评江苏省脱贫攻坚先进集体。

（三）聚焦“创新领先”，当排头做示范，打造深化创新创效的苏供样板

把握国有企业“原创技术策源地”定位，从业务需求出发，坚持创新驱动，积极推进新技术新模式落地，持续增强自立自强的核心能力。

强化科技创新。积极承接前沿技术示范项目，相继投运了苏通GIL综合管廊、500千伏UPFC、大规模源网荷储友好互动系统等重大创新工程，建成世界上规模最大的直流配用电示范工程。率先开展数字人民币在电力领域的试点应用，在国内首次实现数字人民币电费柜台交易、实时电费结算、电费跨省缴纳等应用场景。在电网防雷领域，牵头主导立项世界首个动态防雷国际标准，在世界防雷领域发出“中国声音”。

强化管理创新。运用现代管理思想及理论，围绕国网苏州供电公司战略布局和年度重点任务，在管理理念、组织与制度、管理方式和方法等方面创新实践形成一批典型经验和管理模式。2020年至2022年期间，共有18项成果获得省公司级以上荣誉，其中2020年和2022年均获得全国企业管理现代化创新成果二等奖一篇，2021年获得国家电网公司三等奖一篇。

强化人才培养，构建“369”人才梯队，打通职务、职员、专家三联通道，推进专业化复合型干部队伍建设，完成优秀专家评选推荐。同时依托省公司“双创中心”、孵化基地和国网苏州供电公司产业单位，有效运用专利许可、授权、技术转让等方式，加快职工创新成果产业化步伐。该公司现有国家电网公司首席专家1人、省公司二级和三级专家各1人、市公司四级专家6人、五级专家17人、县公司专家23人，截至2022年底，苏州市及以上各类技术能手231人，人才当量密度稳步提升，保持国家电网公司系统前列。

（四）聚焦“治理现代”，优管理提质效，打造党建引领高质量发展的苏供样板

始终牢记“央企姓党”的政治本色，坚持党建引领，全要素发力，提升现代管理水平，切实担负起国有企业“六个力量”。

坚持旗帜领航。严格执行“第一议题”制度，深入学习贯彻习近平总书记关于国有企业改革发展和党的建设的重要论述，健全完善传达学习、研究部署、贯彻落实、跟踪督办、报告反馈全过程工作机制。修订国网苏州供电公司党委工作规则等制度，健全议事决策程

序，构建了“党委引领、支部管用、党员像样”的组织生态，推进党的领导融入公司治理各环节，以高质量党建赋能公司高质量发展。国网苏州供电公司党委获评国家电网公司红旗党委、省公司党风廉政先进单位。

优化管控模式。积极适应改革发展新形势新要求，区分监管类业务和市场竞争类业务，实施“战略+运营”和“战略+财务”差异化管控，加大放管赋能。构建“前台业务融合、中台专业支撑、后台管理高效”的现代服务体系，推动国网苏州供电公司管理由职能驱动向业务驱动转型，实现业务更融合、条线更清晰、管理更高效。实施运维专业融合“片区化”管理，成立500千伏变电运检中心，完成500千伏业务优化调整，实现业务、机构、人员和实物资产划转移交。国网苏州供电公司获评省公司标杆企业。

全面合规管理。建立健全由国网苏州供电公司党委领导指挥、合规管理委员会研究决策、办公室协调实施、相关专业积极配合的合规运行体系，按照“管业务必须管合规”的原则，层层落实管理责任，建立本部门合规审查与法律专业合规审核“双闭环”工作机制，确保重大决策、重要制度、重要合同合法合规审查审核率达到100%。

三、实施成效

（一）经营业绩稳健增长

近年来，苏州全社会用电量、企业供电量、售电量、工业电量先后突破千亿大关，最高调度负荷突破2800万千瓦。2022年，苏州全社会用电量为1662亿千瓦时，工业用电量为1272亿千瓦时，售电量为1550亿千瓦时，售电量连续三年在全国城市中排名第一。营业收入979亿元，同比增长8.54%。内部模拟利润140亿元，贡献度全省第一。全员劳动生产率连续7年超1000万元/（人·年），经营效益持续保持全省领先。

（二）电网建设转型升级

先后投运特高压±800千伏锦苏直流、1000千伏淮上交流、±800千伏白鹤滩直流，苏州电网基本形成了特高压交直流混联接入作为支撑、500千伏作为骨干网架、9个220千伏分区电网互济运行、110千伏及以下智能配电网协调发展的网架结构。接纳区外来电能力提升至1800万千瓦，支撑本地清洁能源，光伏、生物质等分布式能源装机总量超过300万千瓦。配合承办“一带一路”能源部长会议、连续三届国际能源变革论坛，向世界展示了能源变革中国思想、江苏实践的苏州样本。

（三）科技创新成果丰硕

建成目前世界上电压等级最高、输送容量最大、技术水平最高的超长距离GIL创新工程，在世界上率先掌握了特高压GIL输电全套技术，实现了世界电网技术新跨越。投运国内首套动态负荷建模系统。落地数字人民币实时收费、跨省缴费等应用场景。建成全国首套共享充电机器人，以“一桩多车”方式，缓解电动汽车充电与城市空间紧张矛盾。4个项目分别获得全国能化系统职工创新一等奖、国网青创赛“一等优秀”、省职工十大科技创新成果奖、联合国SDG创新金奖。

（四）品牌影响持续提升

发布“苏供融媒”宣传工作品牌，孵化形成“舒心电力5S”“全电共享”“易碳”等业务品牌，持续优化电力营商环境，全力服务苏州经济社会发展。1项品牌成果入选2020年度中央企业品牌建设典型案例，1项品牌成果获评2021年中国企业品牌创新成果，1项品牌成果获2022年全国品牌故事大赛一等奖。充分借助高端媒介载体，展现国网苏州供电公司在服务“双碳”目标、支撑长三角一体化国家战略、助力地方经济发展等方面的建设成果。“苏供·电博士”团队荣膺联合国全球契约首届中国青年可持续发展创新挑战赛金奖，国网苏州供电公司员工童充获评“2022年联合国可持续发展目标全球先锋”。“国家电网”品牌在苏州市美誉度、影响力持续提升。

以“五个坚持”谱写世界一流企业建设新篇章

国网无锡供电公司

一、基本情况

国网无锡供电公司现辖江阴市、宜兴市、新吴区3家供电公司、60个业务所、341个班组，公司本部设置14个职能部室、15个业务支撑和实施机构，员工总数5846人。无锡电网处于江苏电网“西电东送”“北电南送”枢纽位置，已形成由345座35千伏及以上变电站、7907千米输电线路构成的坚强智能网架，其中500千伏变电站7座；220千伏变电站68座。随着白鹤滩水电入苏工程顺利投运，无锡电网进入特高压时代。

近年来，国网无锡供电公司认真对照“三个领军、三个领先、三个典范”目标，贯彻落实国网江苏电力对标世界一流提升行动方案，以追求业绩、管理、品牌、队伍“四个一流”为抓手，提升发展质效，争当标杆示范。公司获评国家电网公司管理提升标杆企业，下属江阴公司获评省公司管理提升标杆企业。2022年全年全社会用电量833.3亿千瓦时，售电量777.3亿千瓦时。全社会用电负荷超过1500万千瓦，电网调度负荷最高达到1490.6万千瓦。全年发展总投入31亿元，其中固定资产投资28亿元，投产35千伏及以上主变容量191万千伏安、线路长度121千米。营业收入480亿元，同比增长8.98%。资产总额210亿元，同比增长4.28%。

二、主要做法

（一）始终坚持党建引领，为建设世界一流企业掌舵定向

认真贯彻新时代党的建设总要求，充分发挥党的领导在建设世界一流企业中把方向、

管大局、保落实的重要作用。一是持续强化理论武装。始终把学习贯彻落实习近平总书记重要指示批示精神作为“第一议题”，把握“及时跟进学”和“深入研讨学”要求，深刻领会“两个确立”的决定性意义，不断增强践行“两个维护”的思想自觉和行动自觉。二是落实管党治党责任。坚持“大党建”理念，实施多维度、差异化的基层党建绩效考核评价，进一步激发基层动力活力。开展“先锋·夯基”“先锋·优能”系列行动，提高基层党建专业水平。修订公司党委工作规则和“三重一大”决策实施细则，确保重大决策科学合规。三是充分发挥党建优势。紧扣上级战略部署和公司重点任务，落实党委委员复合式分工，领导班子成员领衔推进党建重点项目。实施覆盖各专业的“党建+”工程，注重与党组织“结对创先”有机结合，推动党建优势转化为现实生产力。

（二）始终坚持底线思维，为建设世界一流企业保驾护航

深刻认识和准确把握公司改革发展面临的新形势新问题新挑战，着力防范化解重大风险，保持国网无锡供电公司内外和谐稳定局面。一是强化安全风险管控。组织“同心同向、共保安全”专题活动，常态化开展领导干部下基层活动。深入学习系统内外安全生产事故报告、安全履责督查报告，开展安全履责情况监督检查。针对现场多、计划密等特点，推行作业计划与停电计划、“两票”等多重验证，有效识别作业风险。二是抓好电力供应保障。加强与市发改委协作，成立全市电力负荷管理中心，灵活运用需求响应、有序用电、轮休等措施，实现负荷精准管控。在全省率先推动出台市级需求响应补贴政策，实现市区两级需求响应补贴政策全覆盖，在省级补贴基础上，最高给予5元/千瓦地方补贴。三是加强党风廉政建设。以监督视角提升专业水平和履责能力，推动“党内主导，五责一体”体系高效运行。开展“作风建设示范单位”流动红旗评比，今年以来基层党组织主动运用“第一种形态”126人次。将每月10号设立为“思廉日”，明确家庭助廉、干部说廉等每月思廉主题，教育引导员工涵养新风正气。

（三）始终坚持优质服务，为建设世界一流企业擦亮品牌

践行“人民电业为人民”的企业宗旨，认真履行政治责任、经济责任和社会责任，积极服务无锡高质量发展。一是优化电力营商环境。下属新吴公司、梁溪分部、锡山分部、惠山分部、滨湖分部均与属地政府建立政企联席会议制度，实现常态化沟通对接。全省率先推动出台电力接入成本政企共担实施细则，明确业扩接入工程的实施主体、资金管理和建设模式。创新优质服务举措。持续深化“阳光业扩”服务，将低压业扩容量开放标准提高至200千瓦。推动市县两级出台企业电水气协同报装方案，实现报装联合踏勘、土建统

一施工。全面推广“开门接电”服务模式，推出“亮证办电”“拎包用电”、多语种服务柜台等创新举措。二是推动绿色低碳发展。推动市政府出台《新建居住区电动汽车充电基础设施建设要求》，今年以来完成35个老旧小区206个充电桩建设。为重点用户编制个性化能效服务方案，实施中船智慧能源站等一批试点示范项目，提升能源使用效率。

（四）始终坚持改革创新，为建设世界一流企业开拓新局

坚决贯彻国家改革工作部署，主动适应外部监管要求，稳妥有序实施电力改革、国企改革和内部变革。一是稳妥开展改革攻坚。实施前台组织机构扁平化、前台生产组织协同化、前台营配人才复合化等改革举措，建设以营配融合客户经理为核心岗位的前台供电服务组织模式。大力推进省管产业单位改革，建成“三会一层”现代企业治理模式。联合政府部门在全省率先建立电力行政执法监督机制，推动《江苏省电力条例》落地。二是加大创新创造力度。启动创新型企业建设，组建由周孝信、陈维江、王成山院士领衔的22人专家咨询委员会，为国网无锡供电公司创新项目开展、创新成果转化提供权威指导。制定国网无锡供电公司新型电力系统2022—2025年重大科技攻关及应用示范实施计划，谋划一批具有前瞻性、战略性的重大科技项目和示范应用，推广重点项目“揭榜挂帅”机制，凝聚创新创造合力。

（五）始终坚持提质增效，为建设世界一流企业激发活力

坚持向管理要效益，把挖潜增效的要求落实到项目建设、物资管理、营销服务等全业务链条。一是不断加强精益管理。加快内部模拟市场建设，以现代服务体系为基础，构建经营质效综合评价体系。创新建设“四流合一”项目管理机制，以信息流、业务流、价值流、资金流融合精准管控项目进度。融合资金管理制度要求与营业网点电费收取业务规定，在全市65个供电营业厅推广应用营财一体化系统，以营销2.0系统智能管控取代传统人工查验。二是拓展国网无锡供电公司经营空间。打造了建管中心为基梁，市政公用、国联集团、地铁集团、城建发展集团四翼联动，其他国资平台多点协同的“1+4+N”强势国企力量联合体，发挥双方在产业、资金、人才、技术及经营理念等方面的独特优势，助力稳经济稳增长。三是规范推动产业发展。调整产业单位本部、子分公司机构和岗位，进一步盘活内部资源。构建智能运维、试验检测、不停电作业等支撑业务布局，电网建设项目自主施工比例超过50%。抢抓能源革命与数字革命融合发展机遇，以综合能源、电动汽车、思极科技“三驾马车”为关键，积极参与和实施“新基建”项目，以竞争抢占先机、赢得主动。

三、实施成效

（一）旗帜领航实现大突破

“蜜蜂行动”志愿服务队获评全国学雷锋最佳志愿服务组织，国网无锡供电公司入选国家电网公司社会责任示范基地。突出“重实干、重实绩、重基层”导向，加快培养高素质干部人才队伍，队伍建设成效不断显现。公司员工获评“全国劳动模范”“全国三八红旗手”“国网公司劳动模范”“江苏省劳动模范”“江苏省优秀共产党员”等荣誉称号。

（二）经营业绩实现大突破

近年来，无锡全社会用电量、公司售电量分别突破800亿、700亿千瓦时大关。2022年8月23日，调度最高负荷1490.6万千瓦，同比增长4.31%；8月10日，日调度电量达到3.09亿千瓦时，同比增长2.76%，均创历史新高。深化同期线损管理，国网无锡供电公司同期线损指标多次获得“国网十强市”第一名，江阴、宜兴公司先后在“国网百强县”中位居第一。

（三）深化改革实现大突破

做好代理购电政策宣传解读，平稳完成31万余户工商业用户代理购电服务工作。深化现代服务体系建设，加速营配专业融合，以网格化管理激发组织活力、提升服务能力，公司下属新吴分部以47%的人员配置（25人）支撑新吴区110亿电量、6000余户高压用户、3750千米配电线路运营业务，管理质效行业领先。

（四）创新创效实现大突破

打造全国首个输电无人机自主巡检示范区，投运全国首座110千伏零碳变电站——高巷变电站，建成城市电网运营中心，“电力数据辅助太湖治理”获评国家电网公司大数据应用优秀案例。电缆创新项目获得国家科技进步二等奖，先后获得中国电力科学技术进步奖2项、国家电网公司科学技术进步一等奖2项，累计获得授权专利738件，牵头发布国家标准1项。

（五）品牌价值实现大突破

升级“锡电特快”服务品牌，连续四年获评无锡市“服务地方发展优秀单位”。在2022年无锡市“担使命作贡献”季季评大会上，公司作为唯一驻锡央企获得“真抓实干奖”。持续焕新“电蜜蜂”品牌，3个作品均获全国品牌故事大赛一等奖。建成全省首个国企新时代文明实践基地，“三高三员三服务一联盟”做法得到江苏省委高度肯定。

以数字化驱动管理变革

国网徐州供电公司

一、基本情况

近年来，国网徐州供电公司坚决贯彻国网江苏电力决策部署，坚持稳中求进工作总基调，聚焦疫情防控、电力保供和能源转型，坚持“定事、定人、定时、定责”，全力打造内和外顺的发展环境，各项工作扎实有序推进。2021年全社会用电量393.6亿千瓦时，同比增长7.83%，售电量344.4亿千瓦时，同比增长11.3%。综合线损率3.37%，同比下降0.49%。

国网徐州供电公司连续9年保持服务地方发展综合考核垂管单位第一等次。近年来荣获全国模范和谐劳动关系企业、江苏省“五一劳动奖状”、国家电网公司安全生产先进集体等荣誉。服务徐州资源枯竭城市转型发展、新时代文明实践中心创建等工作获得国务院、全国政协、中宣部等领导同志肯定。真旺共产党员服务队获评全国文化科技卫生“三下乡”优秀团队。

二、主要做法

国网徐州供电公司聚焦“需求驱动、数字赋能、价值创造”工作思路，坚持实用实效，坚持“实用、适用、好用”工作原则，按照“流程信息化、业务数字化、全域智能化”工作路径，持续夯实基层基础，提升效率效益，驱动管理方式、管理思路、管理习惯全方位转型。

（一）全链条拓展信息化应用场景

流程信息化有助于推动业务标准化、规范化、高效化，广泛而全面的流程信息化是电网和企业数字化转型的根基，公司发动全员拓展流程信息化场景，持续夯实数字化转型的管理基础和技术基础。在组织上，健全由领导班子、部门负责人、各部门数据应用小组构成的三级卓越绩效推进体系，将卓越绩效理念融于日常工作中，定期开展卓越绩效培训，有效培树全员卓越绩效理念和数字化转型意识。在实施上，开展卓越绩效模式全面评价，系统梳理总结工作流程中存在的问题，立足于解决现实问题、实现减人增效，全面推动流程信息化。在管理上，建立国网徐州供电公司报表统一服务平台，汇集各专业流程信息化需求15项，合计上线包含国网徐州供电公司经营管理月报等报表需求，重要经营管理数据、业绩指标由“手工填报、专人应用”向“一键生成、全员共享”转变。在技术上，加快无线专网建设和科学应用，累计建成193座电力无线专网基站，接入配电自动化、融合终端近7000个，单基站业务接入加权排名全省前列。

（二）全业务嵌套数字化价值模型

深刻把握地市公司定位，强化目标导向、问题导向、效果导向，打造业务数字化应用模型，向一线赋能、向管理赋能。输电方面，运用“可视化固定视频监控+动态无人机巡检+管控中心后台管理”构建输电智能运检体系，实现少人化、精细化巡检，巡检较传统模式节约人工成本50%以上，综合巡检效率提升5倍。变电方面，基于智能监控、在线监测等技术打造了220千伏秦洪变等3座物联网变电站，对47座变电站实施巡检机器人智能巡检替代，例行巡视周期由2次/周延长至1次/周，每人每周巡视时间较传统模式减少160分钟。配电方面，围绕“可靠、经济、优质、低碳”四个评价维度，按照全景可视化、数据图形化、管理协同化，融合谷歌实时地图、生产PMS、电网调度、营销业务、用电采集等8个系统数据，有效接入包含2770余条配电线路、8.6万台公用专用配电变压器、45.4万基架空线路杆塔、3万余个电缆井、1.8万个开关信息的配电网数据资源，已建立全景展示、可靠性、线损、投资4类核心应用、18项微服务的24个应用场景，实现从问题库到项目规划、预评估、储备、实施监控、后评价于一体的全链条精益化管控。工程方面，围绕进度计划、安全质量等六个方面，搭建基建项目“业主管控平台”，在“i国网”App上线移动端应用，并在全省推广应用。营销方面，加快构建以客户为中心的现代服务体系，重构组织架构，建立营销服务中心、区域供电服务中心“1+3”管理模式。聚焦服务乡村振兴，以客户用能服务需求为驱动，组织实施农电管理提升“135”工程，做强农电管理最末端和服务最前沿。财务方面，深化应用竞争性管理机制，提升预算资源利用效率，构建“四库一系数”输电运检班组内部模拟市场体系，开展资产有效性治理，设备资产对应率排名全省前列。绩效管理方面，通过设置绩效激励指数、上线绩效管控平台、强化全周期正向联动等信息化手段防止“轮流坐庄”，做到了奖优罚劣，有效发挥了考核“指挥棒”作用。物资方面，依托全省首批建成的市级供应链运营中心，坚持全系统考量、全数据驱动、全方式治理、全流程闭环、全专业发力，实施“物资+”工程协同推进积压物资消减。制度化、常态化推进积压物资消减，国网徐州供电公司积压物资连续三年保持全省第一梯队。

三、实施成效

国网徐州市供电公司持续推动业务数字融合发展，推动“盆景”式的业务封闭系统向企业级的智能化生态系统升级，数字化成果亮点纷呈。一是深化输变配电智慧运检体系建设应用。国网徐州供电公司依托新技术进行人工替代，构建了“可视化+无人机+全景监控”输电智能运检、“智能巡视+一体监控+远方操作”变电运维、“配电自动化+巡检机器人+智能化供电服务指挥平台”的配电智慧感知体系，获得国家电网公司高度认可。二是共享创收助力数字化建设。报表统一服务、PMS2.5、边缘云平台建设等试点齐头并进，建成集室外数据中心站与5G共享基站于一体的电力共享杆塔、新型5G基站上附挂式10千伏电力共享杆塔。三是建成物资智慧监控平台。全省率先建设物资智慧监控平台，通过“数据整合、逻辑分析、阈值判断”，实时对物资管理30余项关键环节进行“风险预警”和“流程管控”，推动物资管理模式由线下监督向线上监控、由业务驱动向数据驱动的转变。

改革开新局　争先促发展

国网常州供电公司

一、基本情况

国网常州供电公司辖金坛、溧阳两个下属供电公司，营业区覆盖溧阳1个县级市和金坛、武进、新北、天宁、钟楼等5个区，营业厅数量44个，服务客户281万户。2022年，常州全社会用电量为609.37亿千瓦时，同比增长3.57%；工业用电量为456.39亿千瓦时，同比增长1.5%；国网常州供电公司售电量为564.76亿千瓦时，同比增长6.07%。全网最高用电负荷突破1000万千瓦，达到1079.3万千瓦，创历史新高。

近年来，在国网江苏电力和常州市委市政府的坚强领导下，国网常州供电公司紧紧围绕新时代发展目标，坚持安全第一，加快电网建设，加强优质服务，强化经营管理，全力服务地方经济社会高质量发展，各项工作成绩显著。公司先后荣获“全国文明单位”“全国五一劳动奖状”“全国用户满意企业（市场质量信用AA级）”“全国‘安康杯’竞赛优胜单位”“电力安全生产标准化一级企业”“全国实施用户满意工程先进单位”“国家电网公司先进集体”“国家电网公司文明单位”“江苏省先进基层党组织”“江苏省文明单位标兵”“全省学习型党组织建设工作先进单位”“常州市‘特别重大贡献奖’”“常州市‘五星企业’”等荣誉称号。

二、主要做法

国网常州供电公司全面贯彻落实省公司和常州市委市政府决策部署，牢牢把握“稳字当头、服务为本、务实创新、全面争先”的工作主线，高水平保障供电，高质量推动发展，努力为省公司在具有中国特色国际领先的能源互联网企业建设中“站排头、当先锋、作表率”和“强富美高”新常州建设作出新的更大贡献。

（一）坚持“打基础、利长远”，积淀企业发展的厚度

一是夯实安全稳定基础。修订《外包安全管理办法》《违章记分考核实施细则》，完善安全责任清单。每月开展公司领导“三联系三促进”活动，每季检查通报基层单位主要负责人到岗到位情况。推进安全生产专项行动“二下二上”阶段任务，累计排查整改问题隐患150条，省内率先完成整改闭环。搭建合规管理体系评价模型，探索推进“四位一体”协同机制。深入推进“合规管理深化年”行动，排查新兴业务合规风险，形成《基于地市公司新兴业务的合规风险防控机制构建与应用》调研成果，合规管理持续深化。二是夯实供电服务基础。配网自动化实用化水平进一步提升，分级保护线路覆盖率位列全省第一，顺利投运首条零序自愈功能线路。刚性执行停电时户数预算式管控制度，深化不停电作业“四全”体系，率先实现应急电源无感知并网和即插即用。开展全市配电变压器挡位优化和电压不平衡治理，降低电网损耗，提升用户供电品质。在省级及以上重点园区建成五个“开门接电”示范区，惠及企业96家。大力促请出台支持政策，推动新建居住区100%配建充电设施政策落地，出台全省首个市级层面落实国办129号文件行动方案。多渠道多层次开展“常乐电”品牌日活动，细化落实“获得电力”20项服务举措。开展“老有所e”专项行动，提供多元化助老养老服务。联合宣传部，聚焦民生实际，共同推出新媒体系列《请回答！俊哥》栏目。

（二）坚持“提效益、促转型”，提升经营管理的精度

一是精益管理，提质增效。创新应用多维精益和标准成本等管理工具搭建核算模型，构建复合评价指标体系，修订管理实施细则，通过展示看板动态发布市场运行结果，开展内模市场运行及成效评价，将内模利润结果引入绩效考评体系，持续推动内模结果与资源配置、绩效考评相挂钩，在全省率先完成市、县、供电所一体化内部模拟市场建设。深入开展提质增效专项行动，全面完成提质增效72项重点任务、9项攻坚工程，建立月度简报及督导机制，坚持以“任务清单、责任清单、成效清单”为主线，确保提质增效全业务覆盖、全级次推进。开展“提质增效+”项目，组织提质增效劳动竞赛，多种形式营造良好文化氛围。二是数字转型，智慧赋能。实施监控管理职责及业务优化调整工作，初步实现变电设备主辅消一体化全面监控。调整220千伏输电线路运检模式，建成基于电力物联网的输电（电缆）智能管控中心，实现220千伏通道可视化全覆盖，输电运检逐步向“集中监控+立体巡检+网格处置”的新模式转变。深挖电力大数据价值，牵头省公司长江流域污染企业监测任务，创新开展“劳动关系+电力大数据”政企合作。开展实时量测中心建设，

为低压末端感知、配电网主动抢修等应用提供服务支撑。高质量推进“数据定源定责”“长江流域污染企业监测”等牵头试点任务实施。

（三）坚持“创价值、作示范”，彰显责任央企的高度

贯彻“绿色能源高品质”理念，打造能源互联网示范工程。在高铁新城建设能源互联网、“双碳”先行示范区，打造智慧能源管理和“碳计量”平台，结合建设常州能源大数据中心门户，助力示范区产业转型建设，“全国首个城市级能源管理平台”于2021年6月在工博会亮相，省公司董事长唐屹峰与常州市委市政府领导共同为示范区揭牌，并宣布平台上线。发起组建常州能源互联网产业联盟，发布高铁新城能源互联网规划，促进能源设施布局与城市建设有机融合。在高铁新城建设能源互联网、“双碳”先行示范区，打造智慧能源管理和“碳计量”平台，结合建设常州能源大数据中心门户，助力示范区产业转型建设。贯彻“清洁低碳、安全高效”理念，打造能源综合利用精品工程。上线全国首个城市级智慧能源管理平台，实现一屏知全域、一网管全局，助力政府制定“双碳”政策、指导产业升级，建成全国首个地市级公共机构“能耗感知一张网”。联合清华大学研发部署碳表计量装置，发布全国首个能流碳表应用示范工程，试点推出首个企业产品“碳耗码”，实现区域碳排放精准计量和各级降碳优化响应。推动长江流域首艘千吨级电动运输船试航、全国内湖最大纯电游船投入运营，建成全国首个智慧物联全电化天目湖5A级景区。

三、实施成效

（一）电网发展迈上新台阶

率先建成新一代配电自动化系统，全自动馈线自动化线路占比超过90%。电力4G无线专网实现全覆盖。建成国网首座220千伏智慧变电站——滆湖变电站，打造“本质安全、运检高效”的智慧变电站样板。华科变电站工程获国家电网公司优质工程金奖，成为首个获此殊荣的110千伏项目。滆湖变电站获国家电网公司2020年度精益管理红旗站表彰。2022年不停电作业次数同比增加75%。完成全国首次“零感知”更换配网整站设备工作。建成全国首个城市级末端电网运行状态主动感知示范区。

（二）优质服务焕发新气象

开展报装接电“特快电力”服务，打造“简快好省”办电模式，全市高、低压客户平

均接电时长分别压降至35个和5个工作日以内。在2020年国家营商环境评价中，常州“获得电力”指标排名全国第12名，居国家电网公司非大型供电企业首位。“电水气”联合过户办理率全省第一。服务满意率为97.18%，位列全省第四。95598投诉意见工单量同比下降51.7%，降幅全省第二。推动政府出台《江苏省电力条例》落地支持政策、省内首个校园电气化支持政策、省内首个新建居住区充电设施建设专项政策等。

（三）经营管理实现新跨越

2022年累计盘活闲置存量资源736万元。实现电能替代13.6亿千瓦时。省管产业营收54.64亿元，同比增长6.3%，利润5.3亿元，同比增长23.5%。新兴产业合计完成高质量营收2.89亿元。开发分布式光伏业务22.76兆瓦，拓展公共机构能效提升项目22个。车联网充电量3869.23万千瓦时，指标完成率位列全省第一。成立国家电网公司系统首家县域电动汽车公司。思极科技业务营收3099万元。建成共享杆塔33基。润源电建公司获评国家电网公司省管产业“施工能力标准化单位”。

（四）创新创造取得新突破

组建国网常州供电公司“双创”联盟，成立创客团队28个。上线“双创”项目管理平台。开发“劳动关系预警”“老有所e”等数据增值服务产品。上线双创联盟线上平台，完善科技项目全过程管理。国网常州供电公司参与的国家重点研发计划《城区用户与电网供需友好互动系统》高分通过项目综合绩效评价。“十三五”以来，获得省部级及以上科技奖项30项。多项创新成果对外销售，实现转化应用。牵头制定1项行业标准、修订1项国家标准并获批发布。“变电所电源的快速切换方法”获中国专利金奖，开创地市公司获此奖项的先河。

供电企业基于内部转型的营配农一体化服务体系构建

国网镇江供电公司

一、基本情况

国网镇江供电公司的前身是江苏省第一个公用电厂——大照电灯公司，创建于1903年；1962年，镇江供电局成立；2001年电力体制改革，政企分开，镇江供电公司成立。

国网镇江供电公司现为国家大Ⅰ型供电企业，隶属于国网江苏省电力有限公司，主要负责经营、管理、建设镇江地区电网，承担促进全市电力资源优化配置，为经济社会发展和人民生活提供电力保障的责任。现辖3个县（市）级供电公司、14个职能部门、10个业务支撑和实施机构、3个区域供电服务中心、43个业务所。现有长期职工1755人、供电服务职工1376人、集体职工96人、直签员工66人；35千伏及以上变电站151座、变电总容量2680.51万千伏安，35千伏及以上输电线路5323千米，调度最高用电负荷504.69万千瓦。公司供电面积3840平方千米，服务电力客户221.68万户。

2022年全年全社会用电量833.3亿千瓦时，售电量777.3亿千瓦时。全社会用电负荷超过1500万千瓦，电网调度负荷最高达到1490.6万千瓦。全年发展总投入31亿元，其中固定资产投资28亿元，投产35千伏及以上主变容量191万千伏安、线路长度121千米。营业收入480亿元，同比增长8.98%。资产总额210亿元，同比增长4.28%。

二、主要做法

近年来，国网镇江供电公司坚持把管理提升作为创建世界一流企业的重要抓手，深入开展内部管理转型，以加强营配农管理体系和管理能力建设为主线，全力打造营配农一体化的现代服务体系，从先进的管理中要质量、要效益、要增长，推动公司效率效益达到世界一流水平。

（一）整合服务资源，业务集约融合

一是优化调整组织机构。以效率效益为中心，推动机构“扁平化”，整合营销、配电“前台”业务组织，撤销营销部内设综合室、市场室、营电室、计量室，撤销配电运检室，组建营销业务支持中心和营配融合的区域供电服务中心（以下简称“区域供服”），将市级公司营配相关机构由7个精减至5个。同步实施农电属地化管理，将市区14个供电所业务划归至各区域供服管理，实现区域内营配业务有机融合、城乡配农网一体化管理。

二是推进营配业务融合。推进10（20）千伏及以下营配业务融合，按照“前台业务融合、中台专业支撑、后台管理高效”思路进行业务重构，将计量、电费、稽查等业务集中至营销业务支持中心，将配电运检、业扩报装、市场拓展、低压业务等属地化业务下放至区域供服，实现业务管控“一体化”，运维抢修“一体化”。

三是推动业务集约运营。通过营销业务支持中心的建立，整合核算、账务、计量、采集、工单派发等业务，并全面优化工作流程和相关处理规则，以“数据贯通和信息共享”促进“专业协同和业务融合”，开展集约化、标准化、规模化运作，支撑专业管理、响应前端需求，推动业务处置更加快速便捷，减少部门间沟通内耗，深化业务高效集约运营。

（二）明晰责任界面，简化管理流程

一是加强营销业务管理。通过推动营销传统业务及新兴业务重构，进一步明确营销部负责职能管理、营销业务支持中心负责业务支撑、区域供电服务中心负责前端网格化服务的定位，形成前、中、后三级鲜明组织架构，推行业务一岗制作业，明确各领域管理职责、各业务环节规则，简化服务流程，压缩服务环节，实现一口对外。

二是加强配电网运营管理。按照“设备部明确标准、区域供电服务中心具体实施、项目管理中心推进项目”的职责定位，重构配电网业务管控模式。进一步强化经研所网架类项目的规划管理职责，经研所负责配电网规划编制及滚动调整，负责配电网网架类项目需求及方案编制。将配电网工程设计管理职能调整至项目管理中心，将项目政处等属地化业务下放至区域供电服务中心，提升配电网建设运营效率。

三是加强农电领域属地化管理。明确三新公司、区域供电服务中心之间的关系和职责界面。三新公司负责供电所综合管理和市场化业务拓展运营，区域供电服务中心以末端融合的区域协调模式，负责辖区内供电所营销生产全业务属地管理，承担区域内全部客户营

配合一的供电服务职责，实现客户供电服务属地化、网格化，快速响应客户用电需求，提高市场竞争力。

（三）推进服务转型，提升服务品质

一是打造前端服务团队。在区域供电服务中心内整合服务资源，打造营配合一服务团队，致力于满足不同客户群体多元化、差异化和个性化的服务需求，进一步增强与地方政府、客户的黏性，实现“一口对外”。定期开展服务团队培训，每月滚动发布基层工作要点，形成通俗易懂具有作业指导书性质的专业知识库，持续提升团队服务能力。

二是深化网格化服务。在区域供电服务中心内构建城区“大网格”、社区“小网格”、台区“单元格”的网格化服务模式，以业扩接电、可靠供电、满意用电为核心，全面落实网格服务责任，推动营销服务网格与配电网运维网格充分融合。发挥区域供服属地化优势，超前掌握潜力项目用电需求，有效缩短服务半径，提高协同效率，突出前端服务的主动、快速、高效。

三是提升配电网运维水平。依靠技术、数据、设备的资源共享，在区域供服内统筹年度配农网、迁改、居配等工程停电需求，加强停电计划平衡管理，切实减少配电网设备停电次数。推进中低压运维抢修一体化，以网格为单元整合运维、检修、抢修等力量，开展巡视消缺、故障抢修等各类业务的一体化。在此基础上，扎实开展能源托管类、用户侧新能源领域项目储备以及专用配电变压器用户代维等市场化业务推广，形成业务能力提升、客户信任、业务拓展的良性循环。

三、实施成效

国网镇江供电公司以管理体系和管理能力现代化为目标，构建现代服务体系，重塑组织治理、经营管理、运营格局，促进企业管理能力提升，推动企业管理水平和发展实现质的飞跃，提升行业引领能力。构建现代化服务体系后，营配农专业深度融合，各主体责任更清晰、分工更明确、融合更深入，服务政府和客户的能力长足进步，有力推动公司做强做优做大。

（一）配电网建设运维水平进一步提升

一是提升运维质量。实行中低压一体化管理，形成缺陷全流程跟踪和按时限闭环机制，基本改变原有“被动式、抢修式”运维局面。配电网线路故障率同比下降38.56%，故障平

均恢复时间同比下降7.82%。二是优化网架结构。打通专业壁垒，在区域内实现配农网项目同步储备、同步立项、同步消缺，上半年，电网项目储备同比分别增长12.7%和15.7%。三是补强薄弱环节。营配协同能力显著增强，实现提前预测用户接入后设备超重载情况，综合利用业扩配套、配电网建设等进行改造，超重载的配电变压器和线路同比分别下降17.28%和71.11%，公司首次一市三县同时入选“国网同期线损百强”。

（二）客户服务质效进一步提升

一是持续优化营商环境。在电网规划、线路迁改、项目建设等各环节充分发挥区域中心属地牵头作用，不断提升地方政府的供电服务感知度。二是深化项目全流程服务。国网镇江供电公司提供从业务受理到装表接电全过程的“一口对外”服务，全程跟踪项目进度，高效及时解决问题，客户办电便捷度持续提升。高压客户、低压非居民客户平均接电时长分别压降至18.72个和1.87个工作日，业扩结存项目数量下降83%。三是高效快捷服务百姓。通过营配运维检修一体化、高低压项目管控一体化，实现“各类停电统一安排、故障抢修统一协调、能带不停一次实施”，低压客户用电满意度明显提升。客户平均停电时间同比下降43.05%，投诉同比下降80%，表扬工单同比上升9.09%。

（三）新兴业务拓展能力进一步提升

以区域供电服务中心“一口对外”的高效服务为纽带，资源得到有效整合，及时对接各辖区发展需求，持续增强与地方政府、客户的黏性。发挥重大项目牵头协调作用，将接入工程、客户工程、综合能源业务以及公司长远发展等各方面因素结合起来统筹考虑，既能满足客户的用电需求，又能确保公司整体利益最大化。截至目前，国网镇江供电公司已成功拓展新民洲林业集团微电网、高铁大港站公交充电站等一批高品质市场化项目，推动用户参与2022年一类市场化交易电量168.25亿千瓦时。依托“孚能科技”项目，打造出了开疆拓土、增供扩销的典型实践样本。

坚持创新驱动管理提升
加快新型电力系统建设

国网扬州供电公司

一、基本情况

国网江苏省电力有限公司扬州供电分公司下辖4个县级供电公司，市县两级5个农电公司、64个供电所。截至2022年年底，行政区域内共有35～500千伏变电站171座，变电总容量为2705.02万千伏安；35千伏及以上输电线路396条、5478.04千米；10（20）千伏线路2037条、23870.16千米，配电变压器44122台；服务电力客户277.13万户，营业面积6591平方千米。公司连续15年保持“全国文明单位”荣誉称号，先后获得全国“五一劳动奖状”、国家电网公司文明单位、国家电网公司先进集体、江苏省文明单位、省公司文明单位标兵、扬州市“特别贡献奖”等诸多荣誉。

2022年以来，面对经济下行压力和复杂疫情形势，国网扬州供电公司上下深入贯彻上级决策部署，细化落实年初“两会”要求，坚持稳中求进工作总基调，主动作为、攻坚克难，企业经营质效持续提升。

二、主要做法

（一）始终坚持党建引领，强化先进典型选树培育，以高质量党建推动企业高质量发展

制定党建工作差异化评价体系，扎实开展基层党建工作评价，层层压紧压实党建工作责任。持续开展“党建+”工程，推动党建与中心工作深度融合。充分发挥党建专业管理和

价值创造两个优势，国网扬州供电公司党委获评国家电网党建责任落实专业标杆。积极实践道德建设五大体系，构建“人人崇尚典型、人人争做典型”价值坐标，成功培育周维忠全国道德模范。发挥联系纽带作用，构建“党建联盟”新格局、深化党建结对共建、致力农村公益事业，助力乡村振兴战略。

（二）积极响应国家“双碳”目标，打造地区示范项目，电能替代影响力全省领先

建立“强前端，大后台”电能替代服务模式，形成“政府强有力支撑—供电企业全方位服务—用户多领域提升”良性工作质态，政企联动出台支撑政策超40项。聚焦电能替代产业链，在全国率先推广“全电厨房”，创建“爱膳电”自主品牌，建成全电餐饮“三维一体”培训体系，受到江苏省委书记、商务部副部长等领导的高度肯定，形成了一批可复制可推广的典型经验。成立专项工作组，主动加强与政府部门、用户等各方沟通，积极提供“供电+能效”服务，为仪化电厂开展能效分析和绿色电力规划，促进仪化自备电厂关停。

（三）持续推进创新机制建设，激发创新活力，全员创新氛围浓厚

制定《职工创新全周期管理实施方案》，建立健全创新管理工作网络，规范创新项目全流程管理。以实际需求为起点，广泛开展“小快灵”创新项目。针对不同层级和领域开展各类改进与创新活动，以“职工大讲堂”“职工创客营”“创新大舞台”为平台，推动基层创新发展，营造全员创新良好氛围。职工创新项目“面向配电网高可靠供电的智能指挥与控制关键技术”获江苏省科学技术奖一等奖，徐勇劳模创新工作室被命名为“长三角地区劳模工匠创新工作室”，江都公司殷远东创新工作室创新事迹获推“首届大国工匠创新交流大会”线上展览。

（四）深化供电服务指挥新体系建设，以客户为中心，打造开放共享的创新生态

围绕供电可靠性和优质服务“两条主线”，建成“以客户为中心，资源统一配置、服务一口对外、业务全面管控”的供电服务指挥新体系。创新研发全国首个“供电服务AI指挥员”小艾，全面融入智慧生产、优质服务、市场拓展等多业务链条及关键业务场景，引领供电服务指挥业务不断向智能化、无人化发展，得到网省公司、市政府领导的高度评价。基于数字化新技术的供电服务指挥方法入围省公司职工十大先进操作法提名，抗疫保电、创新成果等多篇新闻在人民日报、新华日报、国家电网等多家主流媒体刊发，得到广泛好评。

（五）构建以数智低碳为目标的物资供应链，提升物力支撑保障能力，推进企业绿色转型

通过对采购、仓储、回收等重点环节的节能改造和智能管控，建成国网系统首个电力物资“零碳”仓库，管理创新成果《供电企业协同可控的数字化供应链管理》获得省公司管理创新一等奖和第28届江苏省企业管理现代化创新成果一等奖。发挥供应链核心企业的主导作用，推动供应商把传统的“资源—产品—废弃物”流程转变为绿色闭环、可持续的生态运营模式，编制《国网扬州供电公司绿色物资选型实施指导意见》，推动物资需求单位选用低碳物资、设备制造单位生产绿色产品。实现与供应商产能、配送、交票等信息的智能交互，有效保障物资供应的及时高效。

（六）强化配电网精益管理，贯通规划运维服务全流程，推进配电网高质量发展

以配电网高质量发展指标体系为引领，分年度按照项目指标贡献度对投资项目进行优选排序，实现配电网资源优化配置与精准投资，有效提升优质服务水平。坚持规划引领，强化计划管控，贯通运检、物资、审计、财务等专业系统数据，推广项目“云验收”，实现全流程透明管理。打造高邮整县虚拟电厂，形成政府政策支持、市场主体引导、电网标准支撑的共享生态圈，为政府部门辅助决策和用能监管提供数据支撑，助力配电网安全稳定运行。开展覆盖地下地上配电网高精度空间数据建设，在数据精采、图形智绘、数据融通、业务支撑四个方面实现专业协同与融通发展，形成扬州特色“配电网一张图”。

三、实施成效

（一）战略落地深入化

一是战略体系不断优化。围绕上级战略布局和发展目标，明确强一体、丰两翼、三支撑、四突破的“一二三四”战略落地路径。紧盯“双碳”目标，形成“四个坚持、两个强化”新型电力系统建设方案。二是战略落地加速推进。建成广陵基地有源配电网示范工程和瘦西湖碳中和景区，推动经开区、江都、仪征、高邮入选整县光伏试点。建成国家电网公司首个全电厨具自主品牌生产线，“爱膳电”产品入驻国网商城，示范效应持续扩大。三是省管产业加快转型。实施支撑主业发展核心能力建设行动，施工装备机械化、智能化水平持续提升。

（二）服务建设能效化

一是营商环境不断优化。推动出台电力营商环境支持文件27项，实现12个省级园区“开门接电”全覆盖，51个省市重大项目提前送电。市县“政企共担”实施细则全面落地，业扩平均接电时长缩减10%。全省率先推动“水电气汛”联办窗口入驻便民服务中心。二是服务水平持续提升。深化重大项目挂钩服务，37个项目提前送电。水电气联合报装服务有效落地，市县设立17个联办窗口。圆满完成习近平总书记调研扬州、运河城市论坛重大活动保电任务。三是乡村振兴有力支撑。拓展国家电网公司、省公司级乡村电气化项目440个，完成沿江村助力乡村振兴一期示范项目。开展政企联动“社网共建”，高邮全省率先实现“网上国网”云终端乡镇“全覆盖”。

（三）变革创新实质化

一是各项改革有力推进。“放管服”改革以来，实施82项工作任务，内生动力有效激发。平稳完成500千伏变电运检模式优化调整。整合“供电+能效服务”班组，成立5个营配运维中心，推行全链条、一站式、网格化服务。全省率先应用分布式光伏可观可测“一张图”，国网扬州供电公司四类建筑设施屋顶光伏“全覆盖”，建成国网首个“零碳”仓库。二是数智转型步伐加快。打造国网数字化市公司综合示范，开展数字化应用“双创”大赛。全省首家应用PMS3.0平台，数字化班组移动作业实现“全覆盖”。市级供应链运营中心实用化运行，智慧履约系统提升物资履约工效60%。三是创新能力不断提升。“面向配电网高可靠供电的智能指挥与控制关键技术”科技成果获省科技进步一等奖。QC项目获奖数量列全省首位。

从规范化管理迈向高效运营

国网泰州供电公司

一、基本情况

在经济发展总体趋缓、地方经济对用电提出更高精细化要求的形势下，国网泰州供电公司在规范化管理的基础上，积极探索建立满足多方需求，实现公司高效协同的卓越发展体系。管理上落实基于战略的市县协同化运作、集约融合的要求；业务上建立以客户价值驱动的核心价值流体系，梳理优化端到端流程，构建指标牵引下的公司日常管理机制。在提质增效上下功夫，向精益管控要效益，实现经营理念、体制机制、业务模式等诸多领域的全面转型。安全生产保持平稳，电网架构更加坚强，营商环境持续优化。先后荣获全国实施卓越绩效模式先进企业、江苏省省长质量奖提名奖，质量之光年度标杆等质量领域荣誉。为国网江苏电力推进新型电力系统建设贡献了泰州方案。2022年，国网泰州供电公司全年全社会用电量为362.22亿千瓦时，同比增长7.23%；售电量为331.11亿千瓦时，同比增长7.24%。近三年来，公司经营业绩稳健提升，营业收入从153.45亿元到199.2亿元，增长29.81%；售电量从278.15亿千瓦时到331.11亿千瓦时，增长19.04%；固定资产原值从294.09亿元到361.31亿元，增长22.86%，电网有效资产规模持续扩大。

二、工作思路及举措

（一）坚持人本理念，激发干事活力

发挥人员价值，在升级工作标准方面，激发各级人员参与企业管理的热情，组织各层级各部门员工细化工作要求，围绕“是什么”“为什么”“怎么做”和“怎么提升”四个主题，引导

广大员工在开展各项工作的同时，将满足客户需求深入到电网运营业务的各个环节。促进公司与员工的共同发展，整合工作提案、创新管理、学习与发展为核心的需求平台，通过统一的信息化平台，实现精益高效、快速反应，推进高敬业、高技能的人才队伍建设，起到了显著的带头示范效应。开展员工担责积分制，在现有“物质+荣誉”激励体系的基础上，设置主动担当、直接成效激励、知识分享方面的长期政策，重点激励能够促进整个环节高效协同，及时处理业务异常，高效交付工作成果的行为，激发各级人员参与企业卓越发展的热情。

（二）融通企管循环，构建方法矩阵

打通企业管理业务与管理方法工具匹配的建设路径，聚焦多种管理方法“重复做”“反复做”“交叉做”等无序问题，形成“核心—基础—方法—现场—活动”的企管业务方法体系。以战略管理业务为核心，以基于新型电力系统建设的多方需求为评价基础，以绩效考核和对标管理为管控方法，以现场管理、信得过班组夯实管控现场，实现管理创新、技术创新、质量小组活动、精益管理、可持续性管理等活动的有序开展。构建各项业务的管理方法矩阵。从方法分类定位、主体业务框定、最佳实践萃取三个方面出发，通过将企管主体业务与管理方法论、工具等进行适宜正确映射，明确QC、精益管理、对标管理、流程管理、战略管理、卓越绩效管理等多种管理方法融合推广的着眼点和落脚点。提炼相应管理成果并进一步萃取最佳实践，横向上从多角度进行分类分层整理，纵向上逐层往下层层分解，为全员推进业务实施提供管理工具支撑。

（三）畅通运营循环，提升客户契合

响应电力供应对高可靠性和绿色化的需求，增强电网运营业务的客户导向，打破“局部专业管理优秀，整体业务不卓越”的现状，实现客户与公司的共同发展。以“市场+客户”需求为基础，开展需求调查。运用卡诺模型管理方法，结合自我评价、问卷调研等调查方法，将需求按照“基本型”“期望型”“魅力型”进行分类管理，联动业务专家，形成服务升级指南。建立多方需求反馈的直联通道。围绕业扩高效、供电可靠、综合用能服务，从“以投诉为驱动的被动式反向了解”转变为“以服务为牵引的主动式正向推动”，每月主动回访重点客户用能需求，每季度定点抽样访谈一般客户，将客户期望分解至具体行动与部门职责，清晰导向、明确责任，实现主动精准服务。

（四）聚力赋能迭代，夯实管理效能

融合企业管理业务和组织运营业务两个循环，以最佳实践赋能电网运营，以电网运营

检验迭代最佳实践，夯实企业管理基础，推动经营成效不断提升。以多方需求为导向，梳理电网业务流程，整合目标与职责要求。形成端到端流程目标为第一级、业务阶段事项为第二级、业务节点活动为第三级的核心业务流。在电网各项业务中根植应用，实现管理工具与电网业务的有机融合。例如基于招商引资需求，调研形成客户对业扩时间、成本和方案的整体期望，据此打破部门壁垒，设置流程负责人，落实内部事项，构建第二级流程。在此基础上，形成绩效承诺，细化为各相关岗位要求，形成业务节点的活动管控。将业务要求映射至管理标准，识别各业务节点应满足的能力需求。提炼不同场景、不同组织的实践经验，汇聚业务实践中总结出来的优秀做法，聚焦典型做法的实施成效。开展全员“最佳实践”擂台赛，充实企业制度、标准，赋能业务改善。

（五）整合评审要素，助力持续提升

一是基于现有存在多套评价体系的现状，实现评审要素的整合。围绕战略重点、行业发展要求、业务发展空间、业务发展要求、业务关键过程、电网基础资源6个维度，形成评审要素清单。将业务开展管理能力划分为被动反应、初建制度、基本一致、完整覆盖、精细管理和持续创新6个等级，通过评价查找运行中的优势和不足，建立改进计划。二是基于评审结果，推动资源精益。提升关键业务专业能力，实施各层级纵向联动，在纵向“地市—县公司—班组”信息网络的基础上，发挥分部跨层级协同和基层联络点属地优势，以专项主题会议的方式，落实具体评审要求。三是深化交流合作，健全会商决策管理。拓展国家经济形势、能源电力政策、电力行业发展、知名电力企业等方面信息的应用，支撑业务实施，为业务管理优化提供全面支撑。

三、实施效果

（一）夯实了高质量发展的基础

通过确立工作方向，明晰从优秀迈向卓越的管理目标，形成“以人为本为动力，建立满足多方需求，实现公司高效协同的卓越发展体系”，推动了企业管理业务与组织运营业务循环融合。经过长期实践，为公司带来组织、流程和文化上的重大变化。对内不断优化完善企管工作流程、运转机制，对外整合相关方需求、实施业务流程重构，实现业务合作共赢，持续推动公司组织运营业务整体质效提升，夯实了企业持续发展能力。

（二）构建了高效率协同的机制

实施从规范化管理迈向持续创新的管理以来，精准挖掘国网泰州供电公司管理优势和改进机会，提高管理的成熟度，推动业务流程的高效运转。加强城市、乡镇配电网协调发展，重点解决城乡配电网局部重过负荷、低电压、停电多等问题。促进人员自主能力提升。高效推进管理创新课题、精益改进项目、现场管理和质量小组活动。获得全国优秀诚信企业案例1项；获得“国优”QC小组3项、“国优”质量信得过班组4项、全国五星级现场管理2项等表彰。强化了能源互联共建成效，得到国家电网公司相关负责人、地方政府领导多次批示肯定。《泰州电力“数”描》为泰州经济发展精准画像，获市委市政府主要领导肯定并指示重点推广。

（三）贡献了电力卓越管理智慧

通过践行充分考虑人本理念的管理模式，在提高管理效率的同时，探索了一条通过管理业务和运营业务的双循环两融合来推动电网迈向卓越的新渠道。为确保创新成果的有效推广，国网泰州供电公司通过政府首席质量官的平台，分享推广公司特色管理模式，经过深入总结和不断完善，形成了一套科学完备，在各行业可复制易推广的系统性成果材料，增强了企业管理业务应用的实用性和广度，支撑高质量协同发展的卓越管理体系有效实施和可靠落地。

以“六新行动”为抓手　向世界一流企业迈进

国网南通供电公司

一、基本情况

近年来，国网南通供电公司紧紧围绕省公司战略部署，坚持“安全稳定、依法规范”工作思路，“苏中站排头、全省争领先”基本定位，实施“安全生产新强基、能源互联网新攀登、用能服务新升级、企业管理新赋能、经营发展新跨越、党建引领新聚力”的“六新行动”，为省公司战略落地贡献南通方案。公司获评全国爱国拥军模范单位、国家电网公司先进集体、省公司“四好”领导班子、省公司安全生产先进单位。如东党员服务队获评全国“慈善楷模”。

二、主要做法

（一）实施“安全生产新强基”行动，推动安全治理体系与治理能力更健全高效

一是构建严实的安全责任链条。压紧压实各级领导安全责任，完善安全述职、履职评价机制，形成全方位安全管理合力。二是构建全面的预控机制。完善覆盖人身、电网、设备、网络、消防等五大领域的安全风险管控体系，建立健全安全风险例会、风险管控联动、重大风险督办和风险失控问责机制。三是构建完善的“三个体系”。安全保障体系方面，全面开展员工安全等级评价，优化人力资源配置。安全保障体系方面，规范安全生产费用提取、管理和使用，加强技术保障，实现安全生产由“人防”向“物防”“技防”转变。安全监督体系方面，推行安全监督“内外结合、点面结合、专兼结合、上下联动”的方式。

（二）实施“能源互联网新攀登”行动，推动能源电力供给侧和需求侧协调发展

一是聚焦能源互联网建设。坚持“五化”引领，结合“十四五”城市定位，充分利用新能源资源禀赋，统筹产业转移、绿色低碳等发展需求，建设能源与产业高聚集生态圈能源互联网。二是聚焦打造典型示范。构建综合能源规划仿真系统，在新型园区、重点企业、地标建筑等典型应用场景中，生成综合能源规划方案并输出仿真测试结果，满足客户多元用能需求。三是聚焦新能源健康发展。开发应用新能源可开放容量系统，预判未来全网新能源可消纳容量，动态科学评估新能源消纳和分布式电源承载力。开展能源结构配比研究，促进地区新能源消纳能力不断提升。

（三）实施“用能服务新升级”行动，推动社会综合能效水平和用能服务体验双提升

一是能源获得更便捷。在区县建立能效服务窗口，提供全寿命周期能源服务。在乡镇建立综合能源服务站点，满足农业生产、乡村旅游电气化等能源需求。二是用能成本更经济。积极拓展工业节能、公共建筑能效提升、多能互补、用电租赁等业务，提供个性化、套餐式能源服务。三是社会能效更低碳。超前布局清洁能源建设运营市场，做好分布式光伏并网服务。积极争取综合能源服务、充电设施建设、电能替代等政策支持。以水上服务区、公交充电市场建设为突破口，全面推动绿色交通发展。四是数字服务更智慧。线下打造“三合一”新型营业厅，实现传统营业厅向数字化多元营业厅转变。线上打造客户聚合、业务融通、数据共享的服务平台，提升客户用能特征感知能力。

（四）实施“企业管理新赋能”行动，推动企业治理现代化和运营数字化

一是合规管理常抓不懈。深化合规体系建设，实现“三道防线”与业务的深度融合。全面做好重大决策合法合规性审核。深入学习习近平法治思想，强化法治宣传教育，打造合规文化品牌。二是稳妥有序改革攻坚。聚焦市场化经营机制等重点领域，高质量完成国企改革三年行动重点任务。有序推进通州湾配售电公司高效运营。紧密关注上级工作动态，稳步落实省管产业改革。优化输变电运检等业务组织模式。三是数字化运营能力持续提升。推进跨专业数据中台应用，实现各业务板块间资源共享、交叉赋能，畅通全业务管理链条。构建基于全业务数据的多维度数字化审计体系，全面提升数字化审计效能。助推数字价值

挖掘。围绕电力看经济、看环保、看征信等重点业务方向，开发服务政府、企业、社会的能源大数据产品，践行社会责任。

（五）实施“经营发展新跨越”行动，推动公司发展质量和经营效益再突破

一是增强创新创效驱动力。强化业绩考核和激励力度，加大对优秀创新团队和个人的倾斜。优化成果培育、孵化与转化的衔接机制，突出抓好原创性突破、应用性转化。二是深挖提质增效潜力。滚动修编提质增效任务清单，在服务“双碳”等关键领域持续发力。加大交通、餐饮等领域电能替代力度。推进燃煤自备电厂关转或清洁替代。深化大数据反窃电模型应用，保障经营成果颗粒归仓。三是增强产业市场竞争力。健全产业风险防控和评估体系，全面激发产业活力。深入开展能力标准化建设，均衡提升产业单位业务承载能力。

（六）实施“党建引领新聚力”行动，推动党的领导与公司治理相融共进

一是高举党建领航旗。编发《党建工作指引》、“党建工作导图”。每月开展课题项目“研习会”，每季开展“政工例会”交流、“片区联盟”互查，适时开展新任书记“答疑会”、落后支部“约谈会”。推进“组织生活观察员”等机制。二是筑牢廉政硬防线。聚焦产业单位、新兴业务、农电等重点领域廉洁风险，开展专项防控行动。建设纪检工作信息化平台，从业务链、岗位风险点两个维度梳理风险多发流程。制定五类重点岗位人员权力、风险、措施三个清单。三是激活人才驱动力。落实“重实干、重实绩、重基层”鲜明用人导向，培养选拔高素质专业化干部队伍。做实“358”优秀年轻骨干跟踪培养长效机制，推行“见习班组长”、选调培养等举措。推进“通电工匠、技能精英、复合人才、管理骨干”四大人才培养项目，推动全领域人才辈出。

三、实施成效

（一）安全生产专项行动成效显著

一是创新形成安全生产“321”三步走策略。第一步实施“平安通电”专项行动三十项举措。第二步实施安全管理“认识、责任、管理‘三个不到位’”专项整治行动二十项举

措。第三步实施“知敬畏、保平安”安全文化十项举措。二是安全管理基础不断夯实。出台实施了《生产系统第一责任人管理办法》《班组长及以上管理人员到岗到位量化积分考核细则》《工程现场“同进同出”管理指导意见》等42项管理制度，实现了“制度管人、流程管事”。三是安全管理创新做法效果明显。创新开展全员逐层月度安全述职。组织安全大讨论96场次，开设安全、技术大讲堂12场次，有力提升全员安全意识。编制《国网典型严重违章图册》，被网省公司推广应用。编制《保人身安全岗位工作手册》，有效防范人身安全。近3年来，公司未发生人身伤亡事故，未发生有人员责任的电网、设备和信息系统安全事件。

（二）“为您通电”优质服务赢得口碑

一是营商环境持续优化。建成通创区等“开门接电”示范区20个，重大项目接电率全省第一，促请政府部门出台4项充电桩报装服务支持政策，试点打造“开门接桩”示范小区23个，设置“电水气讯”联办窗口22个，公司荣获2022年江苏省优化营商环境评价“获得电力”指标第一档次。二是能效服务全面升级。建成全省首个水上绿色服务区，打造中天科技工业节能典型样板，如皋率先建成全电校园示范城市，海安全省率先实现“政府+医院”能源托管。三是用户感知不断提升。打造“为您通电”履责品牌，党员服务队累计服务群众4万余人次；万户投诉率指标连续9年保持领先；妥善解决启隆、海永两镇电力供应问题；积极服务电价改革，代理购电签约用户数和签约率全省第一。

（三）企业发展经营质效不断提升

一是合规管理全面加强。编制实施《“合规管理强化年”实施方案》，召开合规管理委员会会议，印发《合规管理工作简报》。分专业举办“合规管理讲堂”，印发各专业《合规风险识别与防控工作指引》，夯实“第一道防线”职责。二是提质增效持续深化。深化提质增效专项行动，增收节支12.4亿元。落实电能替代15.1亿千瓦时，反窃查违挽回经济损失2742万元，两年以上积压物资降至3.5万元。三是产业保持健康发展。开展省管产业“强作风、提质效、促改革”专项监督。开展不停电作业1.6万次。1项工程荣获全国电力行业优秀工程设计一等奖。南通送变电公司荣获江苏省五一劳动奖状，获评施工类省管产业单位安全管理五星级认证。南通电力设计院在省内率先取得设计、咨询“双甲”资质。

（四）党建引领政治生态持续优化

一是系统化推进党建工作。充分发挥中心组示范作用，举办“学习二十大·永远跟党走”市县两级中心组联学会，与党的二十大代表开展面对面学习交流。举办党的二十大精神宣讲辅导会3场，组织203个党支部开展半开放式主题党日活动。全省率先制定《业务外包用工党员管理办法》。开设农电领域“纪法小课堂”。建成思想政治教育实践基地。获评南通市首批“全市基层党建工作示范点。”二是高标准打造员工队伍。树立“重实干、重实绩、重基层”的鲜明导向，修订领导人员队伍建设“十四五”规划。选调2名优秀青年员工到偏远站所、6名985高校毕业生赴县公司培养。制定《见习班组长培养实施细则》，选拔52名班组骨干开展见习班组长培养。2名员工入选省“333”人才工程。2名员工获“全国五一劳动奖章”，1名职工获国家电网公司劳模，1个集体获省“五一劳动奖状”，1名员工获省“五一劳动奖章”，1个集体获省工人先锋号。

构建新能源分层分级接网消纳体系 服务地区新能源高质量发展

国网盐城供电公司

一、基本情况

国网盐城供电公司担负着全市6县5区的供电任务，下设14个职能部门，9个业务支撑与实施机构，7个县级公司以及1个平台企业（怡宁能源集团公司），1个代管单位盐城三新供电服务公司（下辖8个分公司、98个业务所），服务442万电力客户。盐城电网北衔连云港田湾核电站，东接沿海新能源发电基地，境内有1000千伏淮上、±800千伏锡泰两条特高压线路，是江苏电网北电南送的重要通道，更为沿海大规模清洁能源消纳提供有力支撑。新能源大规模并网是盐城电网最显著的特征。截至2022年年底，全市有500千伏变电站8座，线路长度1754千米；220千伏变电站50座，线路长度4349千米；110千伏变电站167座，线路长度4660千米；35千伏变电站76座，线路长度2032千米。公司先后被表彰为“全国文明单位”“全国用户满意服务单位”“电力行业电力设施保护示范单位”“国家电网公司先进集体”“盐城市市长质量奖获奖单位”等荣誉称号，连续12年获得市政府“综合先进奖”。

近年来，国网盐城供电公司主动作为，全力构建新能源分层分级接网消纳体系，建设新能源高比例运行示范区，既支撑地区能源互联网建设扎实落地，更支撑“四新两高”综合示范区打造初见成效。

二、主要做法

国网盐城供电公司构建新能源分层分级接网消纳体系，其核心原则即“接得进来，送得出去，消纳得掉”。结合盐城地区能源互联网建设的“清洁能源高比例消纳”目标，分层分级接网体系要进一步实现优先在盐城境内的“就地就近消纳”，通过输配电网一系列的应对提升方案，大幅提升地区电网对大规模集中式，以及分散式新能源的接网消纳能力。

整体思路主要从三方面着手：输电网层面构建沿海新能源接网送出500千伏主干道，同时优化提升盐城220千伏分区电网内部新能源潮流大规模迁移的资源配置能力，实现新能源外送电力流与分区内负荷中心降压电力流的高度耦合；配电网层面打造灵活互动数字有源配电网，聚焦分布式新能源的低电压消纳，充分运用群调群控技术，灵活调动配电网层源网荷储各类资源，聚沙成塔汇聚形成配电网就地化消纳新能源的底气和基础，并选择分布式新能源高渗透县区开展示范建设；园区层面选择具有典型示范意义，各类灵活性资源均有一定分布的产业园区，以园区能源系统为创新示范的载体，打造新能源高比例消纳的微碳运行样板，并结合综合能源统筹最优的理念，发挥园区内微电网在区域内能源综合配置的平台作用。

（一）推动有序开发，助力资源高效集约利用

国网盐城供电公司充分发挥自身电力大数据优势，推动政府编制印发《盐城市“十四五”新能源产业发展规划》，科学、有序引导各类资源统筹利用，实现对自然资源的绿色开发。优化大规模新能源接网方案，公司推动政府开展风电远海集电、输电线路规划建设必要性研究，优质服务2018年集中核准的盐城地区150万千瓦海上风电在2021年年底前并网发电，提前开展已完成竞配的265万千瓦海上风电的接网方案研究，优化风电就近地区220千伏电网的布局。完成首批市场化光伏458万千瓦接入系统优化论证。服务分散式新能源高效接网，公司推动全市7个县区入选国家整县屋顶分布式光伏试点名单，截至2022年底，已完成并网分布式光伏155.49万千瓦，公司自有建筑屋顶分布式光伏完成并网0.77万千瓦，公司推动在射阳、建湖等区域分散式光伏同步配置一定比例储能，构建分散式光储一体化示范。

（二）升级主干网架，服务沿海风光汇集送出

围绕服务清洁能源高比例消纳，推动主干输电网建设与大规模集中式清洁能源发展时序、空间布局相协调，并适度超前。构建沿海新能源输送干道，规划建设由北至南贯穿盐城东部沿海四个县区的500千伏沿海第二通道，服务射阳、东台、大丰的沿海新能源集中汇流送出，直接提升新能源汇聚能力近400万千瓦，为盐城“海上三峡”主阵地建设提供

了坚实的基础。增强区内资源大范围配置能力，220千伏网架建设着眼于电网关键断面输送能力的提高、网架瓶颈的建设加强，服务新能源潮流的大范围迁移。公司实施220千伏盐城—振阳、盐都—开源、潘荡—东益等线路工程，持续补强220千伏主干输电断面，系统提升新能源大发时地区220千伏电网北电南送、东电西送能力，稳步提升地区电网对新能源的消纳能力。

图1　沿海第二通道之500千伏鹤栖变电站俯瞰图

（三）建设数字配电网，打造高渗透有源配电网

配电网加快数字化转型步伐，全面提升对终端侧各类分布式源荷的透明感知能力，通过分布式群调群控汇聚配电网各类灵活性可调节资源。打造大丰新能源高比例数字有源配电网示范，公司在大丰区选择新能源渗透率较高的区域开展配电网升级示范建设，重点打造“配电网惯量支撑、分布式集群管理、分层分级控制、就地化保护配置、区域新能源消纳格局融入”五大示范场景，形成了覆盖源网荷储各侧各层的样板示范。构建有源配电网系列数字支撑平台，上线投运配电网分布式资源集群控制系统，如图2所示，融合分布式新能源功率预测、配电网运行方式优化、区内资源就地控制、可调节资源裕度实时监测等功能模块，预留与省级控制系统的融合接口。投运高压配电网“一张图”平台，全面融合电网地理分布信息系统，支撑配电网向新能源富集地区高质量延布。

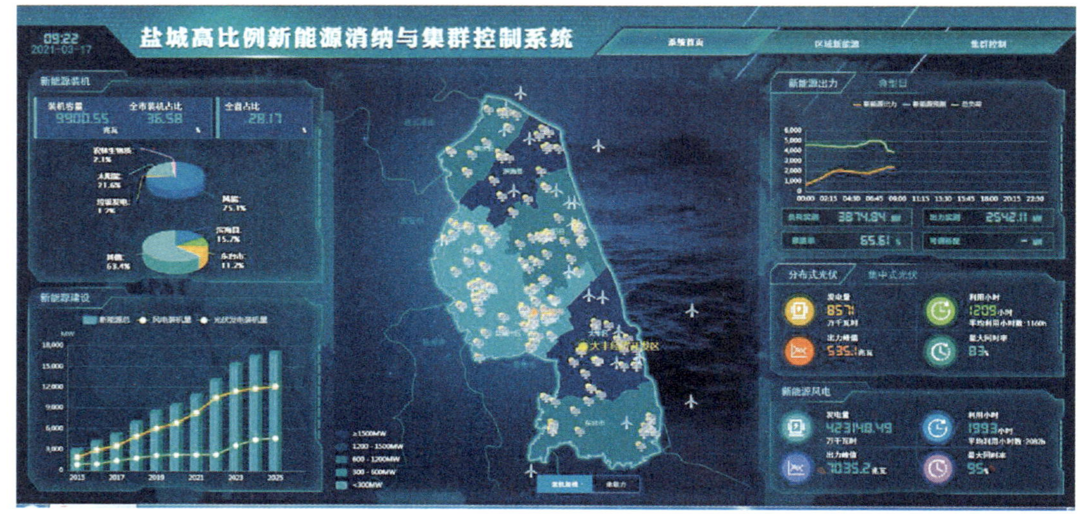

图2　盐城高比例新能源集群集控系统

（四）开展示范建设，构建园区微碳能源系统

为深化分层分级清洁能源消纳体系构建，公司探索开展园区级清洁能源消纳示范，公司在盐都区优选微碳慧能科创产业园区开展区域微碳能源系统建设，整体架构如图3所示，在园区内系统构建了综合能源管理系统、碳排放管理与交易系统、园区智慧化运营系统，充分发挥园区内交直流微电网的平台作用，形成以电为中心，冷、热、水等多种异构能源的最优利用。公司同步在各类型园区开展探索示范，在滨海朗坤农科园、大丰隆盛产业园、

图3　微碳慧能科创产业园场景设计概览

建湖5D智造谷等各类型园区开展示范建设，全面应用微电网系统对园区各类资源进行统筹协调控制，构建小型源网荷储一体化的综合应用试点，支撑清洁能源的终端侧高效利用，服务绿色。

三、实施成效

（一）清洁能源快速发展，生态效益提升显著

公司多措并举全力支持清洁能源发展，清洁能源实现全额消纳，风电、光伏等各类清洁能源在盐城地区蓬勃发展。截至2022年12月底，盐城全市新能源发电装机容量为1250.58万千瓦，同比增长3.89%，占全省新能源发电装机容量的24.71%。其中，风电装机容量为946.58万千瓦，占全省风电装机的41.99%，包含约550万千瓦海上风电；光伏发电273.01万千瓦，占全省光伏发电装机的10.88%；风电、光伏装机容量均列全省第一。2022年1～12月，全市新能源累计发电量265.15亿千瓦时，占全省新能源发电量的29.35%，占全市用电量的59.06%。其中，风电222.15亿千瓦时；光伏发电30.47亿千瓦时。2020年以来，盐城公司大力推进地区新能源分层分级，新能源消纳体系建设卓有成效，其中持续提升地区清洁能源占比的先进工作，多次受到中央电视台的专项报道和肯定。

（二）产业能源互趋共进，社会效益越发彰显

随着公司清洁能源消纳管理工作的推进，清洁资源可消纳能力持续增长，风机、光伏电池板、逆变器、储能等新能源装备制造产业的订单保持充足，其中晶硅光伏产业链发展势头迅猛，2022年，全市晶硅光伏产业产值已达1149.3亿元，动力电池产业产值167.1亿元，同比增长185%。与此同时，后续充裕的可开发资源和电网消纳能力保障了新能源装备制造业在盐投资工程的获利预期，同时用资源吸引能源装备制造的研发人才进入盐城，研发基地、试验基地落户盐城。2021年盐城市新能源产业年开票销售突破750亿元，2022年开票销售突破1300亿元。可见，新能源分层分级接网消纳体系建设与地区产业发展互趋共进，社会效益明显增强。

深化基层一线基础建设　激发公司发展内生动力

国网淮安供电公司

一、基本情况

近年来，国网淮安供电公司以目标、问题、需求和创新为导向，强化顶层设计，通过制定全口径用工管理为核心的“1+*N*”指导文件、组建营配协同网格、实施全员岗位练兵、建立一线班组同质化考核体系、加强党支部建设等系统举措，深化基层一线基础建设，有效激发公司发展内生动力，为支撑国网江苏电力建设世界一流企业贡献淮安力量。2022年，公司全社会用电量228.7亿千瓦时，同比增长18%；售电量205.5亿千瓦时，同比增长20.5%。全社会用电量248.7亿千瓦时，同比增长8.7%。售电量221.9亿千瓦时，同比增长8%。全网最高负荷502.8万千瓦，创历史新高。日用电量5天破亿，最高1.03亿千瓦时。全口径营收167.8亿元，同比增长13.5%。全员劳动生产率89.7万元/（人·年）。公司蝉联全国文明单位，作为唯一企业单位获评省脱贫攻坚“组织创新奖”，获得国网江苏电力“四好”领导班子、安全生产先进单位，连续获得淮安市高质量跨越发展考核第一等次单位、营商环境建设先进单位等荣誉。

二、主要做法

（一）强化顶层设计，形成行动指南

坚持标准引领、规范先行的原则，全力贯彻能源互联网企业战略目标下的全口径用工理念，结合公司实际，制定《全口径用工管理工作意见》纲领文件，为梳理业务流程、理顺劳动组织关系、优化用工配置等工作提供指导依据。按照试点先行、全局推广的原则，

结合项目进展，细化制定试点工作方案、推广工作方案，进一步明确实施路线图与预期成绩单。配套制定《开展岗位练兵活动》《加强外包用工管理指导意见》《加强党支部参与涉及员工切身利益等重要事项决策工作意见》等标准化文件，为持续激发队伍活力、强化队伍能力建设提供保障。全口径用工管理“1+N”制度方案如图1所示。

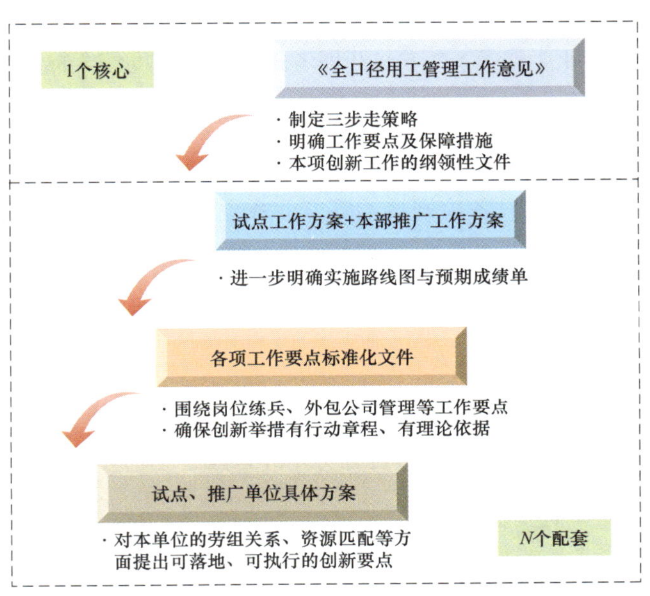

图1　全口径用工管理“1+N”制度方案

（二）优化资源配置，促进业务发展

以公司“十四五”规划为指引，结合业务发展，以解决长期困扰工作开展的难点、痛点问题为出发点，优化资源配置，有效缓解数量缺员。组织结构优化调整原则如图2所示。

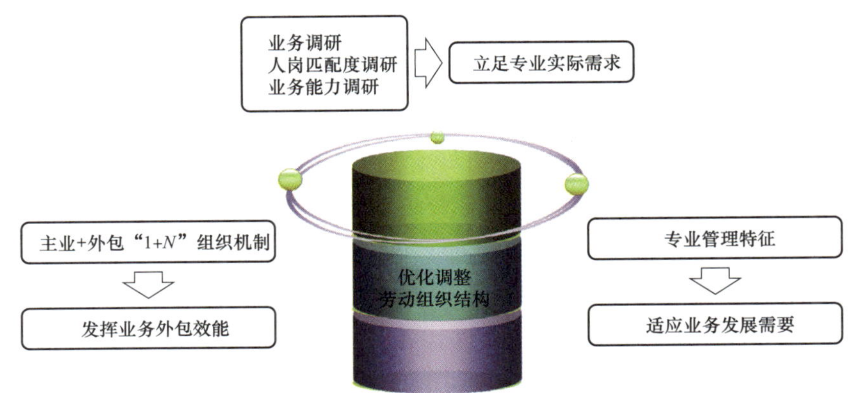

图2　组织结构优化调整原则

一是优化劳动组织。推行网格实体化运转，组建本部城区7个同质化管理营配协同网格，建立“专业条线管理、业务横向协同、指标考核共担”工作体系，组织运检、营销等专业人员及外包队伍下沉至网格开展联合驻点办公，打破专业壁垒，促进业扩报装、老小区改造、线损管理等业务协同（如图3所示）。建立指标共担机制，工区设立荣誉榜，按月度、季度开展网格综合考评，季度授予流动红旗。专业部门从安全生产、供电可靠性、优质服务、线损管理、专业工作等5个方面开展考核，评选年度综合标杆和专业标杆。国网淮安供电公司对获得综合标杆、专业标杆的网格团队给予年度一次性薪酬激励，明确综合标杆网格经理参与工区班子年度分工和重大事项讨论。配电运检中心在配电二次运检班的基础上增加电缆、配电一次设备检修技术等专业成立综合检修班，统筹队伍力量支撑网格配电网检修工作；将部分经验丰富、但不适应一线工作强度的老员工，调整至综合事务岗位，负责部门工资核算、考核兑现、财务报销等综合事务性工作，为业务管理提供支撑保障。

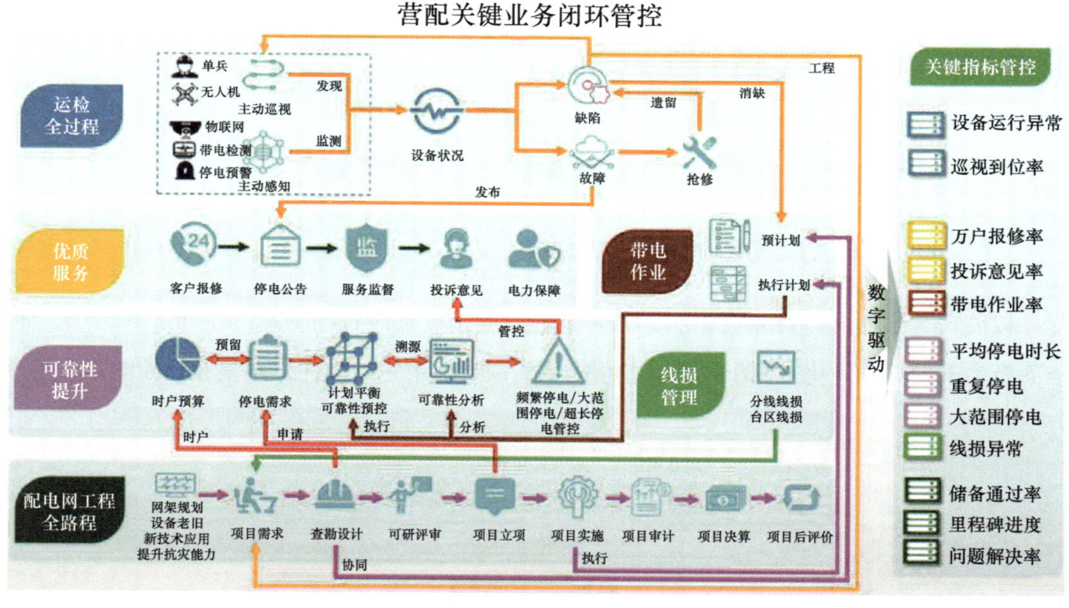

图3 营配业务协同

二是促进人岗匹配。引导32名班组长和专职提前退出岗位，从事一线生产、综合事务、指导培养等工作，青年队伍人数占比提升至42%，本科及以上人数占比提升至57.6%，老中青结构趋向合理，人员储备显著增强。让37名从事管理支撑工作的班组青年骨干回归本职岗位，业务归结至部门条线专职，安排劳务外包人员辅助开展。

三是加强支撑保障。推广“主业+外包”组织机制，在7个营配网格成立4名网格员联系1家外包单位的网格运维小组，按需补充劳务人员68名，承担网格综合事务、配电网运维抢修等辅助业务。根据外包单位实际需求和意愿，协助外包单位建立用工岗位、通道、薪酬三类规则，留住关键、优秀人才，提升外包单位用工管理水平。

（三）加强能力建设，提升业务水平

以“满足一线需要、提升实操技能”为主旨，科学编制培训课程，利用老师授课、师徒结对、经验交流等多种形式，开展含一般管理技术岗和一线班组在内的全员岗位练兵，不断推动员工核心能力提升。根据员工岗位性质和年龄结构，实施差异化考核，邀请兄弟单位专家担任考评员，纪委全程监督，保证考评结果公平公正，岗位练兵成绩与年度绩效评定、岗位晋升、评先评优挂钩，考核优秀（成绩前20%）且满足岗位聘任条件的可直接选聘“空出”岗位；考核良好的可参与公开竞聘。累计练兵1450人次，岗位晋升50人、岗级晋升68人。岗位练兵实操现场如图4所示。

图4　岗位练兵实操现场

（四）树立业绩导向，营造良性竞争

建立以班组为核心的同质化考核体系，在主业、集体企业、供服公司15个部门内部开展一线班组业绩横向比拼，深化“以绩取酬”的分配导向，加大收入分配向能力强、素质优的一线班组和员工倾斜力度。依据“量质期”等维度进行积分排序，给予优秀班组长为期1年的五级职员待遇，提升其年度收入16%～25%；在班组内部开展量化考核评价，对优秀骨干成员给予专项奖励，对排名靠后的班组成员调降奖金系数，使同层级班组成员年度绩效收入差距达40%，实现人员“能上能下”、薪酬“能增能减”。

（五）坚持民主决策，维护职工利益

截至2022年底，安全管理方面，违章数量全省第3少。供电可靠性方面，全市户均停电时长1.63小时、全省第2名，其中本部全省第2名，金湖、涟水、洪泽、盱眙供电公司在全省57家县区公司中位列第4、7、8、16名。线损管理方面，台区经济运行率提升4.5个百分点，配电线损达标率保持全省前列，入选国家电网公司同期线损“十强市”8次、“百强县”33次。优质服务方面，年化万户投诉率全省第2名，万户意见率同比压降50.9%、降幅全省第1名。

三、实施成效

（一）专业管理显著提升

国网江苏电力发布的2022年半年度对标简报中，国网淮安供电公司35项指标领先，排名全省第7；26项指标提升幅度领先，排名全省第一。4家县区公司指标提升幅度领先，数量均在全省第一方阵，其中涟水公司指标提升幅度在全省县公司（含县大供）中排名第一。

截至2022年6月底，安全管理方面，违章29起、全省最少，记49分、全省第二。供电可靠性方面，全口径用户平均停电时间为0.66小时，全省排名第二，用户平均停电时长同比下降73.2%，压降率全省第一。全口径用户平均停电次数为0.48次，同比下降60.1%，压降率全省排名第一。优质服务方面，年化万户投诉率为0.015，排全省第4名，实现5个月零投诉；年化万户意见率同比压降54.9%，降幅排全省第一名。频繁停电意见工单同比压降68.23%，全省排名第一。线损管理方面，入选国网“十强市”3次、“百强县”10次、“百强所”190次，5月份指标评价全省第一名。

（二）经营管理提质增效

累计推动关停自备电厂7家，增售电量2.6亿千瓦时。电能替代4.5亿千瓦时，营销稽查和反窃查违挽回经济损失776万元。宏能集团获评国家电网公司施工能力建设标准化标杆单位，1项工程获评“中国安装之星”。建成国家电网公司首家信息设备全国产化供电所，入选工信部信创典型案例。获得省部级科学技术奖2项、中国电力行业科技进

步奖2项、授权专利121件、发布技术标准7项。信创实验室入选国网江苏电力第四批实验室。

（三）服务水平有效提升

在全省率先推行“电水气”联合报装服务。提升中小微企业“三零”服务标准至200千瓦，减少用户投资354万元。建成“开门接电”示范区6个，打造“开门接桩”示范小区8个。推广乡村电气化项目1502个，“电气化助力芦笋种植”累计在新闻联播、焦点访谈等央视6个栏目系列报道21分钟。

（四）队伍建设成效显著

金湖飞虎共产党员服务队获评全国学雷锋示范点、江苏省“时代楷模”荣誉称号，1个单位获评国家电网公司文明单位，1个集体获评江苏省工人先锋号，1名员工获评全国家庭工作先进个人，2名员工分别被授予全国、省“五一劳动奖章”。入选国网江苏电力三级专家1名、选聘国网江苏电力四级和五级专家18名。

突出“六个聚焦” 增强“六种能力”全力以赴推动管理全面转型升级

国网宿迁供电公司

一、基本情况

国网宿迁供电公司成立于1996年12月29日，供电面积为8555平方千米，下辖沭阳、泗阳、泗洪3个县公司，56个供电所，全口径用工5373人。全市拥有35千伏及以上变电站162座、输电线路458条，运行管理10（20）千伏配电变压器3.33万台、线路2125条。服务电力客户284万户。

近年来，国网宿迁供电公司坚定落实“一体四翼”发展布局，坚持稳中求进、致力稳中快进，立足“把每件事做得更好”，奋力当好电网企业新时代发展征程的争先者，服务“强富美高”新宿迁建设的领先者，能源高质量发展基层实践的率先者。先后获得全国文明单位、全国“五一劳动奖状”、全国精神文明建设先进单位、全国用户服务满意企业等荣誉，连续18年获得全国“安康杯”竞赛优胜单位称号。

自2018年起，宿迁全社会用电量、工业用电量上升至全省第11名。近三年最高用电负荷从441.5万千瓦增长至503.3万千瓦，位列全省第11名。

二、主要做法

以对标世界一流为切入点，以效率效益提升为着力点，以加强管理体系和管理能力建设为主线，坚持安全为基础、客户为中心、市场化为方向，突出“六个聚焦”，增强“六种能力”，全面提升现代管理水平。

（一）聚焦管控机制建设，增强安全保障能力

始终秉承“刀刃向内、自曝家丑、动真碰硬、问题导向”的态度，牢固树立“隐患等同事故，违章就是伤害”的理念，以“铁腕”治安保障长治久安。一是构建“321”安全管控机制。建立领导跟班安全学习、违章行为曝光及总经理与违章员工、班组长、部门负责人谈心谈话“三项制度”；开展党员身边无违章、员工零违章有奖“两项活动”；实施视频监控违章抓拍技防“一项手段”。二是开展“六项提升”“五化举措”专项行动。“六项提升”即防外破管理、反违章管理、“两票”管理、核心分包队伍培育、安全履职评价、用户侧安全管理。“五化举措”即机械化施工作业、信息化系统建设、智能化安全管控、规模化外包管控、专业化队伍建设。三是健全完善防外破机制。率先落地“电力助应急”战略合作协议，联合应急、公安、住建、环保等部门开展重大危险源专项整治。创新构建“线路长”防外破机制，发挥供电所属地优势，激发群众护线动力，建立“总线路长、线路长、属地安全巡线员、群众护线员”四级安全巡防网络。四是实施“面向全市安全生产有奖举报”活动。设立电话、微信、电子邮件三类举报途径，充分调动社会各界监督电力生产安全工作的积极性，倒逼外协单位和公司一线人员坚决反违章，自2022年5月18日启动以来已受理举报15起。

（二）聚焦能源绿色转型，增强电网支撑能力

立足宿迁打造“江苏生态大公园”“光伏之都”发展定位，积极服务“四化”同步集成改革需求，致力建设以光伏新能源为主体的新型电力系统。一是持续提升新能源消纳能力。建成500千伏宿豫变配套等220千伏电网加强工程，保障全市318.08万千瓦新能源平稳消纳。泗洪大型光伏基地一期70万千瓦分电压等级接网工程在全省率先核准。完成全省首例分布式光伏接网安全评估，支撑省内最大单体屋顶光伏沭阳桐昆项目接入。二是全面推进公司自有屋顶光伏建设。引入多元投资主体，综合能源、农服、配售电公司联合开展自有建筑屋顶光伏项目投资建设，累计完成项目75个，总容量3035千瓦，实现现有变电站、省管产业、后勤房屋、供电所、新建综合能源站等5个类型屋顶全覆盖。三是建设运营宿迁综合能源服务站。内部建成了由分布式光伏、储能、充电桩及办公负荷组成的智能微网生态系统，其中储能配置10千瓦输出，可切换孤岛与并网两种运行模式，能够保证办公楼照明8小时。对外已拓展企业代维120家，签约光伏电站代维35家、总服务装机容量56.3万千瓦，促成泗洪城区82家浴室小锅炉全部“煤改电”。入选省公司能源互联网第一批示范工程。

（三）聚焦营商环境优化，增强优质服务能力

锚定宿迁市政府建设“全省营商环境最优城市”目标要求，以投资顺心、服务贴心、创业安心、发展放心、生活舒心“五心”标准，全力打造“宿电速办”服务品牌。一是需求侧保供支持政策率先落地。2022年度《电力需求侧保供方案》在全省率先获得政府批复。促成苏宿园区出台全省首个需求响应地方补贴文件并实现县区全覆盖，累计发放“省级+地方”补贴3145.6万元。迎峰度夏期间，全市累计参与需求响应错避峰17天，共有2002家企业参与响应，最大响应负荷48.99万千瓦。年前建成投用公司新型电力负荷管理中心。二是政企共担管理实施细则顺利出台。首次实现牵头实施主体、专用财政科目、年度框架招标、项目建设标准“四个明确”。穆墩—桐昆恒阳全省首个220千伏政企共担接入工程提前两个月送电。服务大项目接电举措两次列入省政府重大项目办典型经验。2022年底三县六区（含功能区）已全部完成年度土建费用财政预算申报，总金额达3.69亿元。三是“全电商业综合体”政策取得突破。在前期率先出台“瓶改电”推广补贴政策的基础上，促成市安委办出台首个市级商业综合体全电餐饮支持政策，明确现有商业综合体全电改造政府补贴不低于50%，新建项目从源头优先采用全电设计。四是储能支持政策率先出台。促成市发改委出台全省首个地市级《支持储能发展意见》，除10%以上比例配建调峰能力等常规要求外，创新提出按照储能项目规模适当调减属地负荷管理限额。五是率先设立乡村“电暖流・便民服务站”。在全市1234个涉农行政村部设立“电暖流・便民服务站”，打造了集业务办理、志愿关怀等功能于一体的新时代文明实践工作网格，实现167万农村用户“家门口”办电。

（四）聚焦智改数转赋能，增强科技驱动能力

紧扣“四新两高”新型电力系统建设要求，以保障电网安全、提升运检质效为目标，纵深推进数据中台建设和新技术研发应用。一是依托实验室平台推进科研攻关。建成“智能配电网新技术研究与应用实验室”，投运省内首座“配网真型实证场”，具备综合实验、设备实证、真型试验三大功能。与六所高校成立联合实验室，开展分布式光伏接入消纳、交直流配电网控制等项目联合攻关。培养科技攻关和数字化专家人才37人，打造了“苏妍”创新团队。二是推进无人机协同应用。将无人机应用拓展至输、变、配、基建等多专业，实施输电杆塔、重点变电站、频繁故障线路无人机巡检工作，开展基建线路数字化验收。推进10座固定机巢建设，着力打造省内唯一覆盖3座500千伏“钟吾—双泗—宿豫”片区无人机协同巡检示范区。三是搭建市能源大数据中心重点企业能耗监测

平台。汇聚电、气、汽、油、煤等能源数据，建立算法模型，对企业用能进行多维度分析、监测和预警。面向政府提供能源统计、分析、预测、多能规划等大数据分析，开展环保企业多维用电、疫情影响人口流动监测分析等电力数据应用，助力宿迁智慧城市指挥中心建设。

（五）聚焦专业协同融合，增强高效运营能力

坚持以效率变革为主线，以业绩考核、验审同步、内模市场为着力点，深化专业协同，实施效能评估，有效激发主体活力，进一步提高运营效率。一是构建业绩考核“指标树”。逐层逐级建立关键业绩指标责任链条，将业绩指标考核结果与主要责任人员岗位晋升、绩效考核和薪酬分配相挂钩，形成“人人关注指标、人人落实指标、人人保障指标”的共担氛围。二是推行配农网工程“验审同步”模式。将审计环节从传统验收投运后前移到验收投运时，两次现场合并为一次，缩短项目由完工到送审，以及审定时间，提升项目完工结算审定率、资金流转效率、预算决算执行效率。三是深化内部模拟市场。制定《宿迁公司内部模拟市场行动方案》，强化全员、全要素、全过程成本管控，持续转变经营观念、促进精益管理、激发员工动力。印发内部模拟市场实施细则，实现“市对县全面覆盖、内设机构重点实施”。

（六）聚焦队伍素养培树，增强内生驱动能力

以“新格局、新担当、新气象”为目标，打造高素质干部队伍、高水平人才队伍，搭建多维成长成才平台，充分激发动力活力，提升管理服务能力。一是构建“非机构化团队”。聚焦一线、青年、综合素养等关键词，陆续组建“初星”青年党建研习夜校、班组长俱乐部、学研俱乐部、党员安宣队、“新声”宣传队、“易公益”工作队等6支“非结构化团队”，各团队“聚焦要务、自主管理、创新搞活、联动内外”，灵活开展“非结构化”活动，逐渐成为青年员工提升素养、展现价值的新平台。二是创新实施新员工“3+N”培养模式。依托阳光学院、智能配电网实验室、青年研习夜校3个平台，丰富实践、实操等多种培养措施，夯实青年员工业务基础。三是搭建青年人才托举平台。做实“非物质激励举措”，落实10项重点任务、58项细化举措，48名青年托举对象完成项目匹配，上线“三先”成长看板，“一人一策一案”进行跟踪培养。四是组建“宿电夜校”开展全员练兵。落实“赛马制”练兵比武活动部署，融合一线技能实操和专业知识实务，统筹规范师资、场地及后勤保障管理，实现45周岁以下员工全覆盖。

三、实施成效

（一）安全生产态势稳

三年来，国网宿迁供电公司累计开展安全督察3965次，督察现场4270个，安全管控六级及以上电网风险407项、三级及以上生产作业风险3万余项。查处违章、各类隐患、外破事件数量大约分别下降54%、60%、66%。60个班组实现“零违章”、占比73.17%，40个线路长辖区实现“零外破”、占比71.42%。连续三年实现“七个不发生”。其中，2022年220千伏及以上输、变电设备零故障，全省唯一。

（二）绿色发展水平高

贯彻落实“碳达峰、碳中和”目标，打造高标准新能源消纳平台，全市新能源装机容量为318.08万千瓦，达到“十二五”末的5.23倍，其中光伏发电装机容量为271.64万千瓦、占宿迁电源总装机容量的59%，居全省第四。率先建成金鹰、宝龙核心商圈“全电街区”，累计推广“全电厨房”1070个，新增报装容量4.22万千瓦，增加年售电量5068万千瓦时。2022年8次入围国家电网公司系统同期线损“全国十强市”，“百强所”月均覆盖面超80%、全省最高。

（三）客户服务效果优

三年来，“获得电力”指标持续提升，2021、2022年度分列全省营商环境评价第一等次、第二等次。连续6年保持“全国市场质量信用A等用户满意企业”称号；连续5年蝉联市“高质量发展综合考核优秀单位（第一等次）”；连续2年获评“重大项目建设先进单位”“优化营商环境先进单位”“服务地方发展先进单位”“安全生产示范企业”等荣誉称号。

（四）各类创新成果多

三年来，推进电压暂降、接地选线、配网级差保护等重点课题研究18项，累计培育国家重点专项科技项目1项、江苏公司科技项目12项，获得国家电网公司专利奖二等奖1项，江苏省行业各级科技奖励8项、江苏公司各级科技奖励7项。1项QC成果获国际金奖、3项获全国一等奖。6项管理创新成果、5项群创成果获省部级奖项，1项群创成果获国家行业级二等奖。

（五）员工队伍素质佳

三年累计382人次获省公司级及以上表彰奖励；高级职称人数为362人，增幅为43%；技师及以上人数为519人，增幅为46%。6支“非结构化团队”累计开展各类活动700余次。促成并率先落实了省公司与南京师范大学及省内五家红色教育基地的“1+1+5”青马共育联盟合作。率先落实国家电网公司和省公司“青年精神素养提升工程”试点工作。在建团百年前夕，国网宿迁供电公司团委获评“全国五四红旗团委”，是省公司系统、宿迁地方唯一获评单位。

深化国企改革　助力企业高质量发展

国网连云港供电公司

一、基本情况

近年来，国网连云港供电公司以“安全、规范、改革、发展”为工作主线，夯基础、强能力、促合规、提质效，着力深化公司改革，稳步提升公司运行质量，奋力推进深化改革取得新突破。2022年，全市全社会用电量为255.93亿千瓦时、同比增长17.30%，增幅居全省第一；实现营业总收入139.87亿元，同比增幅为26.99%，增幅居全省第一；完成售电量243.50亿千瓦时、同比增长17%，增幅居全省第一。

二、主要做法

国网连云港供电公司认真研究省公司创建世界一流示范企业总体实施方案，加快推动新型电力系统建设和能源互联网升级，重点推进工作如下：

（一）深化科技成果转化，助力双创增效

融合科技、工会群创、QC和青创联盟等众创平台，成立“连电新动力创新事务所”，定期调研基层研发需求和建议，收集创新创意课题和成果，为员工提供创新培训、咨询等开放共享服务。依托党委联系服务专家实践基地，搭建创新成果超市，为专家和内外部合作者提供舒适便捷的成果展示和转化洽谈空间，与高校（科研机构）签署战略合作框架协议，定期举办专业特色讲座，合作开展创新人才培养、重大成果培育。开展存量知识产权盘点利库，优化海洋绿电、软土地基、带电作业和土建预制等专利布局，将一线生产需求和高价值成果转化融入双创基地建设，实现省管产业单位通过有偿许可方式拓展营业范围、分享转化红利。

（二）强化电力大数据应用，助力污水治理

完善工作机制，与生态环境局签署战略合作协议，建立“生态+电力”的联动机制，抽调骨干成立工作组，与江苏海洋大学合作开展农村生活污水治理专项课题研究。构建监测模型，依托数据中台，开发农村生活污水治理设施用电监测数据应用，结合历史用电数据和设备运行情况，将设施异常用电特征分为长时间低值或零值、低频高低交替波动、极端天气下设备停止三类，分别设置日用电量阈值，建立分析模型。强化成果应用，结合自建农村生活污水治理设施行政村名单，针对性开展用电信息收集、核实，实现全部1514个行政村覆盖。采集设施月度内日用电量数据，形成监测分析报告，对存在异常的进行提示预警，辅助政府部门排查设施实际运行情况，推动污水治理设施正常运行。

（三）加强服务能力提升，助力精益管理

顺应农时实行差异运维。结合县域各种农业产业用电周期特点，制定乡村振兴“二十四节气表”，提前对全年重点工作进行梳理分解，有效解决农业生产季节性低电压等问题。构建营配数据同源维护机制，对全市3万台公用变压器、151万个表箱、220万余户进行逐一核查对应和测绘定位，实现线、变、杆、表、户的挂接关系现场与系统一致。拓展营配贯通高效业务应用，基于线—变—户拓扑关系，智能分析GIS信息、负载数据，制定超重载台区负荷迁移方案，实现全市停电信息点对点主动推送全覆盖。编制“区块化”整体供电方案，实时对接园区规划情况、客户负荷重要性等级、外线接入模式，编制园区统一的电网规划，综合考虑市政管廊一体化建设，扩大公共资源共享规模，节约园区整体投资建设金额。

（四）健全供应链产业化运营，助力仓储管理提升

成立安方连云港分公司，打通主业、产业和农电专业管理壁垒，结合库存阈值管控机制，定期开展清仓盘点和账实一致性检查，统筹利用闲置库容，发挥资源集约效能。优化过程管控，印发《供应链产业化运营实施工作方案》，明确管理交接、单轨运营、经验总结、业务拓展等6项任务节点，通过人员划转、管理权移交等方式，抽调物资专业骨干组建运营团队，细化供应链产业化运行制度规范12项，增强人财物保障效力。强化风险防控，聚焦业务操作、服务保障、安全监督、廉政教育等环节常态化开展培训，梳理库存物资、单据档案、系统权限等7项标准化交接事项清单，组织第三方机构见证交接全过程，确保账目清晰、依法合规。

（五）筑牢廉洁防线，提升风险防范能力

一是培育廉洁文化。编制风险防控手册，剖析物资采购、业扩报装等36项业务权力运行轨迹，提炼清单式防控措施；构建“1+*N*”廉政宣教体系，打造“廉云港”主品牌与38个支部特色品牌，创作廉洁宣教作品42项，通过微信公众号、内网网页等媒介广泛传播。二是创新工作模式。加强审计、纪检业务协同，抽调骨干力量组成柔性团队，构建“审计+巡察”模式，聚焦资金流向、重大决策等巡察要点，前置开展专项审计，结合审计线索开展巡察，线索定位时间缩短43%。三是深化统筹整改。梳理监督检查发现的7类32项共性问题，开展排查整治行动，派驻人员专项督导，同步查纠实施责任和管理漏洞，并将整改情况作为负责人业绩评定、提拔任用的重要依据。

（六）构建人才“储能站”，夯实梯队建设

开展青工“三跨”培养，充实技术人才“储能池”。重点强化青年员工在一线班组、工区专职、部室专职的岗位培养，通过跨专业、跨岗位、跨单位锻炼提升综合技能。开展专家进阶培养，充实专家人才储能池。按“业务骨干—技术专家—更高层级专家”层级递进选拔专家，构建党委联系服务专家实践基地，设立“融创基金”，创建成果转化收益反哺机制，搭建创新成果超市，为上架成果提供研发试验、样品展销和洽谈签约等服务功能，助力专家“向成果要效益”。开展精准“滴灌”培养，充实管理人才“储能池”。突出“选”，精准“培”、聚焦“用”，构建年轻领导人员全链条培养机制，充分激发年轻领导人员在新时代履行新担当。

三、实施成效

一是创新能力全面提升。建成全省首个地市级能源大数据（碳监测）中心。初步建成国内首个全透明、全感知“零碳运行”县域电网。建成国内首套港口岸电储能一体化系统，服务国内首艘纯电动拖轮下水运行。灌南高比例清洁能源县域配电网项目入选国网试点。国网连云港供电公司牵头的首个国网科技指南项目高分通过验收。

二是营商环境持续优化。落实《国务院办公厅转发国家发展改革委等部门关于清理规范城镇供水供电供气供暖行业收费促进行业高质量发展意见的通知》（国办函〔2020〕129号），促成电力接入工程政企共担支持政策市县全覆盖。创建成立营配一体化受理的东部供电服务中心，全省首家出台1公里内电力工程免审批政策。发布“连电特快”21项服务举措。“电水气”

联办支持性政策实现市县（区）全覆盖。建成海州锦屏等15个乡镇级综合能源服务站。东海公司获评5A级“标准化良好行为企业”。

三是合规管理逐步完善。实施“合规管理强化年”26项重点任务，排查风险16项。推动市县政府出台《江苏省电力条例》配套政策24项。完成对东海、赣榆公司营销农电专业现场帮扶。规范重大决策合法合规性审核，编制电网建设全流程合规风险防控指南。建成法治文化阵地。配合完成国网任期审计，开展经济责任等专项审计7项。

四是监督体系不断健全。发挥头雁引领作用，在产业、业扩领域开展6批15次“体验式”监督，提出管理建议32条。打造外包单位“安全+廉政”线上管理平台，完善外包单位“红黑榜”管理制度，纠治风险隐患18项。在创新成果转化过程中内嵌“签约必报”监督流程，跟踪防范科技创新项目推进过程中的资金风险，监督保障6个提质降本项目取得上亿元经济效益。

聚焦主业主责　聚力高质发展　为江苏新型电力系统建设贡献经研力量

国网江苏经研院

一、基本情况

国网江苏经研院是省公司直属单位，主要负责为国网江苏电力在战略研究、电网规划、技术经济、设计咨询等方面提供全方位的技术支撑与优质服务。聚焦战略研究，紧跟能源变革形势，前瞻开展能源战略、企业发展研究，为省公司和江苏电网发展提供决策支撑。聚焦电网规划研究，坚持以电为核心，引导新能源有序消纳，助力新型电力系统建设。聚焦技术经济分析，强化评审把关，助推省公司经营效益、精准投资水平不断升级。聚焦设计咨询实践，贯彻低碳发展理念，打造综合能源工程示范样板，引领行业发展。

2022年，报送各级内参专报14 篇，其中1篇获新华社内参引用。完成规划及专题研究报告210 余卷；开展各类评审业务9089项，核减低效投资7.6%；获省部级管理创新奖3项，首获中国电力企业联合会电力职工技术创新一等奖、国家电网公司经研体系“网上电网”业务应用创新大赛一等奖。

二、主要做法

（一）坚持管理变革，打造精益经研

加快改革创新，以提升管理水平为抓手，实现研究效率、管理效率和人员素质的全面提升，有力支撑了各项业务开展。管理变革八大管理体系如图1所示。

一是加强企业合规管理，完善规章制度体系，加强重大决策合法性审核执行力度，以

提质增效为核心促进价值创造，以精益管控为抓手加强风险防范，推动业财深度融合，提升组织运转和人员配置效率效益，构建“依法治理、精准高效”的运营管理体系。

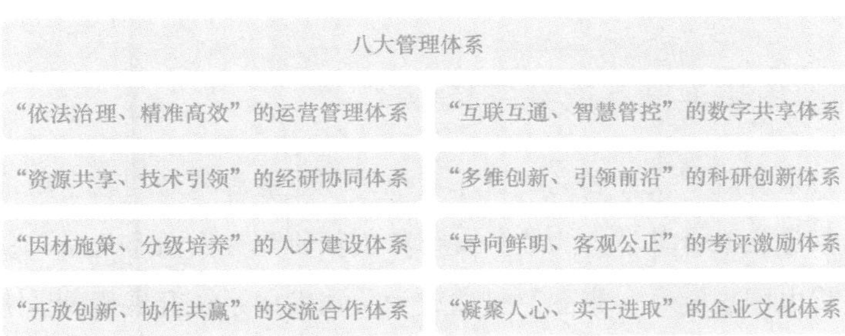

图1 管理变革八大管理体系

二是建设高效实用的企业一体化智慧运营管控平台，打破专业壁垒，加强内部专业融合，构建资源共融共享的信息库、工具库、情报库、案例库，为专业工作提供支撑，打造国网江苏经研院公共资源共融共享共生平台，构建“互联互通、智慧管控”的数字共享体系。

三是搭建与经研所、设计院的沟通交流平台，推动“国网—省—市”三级经研院所协同运作，发挥经研体系三大专委会功能，组织开展座谈会、研讨会等活动，“走出去”和“请进来”相结合，促进地市经研所间规划设计能力对标学习，构建“资源共享、技术引领”的经研协同体系。

四是统筹开展研究布局，聚焦新型电力系统、电网与输变电等领域，梳理新型储能技术等八大重点研究方向，组建专项攻关团队，加强创新一体化管理，优化科技、技术服务项目管理平台，深化创新成果孵化和转化应用全过程管理，构建多维创新、引领前沿的科研创新体系。

五是依托科研项目攻关等举措，开展专家“选塑工程”和青年人才“托举工程”，培育高级专家、经研院优秀专家，打造高水平、专业化专家人才梯队，依托学科建设，发挥专家团队“传帮带”作用，构建“因材施策、分级培养”的人才培养体系。

六是搭建考核激励“提质工程”，完善内部突出业绩季度监控机制，更好地发挥业绩考核的指挥引导作用，优化绩效考核方式，联动薪酬分配模式，激发干事创业热情，构建“导向鲜明、客观公正”的考评激励体系。

七是搭建以“经研讲堂”为核心平台的协同创新生态圈，联动外部智库，建立常态合作机制，同步整合经研院各部门、中心力量，纵向强专业，开展专业深化，横向促融合，共建柔性团队，营造智库共享空间策划，构建开放创新、协作共赢的交流合作体系。

八是围绕宣传贯彻习近平新时代中国特色社会主义思想首要任务，强化国家电网公司战略传导，强化经研价值理念落地实践，深化企业文化建设，塑造经研要素明显的管理文化、技术文化和人文文化，把经研文化理念融入企业发展各方面，构建“凝聚人心、实干进取”的企业文化体系。

（二）坚持数字变革，打造数字经研

围绕新型电力系统规划设计和高端智库定位，顺应能源革命与数字革命相融并进发展大势，推动数据信息流融合共享，为业务支撑和创新研究夯实数字化基础；利用云计算等先进数字技术，将电网规划“一张图”打造成为公司发展系统开展规划业务与创新研究的数字化底座，实现智能评审、三维设计等领域向“示范领跑”迈进；深挖电力数据资源，有效支撑能源资源优化配置和高效利用。

一是打造新型电力系统规划与决策实验室（如图2所示），推演未来能源转型路径，推动未来电网功能形态构建，支撑未来电价市场政策机制设计，提升未来电网安全供应能力，助力可持续发展效率效益评价。

二是打造基于数字孪生的设计技术实验室，为数字基建向数字电网乃至数字企业全生命周期演进奠定基础。

三是打造新型储能智能分析与应用实验室储能实验室，建设分布式电源、储能融合高效配置平台，聚焦微电网等典型场景，提升源网荷储协调互动水平，启动有源配电网实验室建设，提升配电网可靠性仿真校验能力。

四是拓展规划“一张图”平台生态。推进规划研究、技经评审、项目设计线上贯通，

图2　新型电力系统规划与决策实验室

形成“计划态”“规划态”数据资产，及时准确提供信息，拓展“一张图”在建设、调度、营销、运维等领域的应用。

五是上线国际能源情报智能分析系统，情报搜索覆盖150个国内外能源、经济类网站，提升战略洞察力、环境感知力、态势解析力、分析识别力。

（三）坚持业务变革，打造智慧经研

全面支撑好国网江苏电力发展战略目标，牢牢把握发展机遇，主动定位、主动思考、主动作为，加速打造国网江苏经研院面向未来发展的核心竞争力，输出高质量的研究成果，推动省公司和江苏电网高质量发展。

一是把握“双碳”机遇，助力新型电力系统构建，探索新型电力系统建设的技术路线、主要举措，推演能耗“双控”新政策下能源转型场景，开展江苏十年供需分析，落实“十四五”“十五五”保供措施，推动电网规划向能源互联网规划新业态转型。

二是构建基于三维设计的基建“安全、质量、进度、造价”管理体系，升级综合能源规划设计运行一体化仿真平台，推动电网设计向数字综合能源站设计新业态转型。

三是构建基于人工智能技术智能化评审平台，优化工程全过程造价精益化管理系统，构建“一贯制”评审模式，推动技经评审向综合业务新业态转型。

四是发挥智库优势，开展能源供需—市场机制—购售电形势全环节综合研究、全国统一电力市场体系研究和电力市场与电网规划协同分析，推动战略咨询向量化分析和能源互联网市场服务新业态转型。

三、实施成效

（一）智库支撑成绩显著

决策支撑成果丰硕。内参《从江苏涉美外贸企业用电数据看风险》获省长批示。内参《美国得州大停电事故分析》先后获李克强、韩正、丁薛祥、刘鹤等党和国家领导人批示，专报《储能安防“江苏经验”》获辛保安董事长批示。入选中国智库索引来源智库。强化重大政策专题研究支撑，智库支撑成效位列国网江苏电力系统第一名。

能源研究提前谋划。助力国网江苏电力率先发布省级公司“双碳”实施方案，协助编发“双碳”白皮书。测算2030、2060年能源转型场景及相应电源规划方案，对标国际推演江苏能源转型路径。配合省能源局完成“十四五”能源规划，编制江苏电源调查报告，构

建省内电源数据库。

政策市场研究逐步深入。深化电力市场改革研究，分析各类电源参与市场机制及购电策略，明晰“双碳”目标下发用电计划放开路线。开展新型电力系统电价体系研究，完善分时电价机制。出台江苏“十四五”储能规划，探索多方共赢的共享储能模式，探究综合能源、负荷柔性控制等新业务发展机遇和商业模式。

（二）专业支撑持续强化

电网规划高质高效。紧密衔接电网发展、建设环节，优化“7321”规划工作体系。展望2030年江苏电网目标网架形态，开展特高压直流落点及送出方案研究，提出“十五五”江苏北电南送过江断面加强方案。优化调整2024年110（35）千伏配电网系统设计方案，制定《有源配电网规划设计技术导则》，形成可复制、可推广成果。

专题研究取得突破。编制全省新型电力系统实施方案，推进大规模海上风电、光伏接入技术攻关。扎实推进“一张图”建设，初步完成“一图多能”“一图多数”功能开发，实现拓扑图、GIS图、主接线图等多种形态可视化展示。开展市场化光伏接入系统技术方案研究及评审，推动1800万千瓦市场化光伏应接尽接。

评审评价支撑有力。年均完成各类项目评审5500项，勘测专项评审70项，环水保评审450项，年均叠加审定投资约400亿元，节约投资15亿元。强化停电过渡等环节专项评审，针对复杂重点工程开展现场评审复核，全面提升评审质量。

设计管理能力提升。构建全省数字化电网工程交付中心，实现电网“一张图”，助力数字基建、数字电网建设。严格全省三维设计技术把关，完成720项单体工程三维移交。取得工程测量乙级资质，资质等级实现再提升。

（三）创新工作取得突破

科技创新历史突破。“储能消防”项目首获国网科技进步一等奖，“单元制规划”“超导技术”项目获评国网科技进步二等奖，“规模化储能”项目首获省政府科技进步一等奖。创新成果申报实现质与量“双突破”。牵头立项国网科技项目2项、省公司16项、自主项目6项，累计在研88项，科技创新项目立项数量实现历史突破。

管理创新再创佳绩。“电网经研院智库管理”获江苏省企业管理现代化创新成果一等奖。“电力研究型企业文化体系”获省第四届职业经理人创新大赛一等奖。获得国家电网公司管理创新成果一等奖1项、第四届全国设备管理与技术创新成果特等奖1项、行业管理创新表彰7项、电力企业管理创新论文大赛一等奖1项，省公司软科学成果奖项6项。

“123”省属生产科研单位管理体系探索与实践

国网江苏电科院

一、基本情况

国网江苏电科院始终紧密围绕国网江苏电力发展战略，构建全面支撑体系，开展前沿科技创新，主动担当起技术攻坚的排头兵、创新创效的顶梁柱、智力供给的主力军，连续多年位列省级电科院综合实力和业绩第一，获评国网江苏电力直属单位首个“全国文明单位”，连续8年在国网江苏电力直属单位业绩考核中排名第一。

国网江苏电科院深化内部模拟市场建设，年度内模收入超10亿元，同比增长10%。现有员工285人，平均年龄36.2岁，其中35岁及以下青年员工172人，占比60%，硕士及以上学历251人，占比88%，其中博士87人，占比31%，人才当量密度居省级电科院首位。建有19个实验室，其中国家电网公司、省政府级实验平台11个，居于省级电科院领先地位。

二、主要做法

国网江苏电科院践行“战略引领，支撑为本、创新为魂”的发展理念，构建“123”省属生产科研单位管理体系，打造国际知名电科院“一个”品牌目标，坚持深耕保障电力供应和促进能源转型“双轮”创新驱动，实施体制机制、人才队伍、实验平台“三项”能力保障，不断实现新突破，有力支撑具有中国特色国际领先的能源互联网企业建设。

（一）锻造“三项”能力，厚植创新沃土，赋能企业发展

一是构建先进的创新体制机制。着力“两项体制”创建，健全科技创新组织架构，成立1个科研试验专班、7个专业研发机构，促进专业破壁融通，开展长线科研攻关，提升复合创新能力。采用“揭榜+挂帅”方式组建11支跨专业柔性团队，打破部门边界、深化专业融合、激发组织合力，获国家电网公司充分肯定。着力“六项机制”创新，打造攻关研究、成果转化、成效评估等创新全过程“贯通链”。探索项目预研、科技容错机制，鼓励原始创新。深化跨界协同攻关机制，激发团队活力。首创科技项目后评估机制，突出落地实效。持续完善成果转化机制，延展创新价值。首家试点中长期激励机制，激发年度成果产出率提高3倍以上，相关经验列为省公司推广试点的“典型范本”，源源不断释放创新活力。

二是打造优秀的科技人才队伍。深化干部队伍建设，建立人才选调培养体系，发布《优秀年轻干部人才选调培养实施细则》，实施“源头储备选调、专业发展选调、优干历练选调”三项行动，创新“跨界访学”“轮值主管”“跨级锻炼”等培养举措，助力干部人才进入成长“快车道”。深化专家人才培养，率先发布《2025高端人才培养方案》，全面实施《国网首席专家培养实施细则》，以培养“中国电科院院士”为目标，统筹重大项目、攻关团队等优势资源配置，“一人一档一策”针对性培养储备人才，充分发挥国家电网公司首席专家、省公司高级专家的高端引领示范作用，持续厚实人才高原，加快筑起人才高峰。深化青年能力提升，实施青年人才托举工程，搭建“青匠、青创、青帅”进阶跑道，为优秀青年开拓成长道路。实施青年博士培养“扬帆工程”，组建4个“博士科研实验班”，形成高智力人才差异化培养模式，充分激发人才潜能。

三是锻造领先的创新实验平台。实验室是电科院专业能力和创新实力的重要承载平台，应构建实验室“主任责任制”和实验室运行成效评价制度，深化“特色实验室+高端实验室”的分类建设模式，持续推动实验室运行质效提档升级。目前已形成了4大实验集群，建成了19个专业实验室，包括5个国家电网公司实验室和6个省政府工程技术研究中心，数量和质量均位列省级电科院前列。聚焦网省公司新战略，优化实验室布局，加快提升能源互联网、人工智能与电力物联网等前沿领域实验能力，为打造国际功能最齐全、性能最先进的能源互联网试验平台，持续注入创新动能。

（二）坚持“双轮”驱动，突破核心技术，引领行业进步

一是保障电力安全供应。攻关电网安全保障技术，围绕迎峰度夏、外电入苏、大电网

运行等重点任务，提出受端电网潮流疏散、柔直工程故障穿越等系统性策略建议30余项，研究成果被国调、省公司采纳并推广应用，提升大电网稳定运行水平。完成铁磁谐振等20余项配电网运行异常分析，研发国内首套三端口中压柔性互联系统，建成配电网电能质量监测分析平台，保障配电网供电可靠。攻关设备安全保障技术，完成油浸式电流互感器等设备缺陷排查诊断80余项，发现电流互感器绝缘薄弱等20余类家族性缺陷，制定全省设备隐患治理措施，提升设备本质安全水平。攻克分接开关检测等“卡脖子”技术30余项，破解特高压主设备运维难题。融合声学、光学等技术国内首次完成GIL管廊“全面体检”，提升关键设备安全运行管控水平。

二是促进能源低碳转型。攻关新能源消纳技术，提出新能源动态消纳与主动支撑等20余项系统性应对方案，研发海上风电柔直工程试验装备10余套，建成海上风电并网检测、系统调试等“全流程”试验能力15项，保障江苏海上风电全额消纳和绿色发展。研发配电网承载力在线评估系统，并在金坛等7个县域推广，分布式光伏可观可测系统在全省应用，准确度达96%，赋能扬中整县光伏先导区等示范工程建设。攻关数字电网融合技术，启动实施电科院“数字电网关键技术研究三年攻关计划”，充分发挥多专业融合优势，研发声纹、回路电阻等11类数字化装备，其中数字化红外仪获国家电网公司PMS3.0典型成果发布，数字化局部放电等6类仪器入选全业务核心班组装备序列，提升一线工作质效。变压器健康管理系统上线故障诊断等6项功能，在生产环境部署，升级变电运检监控等3套辅助决策系统，以数据驱动运检业务数字化转型。配电网数字化管控平台在PMS3.0上线，牵头国家电网公司线路变压器关系治理专项工作，实现江苏线变关系诊断技术首次在国家电网公司部署和推广应用，不断提升配电网精益化管控水平。

（三）追求“一个”目标，锚定国际知名，角逐世界舞台

一是国际化成果提升竞争力。坚持“顶层设计、聚焦优势、重点突破”的基本原则，以国际化理念营造发展环境，以国际化要求完善保障体系，以国际化导向培育创新成果，依托国家电网公司技术标准创新、国际标准创新“双基地”平台，立足UPFC、直流配电网等重大示范工程，积极布局领域的国际标准立项，形成国际标准储备库，推动科技创新成果向国际标准转化，以国际标准推动原创装备和核心技术走出去，持续不断输出“国网经验”与“国网方案”。

二是国际化合作提升影响力。发挥专家委员会、院士协同创新中心作用，引进国内外高端科研力量，开展更高层次、更广范围、更具实效的国际交流与合作，构建“项目+标

准”国际合作交流模式，联合攻关国家自然基金国际合作项目2项，利用IEC、IEEE等国际平台开展学术交流，组织20余场国际学术会议，28名员工加入14个国际标委会工作组，在国际舞台上积极发声，提升省公司的能源变革话语权。

三、实施成效

近年来，通过该体系的构建和运行，国网江苏电科院实现了技术攻坚深度、创新突破高度和智力积聚厚度“三个跨越”发展，推动了国际知名电科院建设由“质量”向“品质”的提升，高效支撑省公司站排头、当先锋、作表率。

（一）敢为人先，技术实力绽放锋芒

坚持双轮创新驱动，勇闯技术“无人区”，全力构筑江苏电网的“技术高地”，以先进的技术供给护航江苏电网高质量发展。聚焦“保供应、保安全、保发展”的技术需求，构建电网规划、建设、运行等16类技术保障能力，其中输变电设备、电力系统分析等10余项专业技术水平位于省级电科院首位，供给柔性潮流控制等核心技术56项，研制特高压GIL一体化耐压试验等关键装备42套，护航白江直流、苏通GIL等16项重大工程顺利投运，解决分接开关缺陷诊断等疑难杂症60余项，同比增长30%，获国家电网公司特高压建设先进集体等8项荣誉。

（二）勇攀高峰，重大成果竞相涌现

坚持战略指引导向，在能源技术革命大格局中谋划创新，全力打造江苏电力的“创新高地”，以领先的创新成果，在关键领域掌握主动权。牵头国家级科技项目11项、省部级科技项目96项，国家电网公司新型电力系统重大专项4项。获省部级及以上科技奖90余项，其中国家科技进步二等奖3项，中国标准创新贡献一等奖1项，中国专利银奖1项，省部级科技一等奖20余项，省级管理创新一等奖6项，实现逐年“量增质升”。牵头国际标准20项（超国家电网公司省级公司总数的1/4），实现从“零”的突破到每年保持发布2项，已发布7项。科技成果转化额累计超3亿元，增长5倍，实现了“从无到有、从有到优”的发展。

（三）勇立潮头，人才队伍焕发风采

坚持人才第一理念，为有能力、肯攀登的专家人才铺路搭桥，全力培育江苏公司的

“人才高地”，以一流的专家队伍，勇立科技创新大海的潮头。聚焦“科研型、实践型、国际化”三支专家队伍，打造专家人才培养样板，国家级专家由1名增至3名，省部级及以上专家增至28名，4人当选国家电网公司首席专家，其中科研类首席专家2人，占国家电网公司系统省级公司总数的2/3。国际化人才取得历史性突破，获国际电工委员会最高荣誉“IEC 1906”奖等国际荣誉9项，新增国际标准工作组主席、召集人9名，国际标委会工作组成员突破性增至34人，同比增长20%，稳居全国省级电科院之首。

以“4445”为抓手　争创一流送变电企业

江苏省送变电有限公司

一、基本情况

江苏省送变电有限公司成立于1953年，是国网江苏省电力有限公司全资子公司，注册资本9.83亿元，具有电力工程施工总承包一级资质，业务涵盖电网建设施工、电网检修、应急抢修等板块。

江苏省送变电有限公司秉承“服务电网发展，铸造苏送品牌”的使命追求，勇挑重担、攻坚克难，参与建成1000千伏苏通GIL管廊工程、500千伏风城—梅里大跨越、苏州500千伏UPFC等世界之最、国内之最项目，为支撑电网高质量发展创造了一个又一个的丰碑。江苏省送变电有限公司具有高度的政治责任感，熟悉江苏气候、地理和人文环境，承担省内500千伏及以上输变电工程检修业务以及省内全部特高压站的年度检修业务。同时，作为电网应急抢修的排头兵，江苏省送变电有限公司在各种自然灾害和突发事故面前挺身而出，出色地完成了抗冰抢险、盐城风灾抢修等重大抢修抢险任务，充分彰显了央企责任，为保障电网安全稳定运行、服务社会经济发展贡献了力量。

二、主要做法

（一）构建“四强”格局，维护“大安全”局面

强意识。始终坚持“两个至上”工作理念，持续深入学习领会习近平总书记关于安全生产重要论述。完成安全实训基地建设，开发高处作业、三跨、有限空间等高风险作业项目安全培训，通过实际演练培养员工安全意识。积极参加省公司安全监督练兵比武活动，

组织好公司安全质量知识竞赛，坚持“以赛促学，以赛促用”。严格班组安全日活动实施，全面开展系统内外安全事故学习，汲取经验教训。

强管理。深入排查检修计划、停电计划、作业计划交圈地带和管理盲区，从源头杜绝无计划作业。严格执行省公司输变配电工作票线上管理的要求，规范履行线上开票手续。加强人员安全准入、评价、奖惩、退出等机制现场应用，双向激励，催生内生动力。严格落实标准化站班会要求，刚性执行“三查三交”、工作监护等制度。规范违章整改验收，严肃惩处整改不到位、擅自复工等行为，确保违章查纠取得实效。

强责任。深化“抓责任、精管理、固基础”安全主题活动，推进现场履职颗粒度、督查机制等管理举措落实。持续做好安全隐患大排查大整治行动，结合保电、防汛抗台等工作，梳理上报问题隐患清单，全面开展安全检查和专项督导，严抓严查责任措施落实。关心关爱一线人员工作生活状态，做好高温慰问，合理调整作息时间，做好防暑降温、卫生防疫等工作，保障作业人员身体健康。

强应急。加强对突发恶劣天气的关注，统筹做好应急响应、应急物资装备等工作，做到“宁可备而不用，不可用时无备”。积极应用国网新一代应急指挥系统，优化应急资源统筹调配，辅助应急指挥决策。组织公司级大型综合性应急演练，提高应急基干队伍响应能力。完善应急机制建设，推动“区域化应急基地”建设，做好重大时段的保电工作。

（二）打造“四抓”体系，深化“大专业”建设

抓进度。扎实开展重点项目施工策划，逐项梳理剩余工作量及关键节点进度安排，预判难点堵点，前置性解决实际困难。强化项目管理，坚持“向管理要工期”，落实项目部人员配置要求，巩固基建、生产精益对接深度。统筹人力、物力资源调配，严格按照里程碑计划推进工程建设。

抓技术。严格方案编审批、交底程序，加强重要专项方案现场审核，提升方案针对性。积极介入工程可研、初设阶段，从施工角度提出专业建议。加强过程质量管控，扎实开展实测实量，刚性执行国家电网公司质量管理“八个抓实”要求。严格工程转序验收管控，加强各级验收消缺管理，防范质量缺陷。做好过程咨询等创优准备，着力打造展示江苏工艺的“国优奖”创新样板、“鲁班奖”匠心样板和“金银奖”示范样板。

抓协调。强化片区管理，完善以职能部门、基层单位、片区、项目部为单元的管理网络，持续发挥片区工作组作用。强化与省公司职能部门、建设分公司、地市公司、超高压公司、省设计院等相关方沟通，主动对接，畅通内外部联系，及时掌握情况，推进项目实施。密切跟踪公司在建工程情况，结合公司基层单位承载力和区域特点，均衡分配中标工

程，坚持动态调整。

抓分包。严格过程监督，加强对分包队伍现场实际情况的调查了解，重点掌握分包队伍核心人员的能力状况，提高核心分包队伍的规范作业水平。强化培训力度，充分利用施工培训基地教育资源，组织分包队伍核心人员取证，提高分包队伍整体技能水平。推进分包标准化管理，做实“黑名单”“负面清单”管控，进一步提高考核评价结果的可操作性。

（三）把握“四个突出”，提升“大经营”水平

突出市场开拓。承接好设计施工业务专项改革方案，持续优化公司功能定位和业务布局。在确保安全的前提下，积极参与500千伏线路迁改、新能源、市政等市场化项目的竞争。关注特高压工程重点项目，做好系统内各批次投标分析，提高投标质量。加大与上级职能部门、供电公司等联系，就业务往来、资源盘活利用等方面做好沟通，形成长效机制。

突出过程管控。加大宣贯网省公司设计变更、工程签证管理规定，对接好国网江苏电力输变电工程造价精益化管理系统和签证系统要求。加强结算管理，确保外部结算、内部结算、分包结算过程清晰，支撑资料完善，结算依据充足，量价准确。总结分析分包结算外审单位反馈的问题清单，有针对性地制定改进措施。强化单项工程成本管理，提高成本归集的及时性与准确性，增强全员全过程的经营意识。

突出风险防范。严格民企清欠、农民工工资支付执行，积极服务“六稳”“六保”。围绕“资金安全年”专项行动工作要求，深入开展省管产业单位资金安全专项检查。加快推进“两金”压降，确保完成考核指标，规避风险。降低现金流预算执行偏差率，提升现金管理质效，强化预算与业务联动，严把支出关口。

突出合规管理。落实“合规管理强化年”工作部署，深化合同突出问题专项整治。健全重大决策合法合规性审核机制，确保决策依法合规。完善合规体系构建，贯通财务、审计、信用、合规、案件等各专业风险防控机制。扎实开展各类巡视巡察及特高压专项审计反馈问题的整改工作，举一反三、标本兼治，夯实长治久安基础。深化规委会职能发挥，常态化开展制度更新修订，确保制度体系完善。

（四）做实“五个深化”，形成“大党建”合力

深化政治建设。发挥党委会第一议题“及时跟进学”和党委理论学习中心组“深入研讨学”作用，深刻学习领会习近平总书记重要讲话、指示批示精神，切实将理论学习成果转化为推动工作进步的动力。持续开展精神文明建设主题活动，加大群众性主题宣传教育力度，巩固深化党史学习教育，精心策划、统筹推进，确保取得实效。

深化监督执纪。建强纪委书记、专职纪检干部、巡察干部和基层党支部纪检委员“四支队伍”，持续开展地企共建活动，发挥柔性团队、工作组效能，以课题调研、交叉互查等方式，锻造纪法兼通、作风硬朗的纪检力量。坚决扛起政治巡察责任，对存在问题的整改工作跟踪问效，健全内控机制，促进工作成果有效转化。健全党支部党风廉政工作履职积分考核机制，实施“季度+动态”评价模式，压紧压实“两个责任”。

深化价值传播。高度重视媒体建设和创新，不断提高新闻舆论的传播力、引导力、影响力和公信力。瞄准专业价值，在聚焦电力保供、服务经济稳增长、助力能源低碳转型、提质增效、加强党的建设等五个方面作出一批有记忆点、有价值点的宣传精品。加强传播策划，坚持受众导向，创新话语表达，持续推送领先率先的创新成果，讲述暖心共情的企业故事。高度重视信访和保密工作，严格落实维稳责任，加强意识形态阵地管理，有效化解矛盾、防控舆情风险，确保企业和谐、队伍稳定，筑牢发展根基。

深化关爱服务。常态化实施“为群众办实事、为基层办实事”工作，大力开展“普惠精准、便捷高效、品质暖心”的职工服务，提升职工获得感。持续推进“红色大篷车”活动，畅通一线、后方沟通渠道，不断丰富服务形式和内涵，增强职工归属感。扎实推进“5980”志愿服务工作，厚植青年员工为民情怀。

深化队伍建设。坚持“重实干、重实绩、重基层”用人导向，持续开展岗位公开招聘。坚持以赛促练、以赛促用，稳步实施竞赛活动。做好江苏省送变电有限公司专家选拔，培养一支结构合理、素质优良、能力突出、作风过硬的专家人才队伍。深入开展青年素养提升，认真总结提炼，固化经验。完善输变电施工培训基地体系建设，统筹资源，做好培训任务承接，打响培训品牌。

三、实施成效

江苏省送变电有限公司认真落实省公司决策部署，扎实工作、奋发进取，保持了较好的发展态势。安全生产保持平稳，施工生产有序推进，合规经营不断强化，全面从严治党不断深化。公司连续获评“全国优秀施工企业”和“全国‘安康杯’竞赛优胜单位”，被中华全国总工会、国家安全生产监督管理总局授予“全国‘安康杯’竞赛示范单位”，多次荣获“全国五一劳动奖状”“江苏省五一劳动奖状”“江苏省文明单位”等荣誉称号。

做优做强专业支撑　数智赋能电网转型

国网江苏信通公司

一、基本情况

国网江苏信通公司是国网江苏电力的专业支撑单位，主要负责省公司各类信息通信系统的建设、维护以及运行管理，数据运营服务及在线监测等工作。

在国网江苏电力的坚强领导下，公司坚持战略引领，聚焦精益管理、人才培育和技术攻关，努力打造专业卓越竞争力，持续优化公司发展方式，信息通信系统保持安全稳定运行，专业能力、支撑服务水平持续提升，专业对标位居国网信通专业排头。近三年来，公司积极投身新型电力系统构建，完成“一中心四平台”数字基础设施建设，投运江宁数据中心，率先上线国家电网公司系统最大的人工智能、电力北斗、统一视频和省市一体化云平台；建成国家电网公司系统规模最大的电力无线专网，高效支撑各专业数字化业务场景构建和系统的敏捷开发交付。构筑网络安全“三道防线”，有效应对成倍增长的境外和高危攻击。高清会议电视系统、云会议系统覆盖至公司基层应用，成为公司生产经营、会商决策、远程培训等工作的重要平台。

二、主要做法

（一）优化完善管理体系，全面提升现代化治理水平

一是强化党建引领，积聚奋进力量。坚持旗帜领航。坚决贯彻党中央和上级党组织各项决策部署，严格执行“三重一大”事项集体决策制度和党委会议事程序，充分发挥党组织把方向、管大局、促落实作用。夯实党建基础。深化党组织标准化规范化建设，严肃开

展“三会一课”，创新组织党史学习教育，不断提高党员政治判断力、政治领悟力、政治执行力。推进融入融合。聚焦安全生产、提质增效、科技创新等领域，多维度推进“党建+”工程。持续3年举办书记论坛。聚焦重点项目、重大工程推进党支部结对创先活动，激发党组织创新创造动力。

二是优化内部管理，推动效率效益提升。完善现代企业制度。修订《党委前置研究事项清单》《党委工作规则》，完善“三重一大”决策实施细则，提升企业治理效能。提升本质安全水平。发布安全生产专项整治三年行动计划实施方案，体系化推进安全工作。成立公司应急专家队伍，发布信息通信系统突发事件应急预案；常态开展“四不两直”红蓝对抗演练。纵深推进合规管理。成立公司合规管理委员会，强化“三道防线”履职，一体开展经营业务合规管理。建立健全公司规章制度体系，推动“有章可循，有规可依”。培育合规文化，提升全员合规意识。内部模拟市场建设有力推进。制定公司特色内部业务及价格，开展内部模拟市场运作考核。项目物资管理更加规范。建立项目文档电子化管理体系，项目物资指标联动高效推进。

（二）强化人力资源建设，充分激发人才活力

一是加强青年队伍培养，提升人才储备质量。注重体系培养提素养。系统实施“135未来精英”培养工程，整合编制通识、专业课程，开展“集中+见习”高效培训。加强“技能+职业”双师引导，建立“职业导师”库。实施“托举+攻关”精英培塑，提升青年员工专业技术水平和管理协调能力。注重实践锻炼强本领。深入实施“2+2”实践锻炼体系，推荐青年骨干到上级单位挂职锻炼；持续开展公司内部岗位“双挂”[1]实践。围绕重大专项项目、科研攻关等，组建跨组织柔性团队，促进复合型人才培养。优化班组长管理，试点班组长公开竞聘。注重闭环管理评成效。建立符合公司岗位任职资格测评体系。开展员工成长量化积分评比，全面考察入职五年内青年员工专业技术能力和业绩成果水平。

二是强化专业引领，打造高端人才梯队。畅通专家发展通道。完善专家选拔、培养、使用、考核和激励一体化动态管理机制，提升专家序列的职级与定位。全方位盘点公司人才“一本账”，选优推荐参评上级单位专家，公正开展公司专家选聘，构建国网—省—市三级专家人才梯队。实施专家托举工程。深化省市联合培养，向专家人才倾斜科研项目、提供跨界学习和外出授课机会等。充分发挥专家引领作用，搭建重大科研攻关、工程建设、课题研究、成果培育平台，定向挖掘培养高端人才，加强专家人才梯队建设。

[1] “双挂”指双向选择，挂职锻炼。

三是加强激励机制建设，提升队伍精气神。落实薪酬分配能增能减，加强绩效工资二次分配管控。实施经理层人员经营业绩考核和薪酬管理，充分调动经理层成员积极性。优化部门业绩考核体系。强化职能部门职责，激发部门争先进位的主动性。提高领导人员考评体系部门业绩得分权重，突出部门班子对公司的价值贡献。加强对公司年度重点工作任务、领导督办事项和专业管理的合规性考核，提升整体经营管理水平。构建“环境层—关系层—成长层”三位一体的“奋斗登高”非物质激励体系，让努力奋斗的员工感受到组织的认可和关怀。

（三）深耕专业领域，聚力创新发展

一是建立安全稳定的数字化支撑体系。助力业务系统建设，高效支撑营销2.0、用采2.0、PMS3.0等业务建设；完善安全风险管控、输电可视化、配电云主站等核心系统架构，支撑省公司各部门数字化转型。筑牢网络安全防线。组建网络安全尖兵队伍；建设应用全场景网络安全态势感知平台，完善主动防御平台，实现迅速封禁高危攻击地址；建成省级准实时IP地址资产管理平台，省市联动开展网络流量大数据分析，掌握全省网络流量全貌。夯实数据基础管理，建立数据中台运营机制，高效建设数据运维工具集。

二是提供领先高效的数字服务平台。推进省市一体化云平台建设，建立云边协同体系，推动业务全面上云。成立国网云运营副中心，牵头完成阿里云平台全网升级。持续完善智慧物联体系，深化国网智慧物联体系总体设计，迭代完善自研物联平台功能及架构，实现百万级终端批量远程升级，广泛服务输配变、后勤、安监等专业。充分挖掘数据应用价值，服务省公司应用需求落地和基层单位数据应用创新实践。推进“数智电力”信通运营实践，实现公司流程业务线上办理，生产运行、运营服务、组织人员等各类信息集中分析展示。

三是构筑创新拓展的奋斗新局面。统筹科技创新布局，积极牵头国家和国网重点项目。编制公司科技专项规划。加强标准体系建设，结合技术攻关和成果应用，主导发布8成物联核心企标；积极申报省电机工程学会等行业、团体标准。深化激励考核机制，完善科技创新奖励办法，激发创新活力。组建科技创新柔性团队。强化成果转化与科技研发协同，推进创新技术孵化转移。推进实验平台升级，深化内外部合作，形成各类创新要素深度融合的创新网络。

三、实施成效

（一）强化专业赋能赋效，服务新型电力系统建设

一是建成智慧物联感知体系，让电网更“聪明”。牵头立项国网首批ITU国际标准，填

补高等级标准创制空白。主导发布国家电网公司八成智慧物联体系标准，参与完成ITU国际标准1项。支撑输变配用各专业场景示范应用，实现10余个场景130余种类型的边端设备统一纳管，助力新型电力系统全要素可观、可测、可控。

二是构建高效灵活网络，打通电网“神经末梢”。国家电网公司系统率先建成省级100G大带宽通信系统，形成省级数据中心大容量、高可靠传输组网结构。数据网全面实现“万兆到市、千兆到县、百兆到所”。投运国内最大无线专网，覆盖C类及以上重要区域，终端累计接入32万个，解决重要客户接入“最后一公里”。探索WAPI在智能变电站改造、非电量数据采集方面的试点应用，解决终端接入的“最后100米”。

三是打造智慧共享平台，让算力存力触手可及。建成国网规模最大的人工智能平台、物联管理平台和省市一体化云平台，提供系统内最先进的算力资源，实现全省信息资源统一调配，业务上云率超98%。迭代完善数据中台服务能力，推进跨专业数据共享。统一视频平台归集营销、基建等10余个部门12万个视频终端。上线电力气象、统一时钟、电力北斗等平台，全面补强时空测绘能力。

四是培育智慧数据应用，唤醒沉睡数据价值。投运企业级实时量测中心，高效支撑配网抢修等83个应用场景。发布115个共性数据宽表，建成4款数据赋能供电所样板间、46项“小而美”典型场景。支撑PMS3.0等一批应用国网率先上线，推进输电可视化覆盖率提升40%。电力大数据分析成果获时任省长吴政隆批示肯定。

五是强化全场景网络安全防护，守护大电网安全。圆满完成多轮次国家“护网”、国家电网公司网络安全实战攻防等演习，网络流量分析成果获2022年“闪电杯”能源行业网络安全实践案例与应用场景大赛一等奖。入选中国电力发展促进会网络安全专委会会员单位，挂牌江苏省网络与信息安全通报中心技术支撑单位。

（二）聚焦“三大创新”，公司价值创造力再上台阶

一是服务创新打响信通品牌。圆满完成白鹤滩入苏直流工程通信建设任务。建成全面覆盖省市公司的无纸化会议系统，推进绿色智能办公新局面。年均保障电视电话会议千余场，接听客户来电10余万通，运维200余套系统无事故。高质量完成2021年对标世界一流管理提升现场推进会等重大会议保障。

二是科技创新培育持续登高。物联网实验室获批CNAS资质，与紫金山实验室建立伙伴实验室，1案例荣获工信部2021年工业互联网App优秀解决方案。国产化设备替代率与替代总量国家电网公司双第一，牵头3项信创案例获工信部优秀案例奖。获评中电联企业数字化转型典型案例。1项工程获2021年度电力行业优秀工程设计一等奖。1项目获2022年

中国电力科技进步一等奖。

三是管理创新助推提质增效。“数智电力”信通运营实践实现36项业务流程线上移动办理。1名员工入选国家电网公司首席专家，2 名员工获评省公司高级专家，初步构建起国网—省—市三级专家人才梯队。通过江苏省档案工作“三星级”测评。蝉联“江苏省文明单位”“省公司安全生产先进单位”等称号，获“国家电网公司工人先锋号”“国网江苏电力管理提升标杆企业”等荣誉。

绿色高效　数智运营　推动物资管理转型升级

国网江苏省电力有限公司物资分公司

一、基本情况

国网江苏省电力有限公司物资分公司（简称物资公司）作为全省物资专业管理支撑单位，主要负责承担省公司招标代理服务和需求计划管理、合同签订、供应履约、质量管控、资金结算等全方位专业支撑服务。近年来，物资公司深入贯彻落实国家发展战略及国家电网公司绿色现代数智供应链发展部署，积极推进现代前沿技术在物资专业管理领域落地应用，加快建设与国际先进水平接轨、与企业发展战略相适应的现代供应链管理体系，推动物资管理变革，实现物资管理向智慧、卓越方向转型升级，支撑能源互联网企业全面建设。

物资公司物资供应和招标代理等各项业绩指标在国网系统持续保持领先水平，先后荣获“全国工人先锋号”“国家电网公司物资管理先进集体”“江苏省文明单位”“企业信用评价AAA级信用企业”等荣誉称号。

二、主要做法

物资公司贯彻落实国家电网公司绿色现代数智供应链建设要求，遵循物资专业发展规律，融入现代运营管控理念，积极推进省级物资供应链运营体系建设，提升供应链专业服务效能，推动现代智慧供应链向绿色数智化发展，努力成为赋能供应链运行质效提升的主力军，引领供应链产业发展的排头兵，推动供应链持续创新的践行者，为建设具有中国特色国际领先的能源互联网企业提供坚强物力支撑。

（一）理念先行，明确建设思路

按照现代供应链建设“一中心、两协同、三大业务链”的总体设计架构，物资公司借鉴前沿理论研究成果，结合电力物资业务管理特性，首次提出“运营职能集约化、运营策略数字化、运营路径绿色化”的管理理念。

运营职能集约化。按照供应链业务流向，物资管理工作分为计划、采购、合同、供应、仓储、质量、废旧等多个环节，传统的业务管理由各环节独立开展本专业的同业对标考核、数据报表统计分析等工作，运营管控意识薄弱；同时，难以跳出专业看全局。围绕运营职能集约化理念，物资公司将运营职能从各个业务条线中剥离出来，立足供应链全局视角，打造专业的供应链运营板块，推动运营工作由各环节的“小运营”向全链条的“泛运营”转型。

运营策略数字化。随着现代供应链体系建设的深入推进，以移动互联、物联网等为代表的信息技术广泛应用，产生了海量的物联数据及业务数据。围绕运营策略数字化理念，物资公司深度挖掘数据资产价值，打造数据运营产品，提升供应链运营管控能力，通过数据贯通驱动专业融合。

运营路径绿色化。深入贯彻“创新、协同、共赢、开放、绿色”的新发展理念，强化绿色采购标准引领，完善节能新产品、新技术采购标准，研究设备低能耗技术规范，优选低碳节能的绿色产品。创新构建“云采购”“云签约”“云结算”等线上业务模式，推进全流程业务电子化，坚决扛起促转型助“双碳”的使命责任，推动供应链绿色低碳运营。

（二）准确定位，确立实施路径

针对供应链运行过程中存在的不确定因素，结合供应链运行资源、运行状态、运行结果等管理要素，物资公司深入剖析物资供应链运行属性，重点打造数据资产应用、运营分析决策、风险监控预警、资源优化配置、应急调配指挥等核心功能，建设供应链运营平台，构建供应链信息流、业务流、物资流枢纽。

构建供应链信息流枢纽，按照“数据一个源”思路，推动业务上线运行，强化数据资产管理，打造数据运营产品，建成数据资产应用“一平台”。构建供应链业务流枢纽，全景展示供应链各环节业务运行状态，赋能智慧作业与管理决策，打造运营分析决策“一中枢”；建立“全方位、多层级、立体式”的业务监控预警体系，覆盖运行质效、现场作业、外部风险三个维度，铺设风险监控预警“一张网”。构建供应链物资流枢纽，汇集供应链资源，支撑“订单驱动+仓储驱动”的需求响应模式，实现资源优化配置“一盘棋”；统筹开展应急需求提报、调拨、配送等工作，搭建应急调配指挥“一条线”。

（三）组织保障，搭建运营载体

成立运营管控部门。根据业务发展需要，优化调整物资管理组织体系，基于现有的物资计划、招标采购、合同管理、物资供应、质量监督等业务环节，组建运营管控实体部门——供应链运营中心，作为业务职能管理部门，承担供应链运营板块职责。对内，为省公司物资部专业管理工作提供辅助决策支撑，协同物资各操作层级开展数智运营；对外，引领供应链上下游密切协同。

建立矩阵型人员组织架构。供应链运营中心常设主任、副主任、信息化、运营分析、运行监控、资源统筹、协同运作等岗位，分别承担供应链运营中心相应职责。同时在7类常设岗位的基础上，建立“7+N”的矩阵型人员组织架构，根据省公司物资部各处室的统筹安排，采用人员轮岗的形式，由物资公司各专业部门、地市供电公司物资部派员参与供应链运营中心建设与运营工作，强化队伍保障。

（四）视角转型，打造服务品牌

强化物资供应保障能力。以绿色现代数智供应链建设推动物资支撑“智库”服务转型，将“业务视角”向“客户视角”转变，前延精准服务重大工程，主动对接工程建设进度，加强供应风险预判，提前化解项目单位和供应商供需矛盾，强化履约关键环节管控，加大产能、运能资源统筹协调力度，实现物资供应精细化管理，提升需求响应速度和服务保障水平。

提升物资采购设备质量。通过供应链全口径、全流程、全方位的全景分析和业务管控，加强前端业务引领，促进源头标准提升，优化物资采购策略，优选优质供应商及设备，建立质量监督协同机制，将各专业运行评价纳入采购评审要素，严把入网设备质量关，推进采购设备“好中选优”。

加强履约结算快速响应。打造物资智慧结算“云结算”平台，上线付款申请“无纸化一键推送”功能，系统可按照预付款、到货款、投运款、质保款的不同办款要求自动计算“最后支付到期日”，一键式推送次月支付数据至财务系统，精准管控每一笔支付资金，确保合同款项“零逾期”，实现履约单据数字化、进度监控智能化、支付管控精准化，助力供应商快速回款，优化营商环境。

三、实施成效

物资公司供应链建设工作已取得阶段性成果，相关成果已在全省范围内推广应用，取得显著成效。

（一）“资源+运营”，实现企业节流降本

物资供应链运营体系建设实施以来，强化关键节点风险管控，提升业务办理效率，供应链上下游资源配置更加合理，企业日常经营成本和风险损失得到大幅改善。新增注册专业仓827个，采购提前期由平均70天压降至45天，物资供应周期由45天缩短至7日以内，物资平均在库周期由61天缩短至29天，注册库库存物资周转率同比提升51%，库存金额库同比下降37%，单据平均办理时长由10天缩短至3天，抽检周期缩短50%，抽检合格率达到93%。

（二）“业务+运营”，助推管理提质增效

全量数据共享共用。汇聚企业内外部业务数据资源，开展数据资产管理，实施数据清洗、数据分析、数据挖掘等工作，实现业务数据共享、共用、共治，数据获取与分析的平均时间由10天缩短至2天，效率提升5倍，为各专业业务管理和决策提供数据支撑服务。

全链业务协同运作。以共建、共治、共赢为理念，通过开展资源统筹、运行监控和运行分析等工作，引领三大业务链协同运作，重点需求响应、交圈地带业务实施、新业务落地效率有效提升。

风控能力显著增强。根据业务管理需要，协同各专业建立风险监控预警机制，对供应链运行质效、现场作业等进行监控预警，在线督办预警信息处置，进一步提升业务规范性。关键业务运行合规率由95%提升到100%。

（三）“绿色+运营”，推动业务低碳高效

经济效益显著增加。在招标采购方面，通过实施绿色采购，每年可减少人工成本约60万元，减少场地营运费用240万元，减少资料搬运存储费用84万元，减少评审专家费支出180万元。在履约结算方面，通过实施“云签约”“云结算”，每年可为公司节约纸质合同文本打印费及办公用品损耗等费用约100万元，为供应商节约成本2.2亿元。

环境效益日益增强。依托“五E一中心”供应链平台，创新“云招标”“云采购”“云签约”“云结算”等业务数字化专项，实现全流程业务电子化线上办理，减少大量纸质文件

使用，极大降低差旅成本，减少碳排放。经估算，每年可节省纸张132万份，减少差旅3.2万家次，减少碳排放4388吨。

（四）“实践+担当”，彰显企业品牌形象

形成良好示范引领效应。物资公司在国家电网公司系统内率先建成全国首家供应链运营中心，为国家电网公司绿色现代数智供应链体系建设提供更多有益实践和江苏样本。项目建设期间，国家电网公司领导多次调研指导，项目建设成果在2019年物资现场会议及2021年5月国资委调研期间得到总部领导及兄弟单位的充分认可，并获得国家电网公司第五届青年创新创意大赛金奖。项目累计发表国家重点期刊论文5篇，申请发明专利1项，为电力行业内外的运营管控工作提供经验借鉴与启示。

落实电网企业社会责任。在推动公司内部各项业务优化提升的同时，智能预警款项支付超期风险，资金支付及时率达100%，降低供应商因资金链断裂而导致的企业经营风险。大力推广供应链金融服务，推广投标保证金保险及质保金保函替代，累计释放供应商资金超50亿元，优化电力物资营商环境，提升供应商服务满意度，实现电网企业与供应链利益相关方的共荣共赢。

践行能源变革　深化差异管控　推动“双百”企业高质量发展迈上新台阶

国网江苏综合能源服务有限公司

一、基本情况

国家电网公司以习近平总书记关于“发展混合所有制，培育一批具有全球竞争力的世界一流企业”的精神和积极发展混合所有制经济的重要论述为指导，紧扣“一体四翼”发展布局，高质量落实深化国企混合所有制改革部署，分类分步推进混合所有制改革。国网江苏综合能源服务有限公司（简称江苏综能）顺应国企改革发展大势，抢抓综合能源新兴产业蓝海机遇，持续推动混合所有制改革走深走实。

江苏综能成立于2011年5月，是国务院国资委“双百行动”和国家发展改革委第四批混合所有制改革双试点企业。2019年12月，公司立足本企业的功能定位，以股权转让方式引入高匹配度、高认同感、高协同性的6家战略投资者，正式组建混合所有制企业。

2020年以来，江苏综能扎实推进国企改革三年行动，探索综合能源业务的新型运作模式和差异化管控模式，全力构建清洁低碳、安全高效的现代能源综合服务体系，实现国有资产保值增值，开启一条以国企混改推进绿色发展、以节能降碳助力“双碳”目标的高质量发展之路。2022年，公司资产总额为32.81亿元，净资产14.09亿元，营业收入22.35亿元，综合能源业务营收排名国家电网公司第一。

二、主要做法

（一）强化党的领导，健全现代企业治理

一是将党的领导融入公司治理各环节。江苏综能坚决落实国有企业党建入章有关要求，

加强混改企业党的领导，推动公司在公司章程中明确将党组织作为公司决策重大事项的前置程序，把方向、管大局、促落实，党组织实现与董事会等各治理主体的有效融合，促进党委领导作用制度化、规范化、程序化。

二是加强董事会和经理层建设。江苏综能充分体现市场化单位独立法人地位，对治理结构进行了充分设计，按照“同股同权、同利同责”原则分配董事会、监事会和经理层席位，7名董事中外部董事占多数（4名）；推动修订党委会、董事会、总经理办公会等6项议事规则，完善“三重一大”实施办法，编制74项决策事项清单，形成规范高效、权责清晰、有效制衡的“三会一层”运作机制。

三是强化混改企业合规管理。江苏综能混改后，主动适应市场与行业双重监管要求，加强合规体系建设，修订完成51项管理制度，采用信息化管控方式，厘清各层级管理职责界面，构建起以公司章程为核心的规章制度体系和合规管理体系；成立合规管理委员会，建立重点合规风险控制计划，将合规经营情况纳入业绩考核，构建闭环工作机制；印发关于属地子公司优化经营机制等4项举措，稳步推进省市业务协同。

（二）坚持市场导向，转换经营发展机制

一是优化调整组织架构。江苏综能将提升组织效率作为关键抓手，按照“集中决策、专业实施、关键把控、统一运营”的原则，在本部设置6个职能部门，创新组建5个专业化事业部[1]，打破业务分段壁垒，将原有的“点线式”组织架构调整为“矩阵式”，建立起“纵向业务一体贯通，横向关键节点把控”的管理模式，更好地应对市场扩张、业务复杂化等挑战。

二是推行经理层任期制与契约化管理。江苏综能全面实行经理层任期制与契约化管理，根据经理层成员岗位职责分工，一人一岗签订差异化的岗位聘任协议和经营业绩责任书；实施经营业绩考核和薪酬兑现，并根据考核结果刚性兑现薪酬，合理拉开差距；严格退出管理，按照契约约定，强化考核结果在经理层退出环节的应用。

三是试点职业经理人制度。江苏综能在储能及产品事业部试点职业经理人制度，摆脱国企干部传统认知，实现“身份管理”到“岗位管理”的转变。构建职业经理人试用期、年度、任期“三期”考核管理机制，设定包括价值创造指标、中长期战略落实指标等在内的任期经营业绩考核指标，实行由年度薪酬、超额利润奖等构成的年薪制，严格规范退出机制和监督机制，加快形成具有市场竞争优势的经营管理团队。

---

[1] 5个专业化事业部包括新能源及电网事业部、能效提升事业部、能源增值服务事业部、能源工程事业部、储能及产品事业部。其中，储能及产品事业部总经理实行职业经理人制度。

（三）增加业绩权重，创新人才选聘考核体系

一是深化市场化选人用人。江苏综能实施效率优先的选人用人机制，根据经营需要及可使用的人工成本总额等科学核算实际用工总量和各类用工人数，降低用工成本。常态化开展事业部经理层“进留转退”，发挥绩效管理和各类考核考评的“叠加效应”，10名员工通过公开竞聘成为事业部负责人。畅通员工成长路径，开展组织、员工“双选”工作，实现人岗精准匹配。

二是完善市场化用工。江苏综能打破“行政调配”模式，建立健全竞争、择优的市场化用工制度，采用社会招聘、组织选调、系统内公开招聘等方式，引入多专业、多层次人才共计103人，有效满足公司市场发展需要。选人用人的同时注重效率优先，积极构建与企业规模、经营效益等指标挂钩的用工总量管控机制，提升人力资源效能。

三是健全激励约束机制。江苏综能大力破除“平均主义”，引入职级体系作为绩效工资的付薪依据，基于“岗位价值—个人能力—绩效贡献”打造三位一体薪酬体系，强化薪酬正向激励。坚持短期激励与中长期激励相结合，在国家电网公司系统试点项目跟投和项目分红等中长期激励，实现与企业风险共担、利益共享。

三、实施成效

实施混改以来，江苏综能主动服务和融入绿色低碳发展新格局，以“混”促“改”，成果丰硕，已成长为国家电网公司系统内规模最大、业绩最优、资质最全的省级综合能源服务公司。

（一）经营发展有创新，队伍建设上台阶

江苏综能构建起决策科学、相互制衡、运作高效的运营体系，实施“战略+财务”型管控，促进各股东方积极发挥战略投资者作用，集聚资本、技术、网络等优质要素，大力拓展综合能源等新兴产业。截至2022年12月，公司资产总额、净资产分别较2019年底增长102.72%、75.50%，国有资产保值增值成效显著。公司由跨专业、复合型骨干领军人才组成的高水平队伍正不断壮大，成熟人才招聘增幅持续上升，荣获国务院国资委“双百企业”三项制度改革专项评估A级企业。2022年公司荣获首届国有企业深化改革实践特等成果。

（二）业务拓展开新局，服务能力大提升

江苏综能主动服务“双碳”目标，聚焦核心业务，提升核心能力，拥有工程、设计类资质及各类服务认证许可27项，签约客户“政府、园区、厂矿、院校”4大类全覆盖。公司落地30个建筑能效提升项目，打造全省首批500千伏变电站光伏样板工程，开展16个工业综合节能项目，光伏并网容量达94.83兆瓦，建成投运江苏首个“低碳临建”综合能源系统，开发地市“零碳”智慧园区，推动多种能源集成互补、梯级利用，并在国网系统首批取得碳市场碳交易员资格认证。混改以来，公司清洁能源累计发电量7884.41万千瓦时；能效服务节约电量2852万千瓦时，节约燃气1877万立方米；电能替代电量2.04亿千瓦时；共计减排二氧化碳25.8万吨，折合标煤11.8万吨。

（三）科技创新强引擎，积聚发展新动能

江苏综能始终将创新作为驱动高质量发展的内核，大力投入高层次资源，发挥产学研用集聚优势，推动公司与中国电科院、清华大学等单位建立技术联合攻关机制，自主研发移动储能电源车等7项产品。2021年以来向沙钢集团、西坝港等企业交付6台自主产品电动机车，其中智能轨道电动机车获中国工程院院士充分肯定，在多个应用场景形成国内首创性成果。公司累计取得38项专利、22项软件著作权；牵头制定江苏省地方标准1项，参与编制中电联团体标准1项，楼宇能源管理平台技术成功入选国家机关事务局公共机构绿色低碳技术集，获评2021年建筑领域节能服务优秀企业。

对标管理提升 争先领先率先全力打造县级现代化供电企业管理标杆

国网南京市江宁区供电公司

一、基本情况

江宁区是南京市面积最大、经济体量最大的行政区，也是国家重要的科教中心和创新基地，国家东部地区先进制造业基地、交通物流枢纽和空港枢纽。2022年，江宁区实现地区生产总值3000.55亿元，首次突破3000亿大关。国网南京市江宁区供电公司下属国网南京供电公司，于2020年4月正式挂牌，负责向江宁全区提供安全、经济、清洁、可持续的能源供应服务。江宁公司供电服务面积为1329平方千米，服务电力客户数近90万户，在南京市各行政区中供电范围最广、电力用户数最多。2022年，江宁区全社会用电量为138.16亿千瓦时，同比增长8.62%。夏季电网调度用电最高负荷达到244.57万千瓦，同比增长14.69%，电网保持安全稳定运行。区公司成立以来，聚焦安全严守底线，聚焦基础提质增效，以放管赋能、业务优化和数据驱动为主线，加快数字化转型，推进创新创效，以重点突破带动整体提升，争当全省具有影响力的县级供电公司，多项指标在全省各区县公司中保持领先。近年来，公司在各项工作中争先领先率先，先后获评南京市“文明单位”、南京市经信系统“新时代先锋”先进基层党组织、江宁区机关作风建设先进单位等荣誉称号。

二、主要做法

国网南京市江宁区供电公司成立以来，按照国务院国资委及上级公司关于对标世界一流管理提升行动部署，深入贯彻落实“责任、绿色、数字”三位一体的发展定位，积极探索数字化智能化升级在电网企业落地实践路径，以全球化视野对标找差，打造企业现代化管理体系，实现以数字化转型为主线的智慧赋能，走出具有江宁特色的战略实施路径。

（一）资源最优化，建立人才队伍保障机制

国网南京市江宁区供电公司聚焦省市两级公司战略布局，紧密围绕高质量发展要求，以区公司成立为契机，开展公司组织机构调整，深入推进专业融合，按照“对内实现业务协同、对外推行服务一体”的原则，开展“大配电”“大营销”专业班组融合优化工作，以“供电服务中心”为载体，打造出配电网运维、营销业扩和集中抢修“三位一体”的现代复合式集约型体系，实现了管理集中高效、资源集约共享、流程顺畅有序、保障综合有力的良好局势，为公司数字化转型奠定了体制机制和人才队伍基础保障。同时，强化技术引领和氛围营造，构建联合创新攻关机制，深入开展5G、人工智能、无人机等能源互联网关键技术研究应用。加强数据分析、网络安全等数字化转型稀缺人才培养，打造多层次数字化人才队伍。培育数字化思维理念，引导员工思维视野从单一技术思维向全局性复合型思维转变，进一步加速公司数字化转型。

（二）资源数智化，夯实生产运维管理体系

在公司数字化转型之际，国网南京市江宁区供电公司充分利用数字化和智能化技术手段解决配电网管理承载力、精细化等方面问题。

一是中压运维数字化转型。开展智能调度试点工作。在全省开展全域网络化下令试点工作，推进配电网自动化管理系统应用，实现二次缺陷、定值数字化管理（如图1所示）。故障指挥数字化应用。利用鹰眼平台与i国网故障处置数字化模块，通过短信及鹰眼指挥平台实现设备主人第一时间感知、抢修人员第一时间响应。电缆通道资源数字化管理。转化测绘成果，将电缆路径信息准确呈现在PMS3.0地图上，夯实地下电力管线安全管理基础，支撑外破交底、值守“一张图”。配电网巡检数字化贯通。以PMS3.0工单驱动巡检业务，智能生成检测策略。配电站房可视化管理。推广站房可视化接入，实现配电站房无人化值守，实现汛期政企协同、实时预警。

二是低压抢修数字化转型。深挖实时量测中心数据价值，提升鹰眼系统对配电网低压工作的指挥效能。实时查处私自动用供用电设备行为。通过数据推送主动三入，查处物业第三方私动低压设备，协同政府对物业予以警告，有效遏制违法现象。农网低压重合器及时感知。主动三入查处用户内部漏电违规跨接保护开关，避免出现多次低压重合闸供电公司无感知后造成用户投诉的情况。辅助感知台区单相失电信息。通过低压主动抢修信息第

一时间到现场抢修，大大缩短了抢修处理时间。快速主动出击拦截用户报修。低压故障抢修过程中，抢修人员接到短信后立即赶往现场并做好三入，在用户感知报修前将故障排查到位、恢复送电。

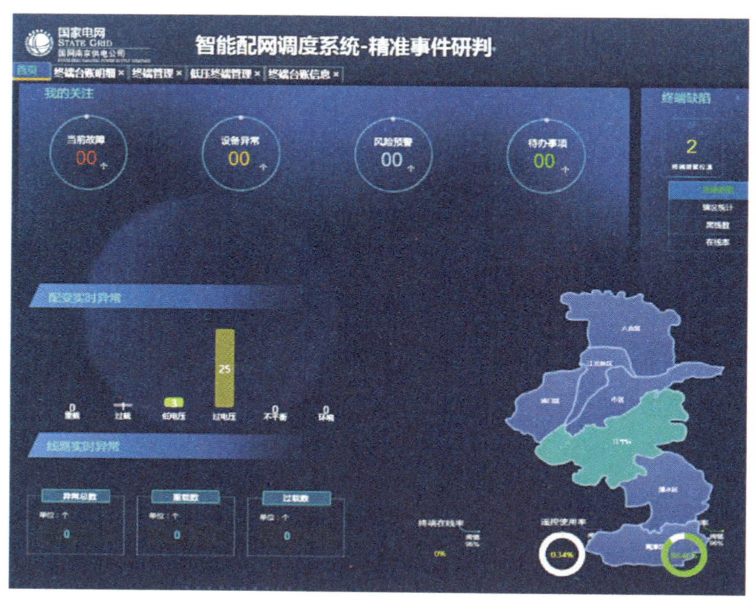

图1　智能配网调度系统

三是装备智能化应用。巡视验收无人机替代。协同输电工区，在PMS3.0内实现无人机主配网协同巡检2次，自主开展无人机巡视110千米，发现并消除缺陷22处，迎峰度夏期间实现配网侧无人机替人蹬杆验收，完成5千米线路验收。红外测温内外网贯穿。依托电科院内置蓝牙红外测温检测装置，实现红外检测图像实时上传至“i国网”App，后台智能识别红外成像的电气模型，开展智能分析，给出检测评价。

四是配电网管理数字化转型。一是组建数字化管控中心（如图2所示）。组建配电网数字化管控中心柔性团队，含安全、运行、工程、自动化、储备五个小组。二是数字化管控配电网指标。依托数字化管控微应用，按周下发可靠性、运行、不停电作业、优质服务、自动化、电压、项目前期、重点工程及创新工作指标情况，压实压实指标管控。三是数字化规范专项工作流程。借助数字化手段，优化配网管理流程，实现闭环管控。编制中间接头、电缆井更换系统录入手册，提升设备更换的可控性、合规性。

（三）资源共享化，提升电力大数据应用价值

电力数据既是生产要素，也是企业发展的战略资源。江宁公司聚焦本部和供电所管理

提升，充分挖掘电力大数据价值，发挥数据中台共享能力，构建一体化、标准化、敏捷化、智能化的管理体系，更好地服务经济社会发展。

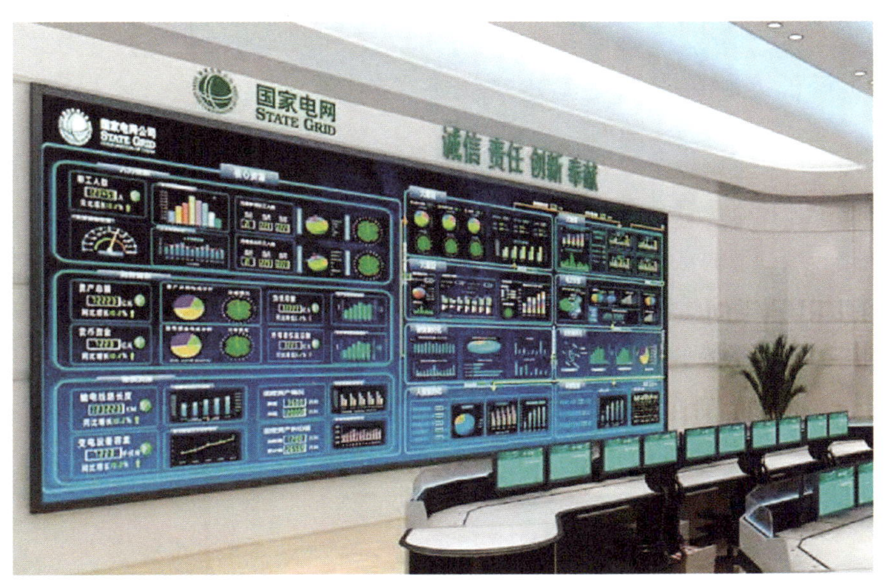

图2　数字化管控中心

一是释放电力数据要素价值。一方面，利用营销采集系统、营销业务系统2.0等平台，以电力视角反映江宁区经济社会发展情况。围绕全市经济发展重点领域，形成电力看复工复产、关键支柱产业链数据监测分析等一批高质量应用成果，支撑政府研判国民经济和社会发展运行态势，服务地方经济社会发展。另一方面，聚焦政府、企业、居民对线上服务的应用需求，加强政企协作，融通内外部数据，上线一系列线上软件系统及平台，大幅度压缩企业用户办电成本。

二是聚焦数字化供电所建设。落实加强乡镇供电所管理提升工作要求，在市公司的指导下，全面开展全能型数字化供电所建设工作，利用数字化平台及数据中台赋能，实现流程贯通和数据共享，解决供电所跨专业数据共享不到位、价值发挥不充分等问题，不断提升供电所数字化、智慧化、精益化管理水平。建设方案分动员部署、组织实施及总结评估三个阶段，预计到2023年底，完成标准型乡镇供电所比率达到100%，至少建成1个示范型数字化供电所。

三是电力先行助力乡村振兴。江宁区是国家生态文明建设示范区、全国休闲农业和乡村旅游示范区。江宁公司深耕美丽乡村建设，利用新技术新设备，大力实施新一轮农村电网改造升级，推动“能源+农业”深度融合，以电力先行，助力江宁区入选国家乡村振兴典型范例。一是优化电力网架建设，奠定乡村振兴发展基础；二是落实用电精准服务，助力乡村民宿提档升级；三是深化电力扶持创业，构建“农业+”产业链；四是推动能源变革下乡，率先实现农村现代化。

（四）资源多样化，打造党建赋能实践阵地

国网南京市江宁区供电公司党委紧密联系公司实际，以政治统领、党建赋能、党建创新、党建驱动为核心要素，深入实施“党建+科技创新”“党建+提质增效”工程，持续在公司数字化转型的薄弱点和发力点上赋能提升。通过提升政治引领力，坚定数字化转型方向；增强组织凝聚力，夯实数字化转型基础；强化纪律约束力，营造数字化转型环境；开拓党建创新力，查补数字化转型短板；发挥党员带动力，激活数字化转型动力；提高队伍战斗力，攻克数字化转型难题，实现党建精准赋能。

三、实施成效

“十四五”以来，国网南京市江宁区供电公司紧紧围绕“十四五”发展思路，以坚强电网为枢纽平台，以最大化消纳新能源为主要任务，以源网荷储互动与多能互补为支撑，积极推动企业向着“电网更坚强、能源更清洁、科技更智慧”的方向建设，企业品牌价值、社会影响力和核心竞争力大幅增强。

企业经营提档升级。落实“合规管理强化年”工作部署，全市首家区县公司开展合规管理体系有效性评价。提质增效专项行动成效显著，圆满完成各项营收指标，公司成本、资本性项目总预算完成率实现历史性突破。大力增供扩销，“陆电登机”“全电气化大棚”等替代项目率先示范引领。全面建成商业、医疗、工业等多领域的CPS示范群。强化线损精益化管理，同期、低压台区线损合格率均保持全市前列，创建线损百强供电所之家。

营商环境持续优化。全市率先上线基于江苏政务服务网的水电气汛联合报装平台，实现企业用能申请“跑零次”。全市率先建成殷巷北“开门接电”示范区。全市首家打造“开门接桩”示范小区，实现由“桩等电”向“电等桩”转变。聚焦热点园区，加快研究打造“低碳”“零碳”典型示范区。建成江宁“极客空间”，形成“南北双极”的新能源汽车充电格局。以光储一体化建设为抓手，结合能源管控系统，打造“零碳车间”。

配电网运维数智转型。扎实开展网架优化、故障压降、不停电作业等工作，深化高可靠性管理的不停电作业体系建设，2022年供电可靠性居全省各区县公司前列。强化全自动FA和分级保护的投入，有效隔离故障区段，缩小停电范围，提高抢修效率。通过数字化管

控中心建设，重建配网运维、检修等业务体系，强化班组和外协代维人员数字化协同，推进配电网数字化转型走深、走实，通过数字化切实降低一线作业人员前端工作强度和难度，进一步提高业务管理质效。

电网发展蹄疾步稳。以“十四五”末形成“500千伏东青并供、220千伏街道覆盖、110千伏重点社区布点、城区10千伏网格化”的坚强网架为目标，发挥属地优势，加强重、难点项目建设，服务能源转型，全力以赴推动电网与城市发展相融合。2022年多项省市重大工程取得重大进展，青龙山500千伏输变电工程顺利投运，成为南京江宁经济发展的第二台“发动机”，为全市电力供应提供坚强支撑。成功打造殷巷北标杆网格。配电网标准化示范工程获国网优质工程奖。

人才队伍支撑有力。把党管人才体现于人才强企，加速组织机构、人员配置、激励机制、人才培养优化提升，推动建设与公司发展战略实际相适应的人力资源管理体系。推动领导人员“十四五”规划有效落地。持续优化队伍结构，选优配强一支忠诚担当、实事求是的年轻干部队伍。运用“选、育、用”相结合的一体化模式，全市率先实现关键岗位聘任制全覆盖。加大年轻班组长选聘力度，持续推进班组长岗位与管理岗位人员双向交流，一线班组长平均年龄全省区县公司最低。

以“四个聚力”打造治理能力现代化的县域能源互联网企业

国网张家港市供电公司

一、基本情况

国网张家港市供电公司是国网江苏电力所属大型县级供电企业，现下设9个职能部室、4个业务支撑和实施机构、1家省管产业单位、1个三新供电服务有限公司、8个供电所，共有职工835人，服务电力用户81.67万户。

张家港电网现有变电站67座，输电线路1676千米，配电线路6592千米，基本形成了500千伏作为骨干、220千伏坚强联络、配电网协调发展的电网格局。近年来，张家港全社会用电量、工业电量均名列江苏第一、全国前茅，是全国首个单日电量破亿的县级市，全社会用电量约占全苏州的五分之一、江苏省的二十分之一。

国网张家港市供电公司各项经营指标处于国网系统县级公司领先水平。年售电量突破270亿千瓦时，主营业务收入连续五年突破150亿元，综合线损率为0.95%，均位居江苏省县级公司首位。公司连续安全生产记录已超过6500天。

国网张家港市供电公司先后荣获“全国用户满意服务单位”“江苏省‘五一’劳动奖状”“国家电网公司管理提升标杆企业”“国家电网公司一流县供电企业”等荣誉。

二、主要做法

国网张家港市供电公司精准把握县级大型供电企业坐标定位，积极对标世界一流企业，通过实施“四个聚力”，持续强电网、优服务、稳经营、提质效，全力打造治理能力现代化的县域能源互联网企业。

（一）聚力智能高效，加快推进新型电力系统建设

电网是建设治理能力现代化的县域能源互联网企业的重要保障，通过探索多元化、差异化的新型电力系统建设模式，持续打造“四新”标志工程，加快“两高”创新突破。一是推进电网升级。实施110千伏赵庄变新建、白鹿变扩建等主网项目，持续优化主网结构，构建网架结构坚强、资源配置能力出色的城市骨干电网。推进以基本网架互联互供为基础、带电作业动态组网为支撑、移动电源应急供电为补充的县域中心城区“一核两环”高可靠性配网示范区建设，实现区内变电所“全转全停”，探索构建适应高可靠性边界约束的配网网架新形态和配电运营新业态。二是深化创新应用。紧盯新型电力系统建设、新兴业务等领域，综合运用物联网、“大数据”“互联网+”等前沿技术理念，加快形成技术领先的自主创新成果。密切跟踪电力行业发展新动向，借助科研机构、高校和生产厂家研发优势，深化技术研发和协同创新。三是构建能源生态圈。以战略合作协议为抓手，加强理念输出和价值传播，进一步巩固政企战略伙伴关系。推进与高校、科研机构的合作，广泛吸引各类市场主体参与能源互联网建设，带动产业链上下游共同发展。

（二）聚力舒心便捷，不断提升能源服务水平

在“获得电力”指标连续5年在全省优化营商环境评价中排名第一的基础上，持续深化以客户为中心的现代服务体系，实现客户满意度不断提升。一是提高获得电力指数。推出“电引擎　最舒心”电力营商环境品牌，全程跟踪服务宝马光束汽车等国家重大外资引进项目。围绕省力、省时、省钱，推动政府出台“政企共担”管理机制，加快建设“开门接电”示范区，不断推广“全电共享”设备租赁服务。二是坚决扛起保供责任，以电力保供的“稳”支撑经济发展的“进”。拓展用能服务业务。深化“互联网+”供电服务，以“数据跑路”代替“客户跑腿”。积极构建营销部门指导培育、产业单位承接实施的用能服务业务格局，有效扩大业务规模。以“供电+能效服务”为抓手，抢抓重大项目建设契机，“一企一策”提供“用能套餐”，引领构建低碳高效的能源消费模式。三是加快再电气化进程。服务地方绿色低碳发展，深耕工业、交通、建筑等领域的电能替代，推广智能电气设备应用，培育电能在终端能源消费中的竞争新优势，大幅提高电能在终端能源消费中的比重，充分消纳高比例新能源发电。

（三）聚力卓越智慧，持续强化企业治理能力

将依绩效化、体系化和数字化的理念贯穿生产经营全过程，推动公司治理能力更优、

发展态势更好。一是加强绩效化管理。作为唯一县级试点，在省公司系统内率先开展县公司卓越绩效模式深化应用，促进卓越绩效与专业管理的相融共进。运用“业绩考核”“同业对标”两个抓手，创新开发重点工作任务看板，持续提升指标管控能力。二是推进体系化创新。依托劳模（工匠）创新俱乐部，加快新型电力系统创新成果研发。做实职工创新成果转化应用平台，构建成果转化及推广应用长效机制。采用许可或授权使用方式，开拓创新成果系统外产业化路径。三是推动数字化转型。加快输电线路可视化系统建设进度，实施无人机通道激光扫描采集与数据分析，提升输电线路防外破感知水平。加大配网分级保护建设力度，持续提升分级保护动作准确率，不断加快配网故障处置效率。开展线损精益化管理融合分析平台建设，让数据为业务赋能。加大电力大数据价值挖掘力度，助力生态环境精准治理。

（四）聚力精益合规，有效提高经营管理质效

通过不断优化经营策略，大力降本增效，强化合规保障，提升产业发展质量，为企业高质量发展提供坚强保障。一是深化提质增效。承接上级公司战略，结合实际推出年度“九项提升行动”，带动公司整体工作全面突破。立足效益效率效果，聚焦经营“量、价、费、损”等核心要素，形成更加注重投入产出的经营发展模式。创新应用线损管理“五步走”方案；深化全域物资一本账管理，推行专业仓“同制化”管理模式；开展供电所层级内部模拟市场建设；落实“张三丰”青年员工培养计划。二是加强合规管理。加强重大决策、重要制度、重要文件和重大合同的合法合规性审查审核。深化省管产业、供电服务公司等不同主体合规建设，实现合规管理全面覆盖。积极开展综合能源服务等新兴业务经营风险研究。三是强化产业升级。围绕“五强五优”目标，抓好业务布局、发展协同、能力建设、机制创新，打造具有卓越竞争力的地标型企业。以产业单位为实施主体，创新应用电力设备租赁服务模式。优化产业单位薪酬激励机制，充分调动员工工作积极性。加强不停电作业能力建设，创新应用不停电作业机器人，全面提升产业单位核心支撑能力。

三、实施成效

一是新型电力系统建设成效显著。发布全省首个县级公司碳达峰、碳中和行动计划。建成全省首个县域中心城区“零计划停电示范区”。推动钢铁企业绿色转型，永钢港口用车电动化项目顺利落地，23 辆换电重卡投入运行；与沙钢集团合作，落地全国首个新型轨道电动机车产业化项目。促成全国规模最大的高压蒸汽梯级利用项目顺利签约。

二是营商环境持续优化。促成政府在苏州率先出台接入工程政企共担机制，落地项目个数和落实资金规模苏州县城最多。六个政企互通项目相继投运，实现居民“零证办电”、企业“一证办电”。实现三个省级以上园区“开门接电”全覆盖，经开区“开门接电”示范区获省公司首批授牌。在张靖皋长江大桥、央视秋晚等重要场景，推广“全电共享”设备租赁服务30户。

三是经营管理提质增效。推动关停省内停运容量最大的计划外自备电厂机组。强化电网精益运维，2022年实现35千伏及以上输电线路零外破、变电设备零故障，配电网故障数量同比压降47.07%。不停电作业能力提升明显，2022年全年不停电作业次数突破4000次，同比增长38.98%，用户平均停电时长同比压减37.04%。

四是创新能力不断提升。依托“劳模（工匠）俱乐部”，构建相互协作、资源共享的创新园地，员工创新活力得到充分激发。创新成果获得全国大奖5项，省部级以上奖项15项，70余项创新成果获得国家知识产权证书。工作成效获全国总工会批示肯定。

锐意改革创新　奋力攻坚克难　在建设世界一流企业中争当排头示范

国网江阴市供电公司

一、基本情况

国网江阴市供电公司主要负责江阴地区的电网建设、运营和供用电服务，现有8个职能部室、5个业务实施机构、1个省管产业单位、17个乡镇供电所。2022年，国网江阴市供电公司完成售电量252.26亿千瓦时，实现营业收入157.16亿元，资产总额36.18亿元。截至2022年底，国网江阴市供电公司共有各类员工1357人，营业户数89.95万户；江阴地区共有35千伏及以上变电站97座、输电线路2708千米，10（20）千伏配电线路7232千米。

国网江阴市供电公司积极践行“严细实新”的管理理念，传承发扬“清和”作风，营造了“风清气正、人和业兴”的良好环境。一是践行“严细实新”的管理理念。严字为基、精细为要、实干为本、创新为源。二是传承发扬“清和”作风。处事不偏、行事不移，长者为敬、同事为宽、客户为亲、百姓相濡，上下相和，内外相和，上善者如水，见贤者思齐。

二、主要做法

国网江阴市供电公司严格落实国网江苏电力国企改革三年行动实施方案和对标世界一流管理提升行动方案，以上级公司战略为引领，持续推动生产提质、服务提升、经营提效、品牌塑造，努力在建设世界一流企业中争当排头示范。

（一）聚焦创新融合，持续推动生产提质

创新输变电设备运维模式，深化业务融会贯通，助力生产专业提质增效。一是开展输电

数字化班组建设。打造输电全景智慧管控平台，构建“立体巡检+集中监控+网格处置”的输电运维新模式。利用无人机固定机巢，自动对杆塔、线路进行全面巡检。搭建输电线路全景管控平台，同步成立输电设备监控小组，依托管控平台对全域设备实施在线监视，统一调配运维人员开展作业任务。结合地方行政区划和各片区输电设备数量，建立网格化应急处置点，配置专属驻点维修人员，缩短应急抢修时长。二是创新变电运维模式。优化调整变电监控业务，建成变电站智能辅助集控平台，打造变电运维监控中心，在全省率先实现变电运维监控一体化运作。实行“三班一运转”值班模式和运监值长负责制，统筹做好变电站日常管理、倒闸操作、设备巡视、设备监控和异常处置等各项工作。三是推动变电检修专业融合。将原变电检修班、电气试验班融合成变电一次修试班，原二次系统检修班更名为变电二次修试班，并接受原来由电气试验班管理的交直流系统检修业务。抓好员工业务培训，根据员工多专业技能水平和工作业绩考核结果，动态调整岗级待遇，推动员工尽快成为复合型人才。

（二）聚焦客户感知，持续推动服务提升

以客户为中心，创新服务方式，扎实开展配电网不停电作业，优化配电网项目实施方式，提升客户用电感知。一是拓展不停电作业广度和深度。坚持“不停电就是最好的服务”，全面优化配电网工程施工方案，在设计源头就进行标准把控，通过实地勘察，量身定制最优不停电施工方案。加强不停电作业人才储备，多次派员参加不停电作业取证、提升培训，目前公司持带电作业简单证人员达17人，持复杂证人员达15人。全面应用移动储能电源车、新型履带式绝缘斗臂车、带电作业机器人等不停电作业新装备，拓展不停电作业应用范围。二是优化配电网项目施工管理模式。实施土建工厂化预制，将整体土建基础拆分成5至14片单元预制件，土建平均施工时间由9天压缩至2天。优化完善成套配送模式，研制配电变压器及柱上开关成套化配送物料支架，方便物料集中放置、运输。建成配电网工厂化装配车间，自主研制自动化导线模块预制流水线、第四代全自动剥线器等设备，推广应用集成化柱上开关和集成化柱上变压器安装单元，配电变压器、柱上开关现场安装时间平均缩短1.5～2小时。

（三）聚焦开源节流，持续推动经营提效

牢固树立过紧日子思想，持续推进挖潜增效、降本节支、改革增效等重点任务，打好开源节流、提质增效“组合拳”。一是加强同期线损管控。打破部门之间衔接壁垒，强化协同配合，最大化利用好全局资源。精细化开展输—变—配—用各项业务，围绕表计更换、拓扑变更两大主要矛盾，常态开展线变关系监测和排查，提升线损数据准确性。建立线损

日管控、周通报制度，提升精益化管理水平。二是推动燃煤自备电厂清洁替代。成立专项工作小组，加大优惠政策宣贯力度，帮助企业算好经济账和环保账，做好企业自备电厂关停或转公用后的供电保障。2020年，率先实现升辉热能、康源印染等2家计划外自备电厂关停，推动华西热电成为全省首家自备转公用电厂。2022年7月，江苏阳光集团有限公司5台燃煤机组实现关停。三是积极参与增量配电改革。面对新一轮电力体制改革，国网江阴市供电公司主动作为，在2017年与江阴市政府、海澜集团签订战略合作协议，筹备开展增量配电业务。2019年6月，江阴高新区增量配电网试点项目被国家发展改革委确定为第四批试点项目。2021年5月，江阴德晟配售电有限公司正式揭牌运营，现该公司已取得电力业务、电力交易许可证和承装承修承试电力设施许可证五级资质，初步完成增量配电网建设，连续两年实现盈利的目标。

（四）聚焦价值创造，持续推动品牌塑造

加强品牌建设和传播，认真履行社会责任，全面提升品牌美誉度和影响力。一是积极履行社会责任。2021年，国网江阴市供电公司通过优化社会责任管理体系，开展社会责任管理体系监测、测量、分析与评价工作，社会责任绩效进一步提升，获得了GB/T 39604—2020《社会责任管理体系　要求及使用指南》全国首张认证证书，并在国家电网公司范围内输出经验。二是加大品牌传播力度。建成投运融媒体工作站，配备新闻发布区、采访会客区、舆情监测区兼互动展示区、设备管理区、融媒工作区、数字摄影棚和多功能录音室7大区域，可同时完成媒体运行的全流程工作，为公司品牌传播打下坚实基础。

三、实施成效

（一）战略落地一马当先

投运全省首个“全要素、全感知”十二站融合示范项目——祝塘变电站多站融合工程。配合国网无锡供电公司建成锡澄无人机全自主巡检示范区，构建“立体巡检+集中监控+网格处置”的输电数字化运维新模式，每年可节约人工巡检成本200万元。基本完成全部供电所数字化转型，持续提升农网客户服务水平。

（二）安全生产稳如泰山

实现连续安全生产超8000天，获评全国“安康杯”竞赛活动示范单位，多次被授予全

国“安康杯”竞赛活动优胜单位和国网江苏电力安全生产先进集体荣誉称号。2022年，江阴主网设备跳闸同比减少42.3%，用户平均停电时间同比下降28.24%。

（三）电网发展日新月异

2012年以来，新增35千伏及以上变电容量428.75万千伏安、输电线路425.58千米，分别增长30.11%和18.64%；10（20）千伏线路长度由5824千米增长至7232千米；户均容量由2.21千伏安提升至8.19千伏安。

（四）经营业绩蒸蒸日上

持续入围国家电网公司同期线损管理“百强县公司”，2022年，同期线损指标5次位居国家电网公司首位，9次获全省第一。探索推行“供电+能效服务”模式，投运青禾农场智慧化提升示范工程，建成徐霞客电气化示范镇，电能占终端能源消费比重持续提高。推动自备电厂关停或转公用，累计拉动售电量增长约5.5亿千瓦时。

（五）企业形象深入人心

“获得电力”指标全省领先，国网江阴市供电公司获得全国用户满意企业、全国实施用户满意工程先进单位等荣誉。周庄供电所荣获“全国最美供电所”称号。在全国率先通过社会责任管理体系国际认证，履责案例入选《金钥匙可持续发展中国优秀行动集》。省管产业单位荣获江阴市市长质量奖，4个承建项目获省优质工程“扬子杯”奖。

（六）改革创新硕果累累

江阴高新区增量配电试点项目顺利落地，相关配售电公司实现实体化运营。不停电作业创新成果“全绝缘接地引流线夹”入选《国家电网公司配电网工程典型设计（2020版）》，在国家电网公司系统县公司中率先通过甲类4级不停电作业认证，2022年完成不停电作业4285次。2020年以来累计获得职工技术创新成果31项、QC成果135项、省市公司青创赛奖项1项、专利34项。

专业实践篇

争先创优　提升供电可靠性高质量发展

国网南京供电公司

国网南京供电公司高度重视供电可靠性管理工作，认真贯彻落实总部构建现代设备管理体系发展战略，坚持“1135”新时代配电网管理思路，以提升供电可靠性为主线，将供电可靠性提升贯穿于配电网规划、设计、建设、运维、服务全过程，从提升“电网运维精益度、停电管控精准度、技术应用先进度、数字电网智慧度”四方面入手，以高端网络建设为引领，推进全市供电可靠性达标。

一、工作背景

供电可靠性是国网南京供电公司，践行“人民电业为人民”企业宗旨的重要评价指标，近年来公司配电网可靠供电水平明显提升，但与国内先进城市相比，还存在一定差距。为全面贯彻落实国家电网公司“1135”新时代配电网管理思路，扎实推进配电网高质量发展，公司做深标准化建设、做细精益化运维、做实智能化管控、做精不停电作业，持续提升配电网运营服务能力和可靠供电水平，实现供电可靠性争先创优。公司构建了“1+3+6”的供电可靠性管理组织体系，即设备管理部（“1”）+供电服务指挥中心、项目管理中心（配电网室）和南京远能智能不停电研发应用公司（“3”）+配电运检中心、国网江北供电公司、国网六合供电中心、国网江宁供电公司、国网溧水供电公司、国网高淳供电公司等6家区域供电可靠性管理服务机构（“6”）。设备管理部负责可靠性专业管理，供电服务指挥中心负责配电网调度及运营指标监控，项目管理中心（配电网室）负责城区配电网工程实施，南京远能智能不停电研发应用公司负责全市不停电作业实施，各区域服务机构负责区域内配电网一、二次设备的运行、检修、抢修及配电网工程（除配电室）等工作，形成了“军委管总、战区主战”的供电可靠性管理模式。

二、工作思路及举措

（一）坚持问题导向，提升网格化运维水平

一是抓问题。深度挖掘南京配电网供电可靠性薄弱环节，抓住C类地区、超3小时供电网格、超200时户数线路、重复3次以上停电用户等主要矛盾，研究分析11类异常问题数据以及对应的21项主要存在问题，精准施策，全面提升可靠供电能力。二是建机制。优化运检班组、代维片区，建设标准化网格驻点，推行配电网设备主人制，设置网格经理，打造“供电服务单位—运检班组—网格经理”三级运维模式，落实网格运维、检修、抢修、储备等全业务职责。抓实供电方案审查，实现新上用户智能分界开关全覆盖，存量不具备保护功能开关开展项目储备改造，提升用户内部故障隔离能力。三是重治理。推进电缆密集区域防火治理，制定“一站一档”方案，重点对站内中间接头、混压缆线、电缆交叉叠压等问题开展防火整治。强化全绝缘化改造，对变压器、柱上开关、支接跳线、低压负荷开关等裸露部位，结合停电安装绝缘护罩，确保停电范围内绝缘护罩安装率达100%。开展线路通道树竹障清理，加强与市政、园林部门沟通，完成1890处树障清理，对柱上变压器、柱上开关周围5米范围内树竹障“建台账、定时限、明责任”，将隐患的防控与整改落实到人。四是强分析。落实“运检网格按日逐条分析、网格运检单位按周重点分析、运检部按月总结分析评价”的故障分析三级管控机制，做到故障说清楚、问明白、有闭环。架空线路巡检原则如图1所示。

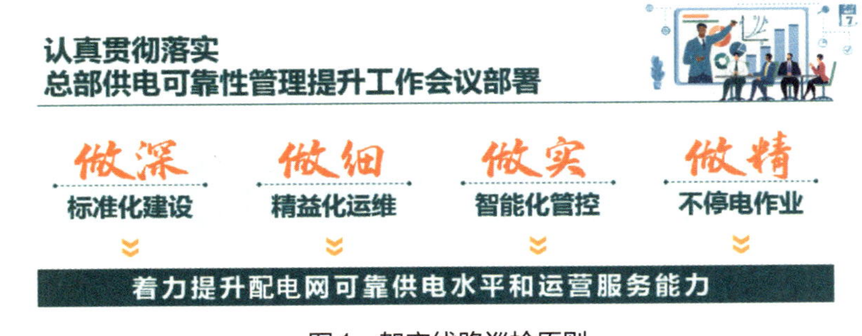

图1 架空线路巡检原则

（二）强化过程管控，压实配电网停电计划管理

一是以“用尽全力、想尽办法、做到极致”为原则，严格管控计划停电，构建了配电网计划停电三级审核机制，设备部提级审核非“0”时户配电网计划停电工作，退回或修改计划工作152项，直接减少停电时户3044时户。二是从计划审核中发现设备及网架问题，

制定改造措施落实项目储备，发现一处整改一处，避免下次停电。三是跟踪落实停电计划的优化完善，开展对外公布计划与整改意见的比对，核查基层单位是否落实整改意见，确保“能转不停、能带不停、能发不停”的要求落实到每项检修计划工作。四是编制以可靠性为中心的配电网管理周报，以时户数为管理导向，统筹工程、检修工作量，充分考虑故障压降水平提升情况，将全年停电时户数分解至6家单位，每周通报剩余时户数，形成“向故障停电要时户、向计划停电要时户”的双向制约机制，切实提升预算式管控水平。线路新建改造工作如图2所示。

图2　线路新建改造工作

（三）深化技术应用，全面开展不停电作业

一是启动“高可靠性管理的配电网不停电作业体系”建设工作，推进配电网不停电作业常态化、队伍建设专业化、作业管理数字化、技术创新实用化的“四个转型”，支撑供电可靠性及供电服务水平提升。成立南京远能智能不停电研发应用公司，充分发挥不停电公司“大脑”中枢作用，以工单驱动打破属地化管理壁垒，实现跨区域不停电作业进入“快车道”。二是提升人才培养质效，加快不停电青年骨干培养，提升一线员工不停电作业能力，在省公司不停电作业竞赛中，公司荣获10千伏综合项目第三名、10千伏个人项目第二名，10个个人奖项公司斩获3个。挂牌成立江苏技培中心输配电带电作业实训基地南京高淳不停电作业培训分基地，承接省公司第5期不停电作业取证培训班，提升南京不停电作业属地化培训能力。三是前置不停电作业管控关口，建立工程项目不停电设计的管控机制和流程，梳理12项南京配电网工程典型场景，完成编制不停电作业典型设计方案，推动实现工程项目不停电作业内容提前纳入可研和设计。在项目前期环节，将项目的不停电作业

实施方案纳入储备评审的必要条件，将供电可靠性计划停电时户管控的关口前移。四是大力推广复杂类不停电作业，推广应急电源车和移动储能车应用，加大带电立撤杆、带负荷更换柱上开关及旁路作业检修等三四类复杂作业开展力度，确保复杂类作业“能做尽做”，创新运用“机器人不停电作业”“不停电+发电作业”等新型作业方式，开展不停电作业大会战，多措并举，提升不停电作业深度及广度。一次完成三项复杂不停电现场作业如图3所示。

图3　一次完成三项复杂不停电现场作业

（四）推动数字转型，提高电网智能水平

一是持续推进配电自动化终端建设，研发配电自动化“一线一案”终端布点优化工具，打造高淳全域配电自动化实用化场景示范区。二是深化配电自动化实用化场景建设，大力投运线路全自动FA和分级保护，压降故障影响范围和时户数。三是基于PMS3.0打造南京配电管控数字化微应用（如图4所示），配电网管理颗粒度细化到各个网格，以提升供电可靠性为中心，以强化专业管理穿透性、业务协同高效性、目标任务精准性为核心，集成配电网全业务实时数据，对各单位、网格的20余类核心数据指标在线实时监测，派发工单，打造指标管控精益化、态势分析可视化、电网运维智能化、业务管控工单化的新型配电网数字化管理模式，促进配电网全业务质效提升，提高配电网生态圈活力建设。四是服务报修可视化。公司打造“石城鹰眼”服务报修可视化体系，充分利用营配调实时数据多维互校，构建配电网故障精准监控事件化平台，通过点对点推送定制化辅助研判短信及在GIS图上实时展示故障区

段，高效推进配电网中压抢修进程。同时，积极应用移动终端App，实现客户报修过程可视化，通过监控App回传抢修人员轨迹和工单过程信息，实现低压报修工单全流程闭环管控，客户可通过网上国网等App实时查看具体过程信息，提高客户用电感知，提升优质服务水平。

图4　南京配电管控数字化微应用

三、实施成效

一是实现停电大幅下降，配电网故障同比下降31%，计划停电时户数同比下降70%。二是可靠性管理思路得到落实，工程项目储备及评审纳入不停电作业内容，以供电可靠性为主线的管理思路渗入各个专业。三是配电自动化建设取得实效，配电自动化覆盖率达100%，用化场景覆盖率达87.85%，线路终端占比达2.95台/线，三遥终端占比达91.97%，省内遥遥领先。实建成高淳全域配电自动化实用化场景示范区，初步建成配电网故障在线管控、工单驱动的抢修模式。四是不停电作业全面开展，复杂作业同比增长442%，2022年5月10千伏松园西线的维修工程通过六项复杂不停电作业，直接减少300余停电时户，创单次工作减少时户数新高。

“全电共享” 实事为民

国网苏州供电公司

2021年国网苏州供电公司立足为企业“办实事、解难题”，扎实开展服务机制创新，全国首创“全电共享”能源基础设施模块化租赁服务新模式，截至2022年底，累计服务企业200余个，涉及制造、纺织、仓储、公共设施等多个行业，节约资金超5000万元，为企业提供轻松、轻巧、轻盈、轻便的全新办电用能体验，助力经济社会稳定。服务已纳入苏州市政府为企业纾困解难、稳定经济增长、优化营商环境、助力招商引资的重点举措，服务案例入选中国营商环境标杆城市典型案例。

一、工作背景

苏州是我国重要的制造业基地和高新技术产业集聚地。受全球经济形势变化及新冠肺炎疫情影响，叠加海外产能回流等不稳定不确定因素，市场主体用电需求出现波动。据电力大数据分析，近两年年均12.1%的新客户于当年变更用电容量，其中2019年发生多次容量变更的占比32.8%，2020年这一数据受疫情影响跃升至55.1%，外资、民营、小微企业尤其明显。且大多数企业都面临着能源基础设施建设初期投入成本高、改造过程复杂、缺乏专业运维、设备可能闲置等痛点问题，迫切需要进一步精简办电流程、压降办电成本，为之提供更加灵活的设备运维服务以及启停用服务。

国网苏州供电公司坚持贯彻党中央、国务院关于深化“放管服”改革、优化营商环境的决策部署，及时推出“全电共享”（见图1）电力设备模块化租赁服务，以快捷、低投的新模式高效满足不同类型企业波动性用电需求，重点服务出口型工业企业如期交付海外订单，实现产能本土化转换，诠释“诚信中国”；服务小微企业快速落地生根、增收扩产，降低财务成本，赋能“创业中国”；服务科技企业轻装上阵、减负提速，加快成果转换等典型客户需求，助力“智造中国”。

图1 “全电共享”专属标识

二、工作思路及做法

国网苏州供电公司以安全可靠的电力设备租赁服务为核心，聚焦流程、成本、时长、便利四个关键要素，创新模块预制、一站服务、以租代购、灵活启停等举措，打造适应各类行业客户和多变服务场景的“全电共享”“四轻”特色服务，并延伸租赁范围至用能及能效设备，同步提供能效监测、节能改造、多能供应等多元用能服务。

（一）轻松电，一站服务更省心

以“以租代购　开放共享”的服务机制，为客户提供“一站式”省心无忧接用电服务，减轻客户综合用能成本。能源供应环节，提供箱式变压器或分布式光伏等设备租赁，提供典型方案设计、设备“模块化”预制、现场“拼装式”施工以及设备托管运维等基本服务。聚焦能源使用环节，提供“全电共享”菜单式服务，客户根据实际需求灵活配置组合；在租赁设备选择方面，提供电气化厨具、空气源热泵、共享式充换电设施、SVG以及DVR等设备；在综合服务选择方面，提供电费代缴、能效诊断、节能改造、电能替代、电能质量治理、电动汽车充换电、电力保障以及设备运维等服务。

（二）轻巧电，模块预制更省时

制定客户办电用能典型设计方案，“模块化预制”快速完成接电，通过简化施工工艺、提升施工效率压减接电时长。发布典型设计方案。按10（20）千伏12种常见容量序列，编制并发布客户受电工程典型设计方案，指导设备厂商基于典设预制统一标准的变压器、进线柜、母线设备柜等模块，服务供应商根据客户用电需求灵活配置预制模块完成现场拼装，最大限度减少客户工程现场工作量，简化施工工艺、提升施工效率、压减接电时长（如图2、图3所示）。“全电共享”用户办电用能典型设计方案见表1。

图2 “全电共享”标准型“共享电站”车间实物

图3 “全电共享”标准型“共享电站”建成实景现场

标化共享充电服务。关注“社区充电”热点场景，研发全电共享电动汽车充电机器人，形成“一桩多车、共享充电”典型方案，预制标准化导轨、抱桩机器人和充电机等模块，现场可按需灵活拼装，充分满足一定区域内多车少桩的充电需求，大幅降低充电设施的投资成本和使用效率（如图4所示）。

表1　“全电共享”客户办电用能典型设计方案

全电共享标准“共享电站”款式	适用场合	对应典型设计方案
高供低计基础型	10千伏 500千伏安，20千伏 630千伏安及以下容量	250千伏安/10千伏方案
		315千伏安/10千伏方案
		400千伏安/10千伏方案
		500千伏安/10千伏方案
		250千伏安/20千伏方案
		315千伏安/20千伏方案
		400千伏安/20千伏方案
		500千伏安/20千伏方案
		630千伏安/20千伏方案
高供高计智能型	10千伏 630~1250千伏安容量	630千伏安/10千伏方案
		1250千伏安/10千伏方案
高供高计多能型	10千伏 1600千伏安，20千伏800千伏安及以上容量	1250千伏安/20千伏方案

图4　苏州江湾雅苑小区停车场“全电共享”预装式共享充电机器人

（三）轻盈电，设备租赁更省钱

推出设备租赁“点单式”菜单及组合套餐，客户直接获得设备使用权、享受全寿命托管运维服务，实现客户用能资产轻量化。“以租代购”压降投资。以租赁方式向客户提供设备使用权；针对客户可预判的临时性办电用能需求，提供定期缴纳租金、只租不购、到期设备可回收的租赁模式，大幅节约企业初期投入，增加流动资金。“灵活启停”高度适配。租赁费用按日结算，租赁期间企业可根据生产情况自由选择提前退租、提前买断、到期续租、到期买断、到期退还等多种租购合作模式，满足波动性用电需求，提升市场主体投资积极性。

（四）轻便电，共享平台更省力

搭建汇集客户、租赁服务供应商、租赁设备销售商以及其他上下游企业的“全电共享”服务平台，形成集群共享共赢效应。一是线上服务轻松获取。客户于平台可在线提交设备租赁需求，供应商线上发布服务产品，客户在线提交设备租赁需求、查询业务办理进度、评价供应商服务质量，可以轻松获取共享租赁优质服务。二是共享生态有序建立。平台可实现供需双方需求交换与交易撮合，整合上下游优质资源，有利于形成集群共享共赢效应。“全电共享”服务平台App使用界面如图5所示。

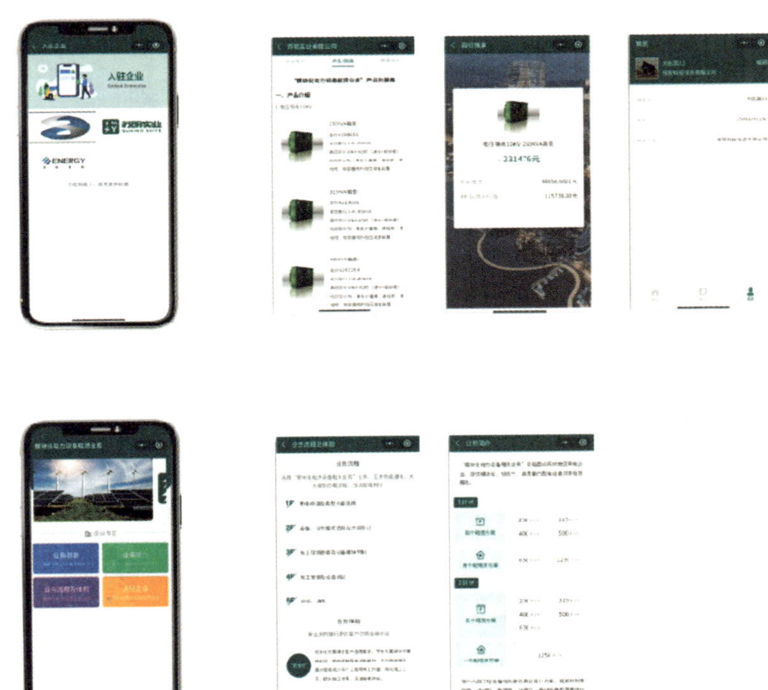

图5 “全电共享”服务平台App使用界面

三、实施成效

“全电共享”模块化、轻资产、高质量用电综合解决方案的普及应用是国网苏州供电公司在高压“三省”服务上的最新探索与实践，并取得了阶段性的实施成效，受到社会各界的普遍好评。

（一）场景拓展推广应用

同心抗疫显身手。在2022年年初疫情紧急时刻，国网苏州供电公司采用"全电共享"模式迅速完成40处防疫场所、4.4万千伏安容量的电力接入，创造了10小时送电的"苏州速度"，如图6和图7所示。

图6　依托"全电共享"模式为苏州相城区"猎鹰号"实验室稳定供电（一）

图7　依托"全电共享"模式为苏州相城区"猎鹰号"实验室稳定供电（二）

乡村振兴谋大局。落地太仓东林村，通过"共享电站"配电设备租赁服务，大大加快东林村豆芽工坊接电速度，并同步提供分布式光伏、储能设施等新能源服务，有效提升东林村能源清洁化水平（如图8、图9所示）。

营商环境惠实体。作为全国首个能源基础设备模块化租赁服务，通过"以租代购"和"模块化施工"，实现了企业接电时长和初期投资成本的大幅压降，根据对前期已实施项目的统计显示，平均降约率为80%。（如图10、图11所示）

图8　东林村光伏发电支撑的现代化羊舍

图9　东林村豆芽工坊采用“全电共享”服务

图10　“全电共享”服务项目送电现场

图11 苏州明远汽车零部件厂申请“全电共享”高压专用配电变压器新装

（二）服务扩面广受好评

经过一段时期和不同场景的推广应用，“全电共享”服务已形成了初步成熟和规模的服务优势。至2022年底，“全电共享”服务模式累计服务企业200余个，节约企业成本超5000万元，涉及制造、纺织、仓储、公共设施等多个行业。新华网、人民网、中国电力报等主流权威媒体相继对“全电共享”服务成效进行了专题报道。“全电共享”服务入选中国营商环境标杆城市典型案例，纳入苏州市政府为企业纾困解难、稳定经济增长、优化营商环境、助力招商引资的重点举措。

基于客户导向的现代服务体系建设实践

国网无锡供电公司

为适应改革发展要求，支撑能源互联网企业战略落地，更好服务经济社会发展，国网无锡供电公司主动整合内外部资源，开展现代服务体系建设，打造以客户需求为导向，以改革创新为驱动，以融合贯通为特征的平台型组织。通过推进前台组织机构扁平、生产组织协同、责权体系对等等举措，形成网格化供电服务“活前台”；通过组建营销服务中心和强化供电服务指挥中心，构建基于数据汇集贯通的统一指挥、质量管控、需求策划“强中台”；通过有效放管赋能，优化内部管理，深化外部合作，打造专业化管理决策“精后台”。现代服务体系平台型组织的构建有效统筹企业资源，打破了专业壁垒，激发了组织活力，提高了服务效率，增强了品牌价值。

一、工作背景

现代服务体系建设，是国网无锡供电公司主动应对内外部发展要求，以客户视角实施体制机制创新，推动业务融合与质效提升的重要举措。一是落实国家与上级公司战略决策的重要抓手。落实国企改革及电力体制改革对于增强企业活力的要求，紧密承接国家电网公司企业战略和新型电力系统建设任务，以改革创新驱动现代服务体系组织创新，进一步完善体制机制，转变经营管理方式，重构管理链条，提升“供电+能效服务”能力，优化电力营商环境，全力支持经济民生高质量发展。二是实现企业跨越式发展的重要途径。应对经济发展压力与电力保障高要求，聚焦供电企业传统运营和管理短板，通过实施现代服务体系建设，着力化解高效、多样供电服务需求与企业内部管理流程、管理幅度过长过细的矛盾，弥补高层次、复合型人才短板，充分激发员工自主活力，从根本上提升企业运营质效，推动企业跨越式发展。

二、工作思路及举措

（一）聚焦战略内涵，明确现代服务体系构建总体思路

国网无锡供电公司剖析自身服务运营短板，借鉴国内外优秀企业实践，应对客户与市场变化，顺应数字化变革，聚焦组织在企业高效运营中的根本保障和基础平台地位，围绕“以客户为中心”价值观，以“管理链条短、职责划分清、业务组织融”作为组织优化核心要求，突出组织架构、业务流程、运行机制与人才生态，坚持稳定导向、市场导向、效率导向与赋能导向，构建以“专业化后台+集约化中台+网格化前台”为核心的现代服务体系平台型组织架构（如图1所示）。

通过精简组织层级，推动业务协同，深化数据共享，实现前台服务突破传统专业分工局限，聚焦顾客价值创造，提供快响应、高效率的“供电+能效”服务；中台支撑要素汇聚，服务专业部门决策与业务监管，开展前台指挥协调与业务质量把控；后台管理聚焦放权赋能，强化前瞻性研究和资源获取能力，专业条线高效协同、同频公转。

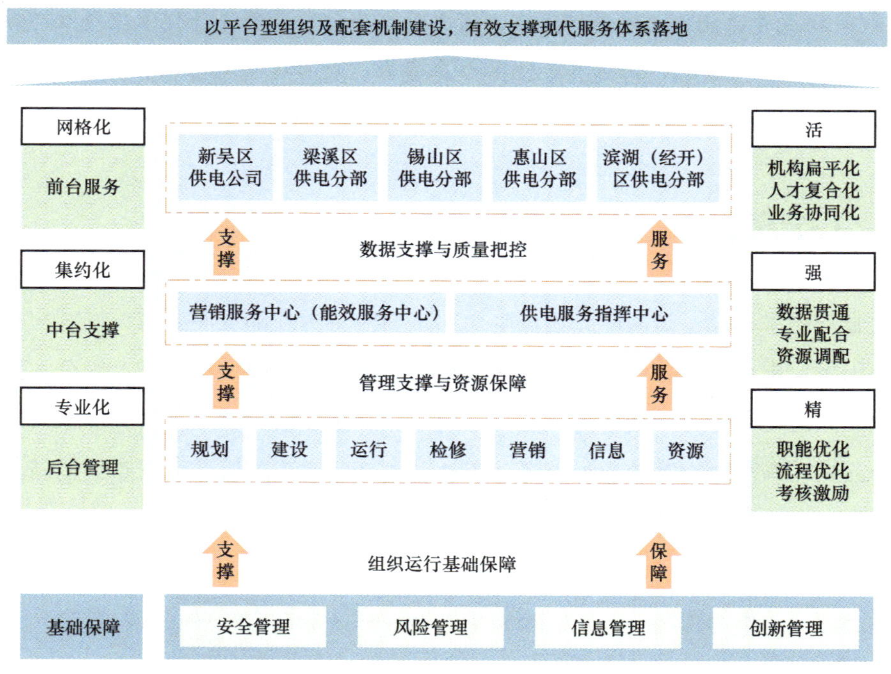

图1　国网无锡供电公司现代服务体系平台型组织架构

（二）创新组织机制，打造网格化快速响应“活前台”

组建网格化供电服务机构，打造区域能力中心与资源中心，提升响应速度和服务效率，为客户提供更加优质的电力综合服务。一是设置“一口对外”的组织体系。对应行政区域设立五个供电分部（分公司），负责一口对外的服务。内设具备配电网巡视、抢修、业扩报装、用电检查等13项核心营配技能的“营配一岗制”客户经理岗位，打破前端岗位壁垒。二是打造“一口对外”的业务体系。按照工作内容梳理营配一体的业务流程，按配电线路划分责任网格，开展营配业务“七统一”，实现营配业务“十个一次”（如图2所示）。三是构建“一口对外”的责权体系。放管赋能，将配电网网架项目方案编制、接入方案编制等权限下放至供电分部（分公司），提升前台服务效率和服务质量。

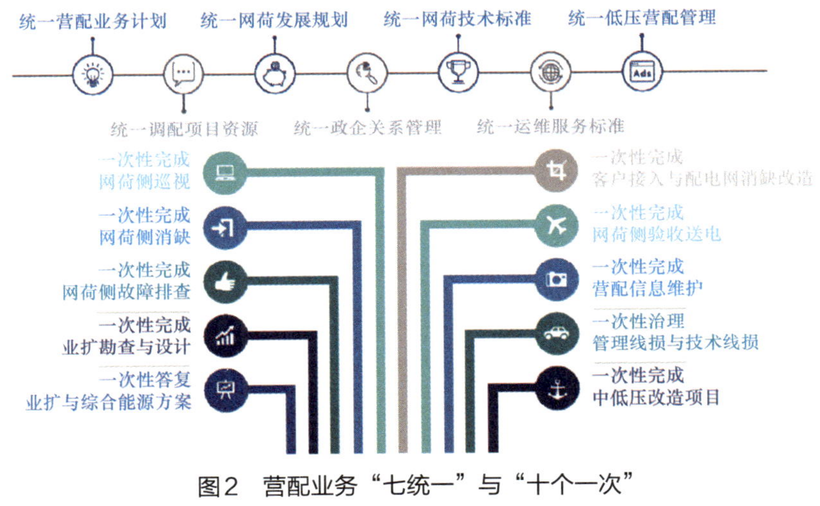

图2　营配业务“七统一”与“十个一次”

（三）完善组织功能，构建专业业务支撑“强中台”

组建营销服务中心（能效服务中心），强化供电服务指挥中心，除开展计量、电费等集约化业务外，作为服务前台客户需求实现、支撑后台经营管理决策的中台枢纽，依托营配数据贯通，构建覆盖全区域、全业务的“统一指挥调度，全面质量管控，需求策划支撑”的中台三大功能。一是构建一体化业务指挥体系。供电服务指挥中心统一实施配电网监管，打造“大数据汇聚、多系统比对、全监控贯通”跨专业无缝衔接管理模式，实现各类管理、生产和服务信息的统一汇总、实时监控、全局协调。整合运检、营销、调度等专业资源及行政、物资等后勤保障资源，集中调配服务与运维抢修资源，实现配电网调控、配电网运行、抢修指挥、服务调度、服务监督等业务“一站式”管理。二是构建常态化质量管控体系。相关管控职能下沉到营销服务中心，设置相应岗位和班组，组建质量管控专家团队，强化横向专业协同、纵向各级联动，基于系统和数据开展业务流转效率监控、数据质量监测与异常督办。三是构建市场化业务支撑体系。组建能效服务中心和能效服务组，强化能效服务市场分析、策划与拓展能力，协助前台综合能源项目落地。设置营商环境班，对接前台获取的区县政府及客户需求，开展能源数据分析，推动需求研究与转化，支撑前台市场开拓、客户服务等需求实现。

（四）聚焦组织赋能，优化管理决策支持“精后台”

转变专业部门角色定位，聚焦内部管理提升与外部市场拓展，深化组织优化与放权赋能，积极争取政策支持，打造强大的资源能力支持平台。一是重塑内部管理生态。配合职责调整，优化营销部、设备部及经研所等岗位设置，化解顶层专业壁垒。通过重塑营配核心业务流程，改变以往专业化条线管理的方式，提升机构运转效率与组织效能。打造营配融合孵化基地，在全省率先开发和推广营配融合课程体系和评价体系，创新编制网格化定员标准并应用，大力实施缺员团队工资与市场化绩效考核，为前台机构提供组织机制与人力资源支持。二是强化政企合作共建。发挥后台各专业部门政策研究、中台业务支撑与前台政府用户联络优势，以“后台确定合作方向、中台提供方案支撑、前台主动对接实施”的联动模式有效深化外部合作。与区政府签署战略合作协议，共同助力重大产业项目落地；全省率先推广办电业务政企联合审批、限时办结，促请两县五区出台电力工程500米免审批实施细则，构建良好外部生态。

三、实施成效

（一）激发组织活力，管理效益显著提高

通过压缩组织层级、缩短业务链条，实现管理效能和用工效率提升。营配机构及班组的类别、数量均有减少，组织机构更加扁平高效。39项营配业务流程实现内部流转，72项业务流程得到优化调整，流程环节压降50%，业务流转效率提升30%。具备两个及以上专业能力员工占比超过三分之二，2022年劳动生产率为623.1万元/人，居江苏各地市公司前列。

（二）提升专业质效，电网基础更加坚强

通过平台型组织的构建，打造了配电网业务、营销服务深度融合的前台服务机构以及

数据驱动、智慧运营的中台支撑机构，业务运营质效不断提升。2022年，公司高压用户接电时长压降至20.70天，同比下降38.14%，低压非居民用户平均接电时长压降至3.98天，全年主网设备跳闸数同比减少23起，配电线路百公里故障数同比下降4.44%。综合线损率低至1.73%，位居国网线损十强市第一名。台区线损达标率提高0.56个百分点，达到99.27%。抢修复电全面提速，原因不明故障大幅压降57.5%，城网客户平均停电时间0.99小时/户，同比下降23.25%，平均停电次数同比降低18.27%，供电可靠率达99.9808%。

（三）优化服务质量，社会形象获得肯定

现代服务体系平台型组织模式的构建和应用有力提高了客户服务水平和能力，电力营商环境持续优化，社会责任履行有力，带来了良好的社会效益。国网无锡供电公司深化“开门接电”模式，实现16个省级及以上重点园区全覆盖，打响“锡电特快”服务品牌。理顺无锡市电力接入项目实施流程，与全市各区县集中签订工程建设合作框架协议，降低用户用电成本，在全省乃至全国具有示范引领作用。客户满意度指标持续向好，95598万户投诉率保持全省最优。市区两级政府、国家电网公司各专业部门对现代服务体系做出肯定批示30余次，连续四年获评无锡市“服务地方发展优秀单位”。

强团队 精管理 长技术 不停电作业高质量发展

国网无锡供电公司

国网无锡供电公司坚持以客户为中心，以提升供电可靠性为主线，坚持“不停电就是最好的服务”理念，持续打造高可靠性目标的配电网不停电作业体系。通过强化理念壮大队伍、规范流程严格管控、攻坚克难拓展应用三大举措，从理念根植、精益管理、技术革新三个方面着力突破，将不停电作业理念贯穿规划、设计、建设、运维、服务各个环节，配强配齐不停电作业人员团队，优化完善不停电作业管理模式，创新拓展不停电作业项目类型，推动配电网作业由停电为主向不停电转变，强力支撑公司高可靠性目标要求。

一、工作背景

不停电作业是以实现用户的不停电或短时停电为目的，采用多种方式对设备进行检修的作业，是保障用户可靠供电、优化营商环境的重要举措，是率先建成世界一流城市配电网的重要举措，是深刻践行“人民电业为人民”的使命追求。国网无锡供电公司不断探索不停电作业发展模式，2019年12月，国网无锡供电公司制定了不停电作业中长期规划（2019—2030年），从不停电作业机构人员、车辆装备、项目拓展、规划提升、设计提升、集体企业产业化、培训提升、管理提升等多方面进行了规划。2019年至今，国网无锡供电公司以中长期规划为指导，全方位提升不停电作业能力，目前在各个方面均已经取得了长足的进步，有力支撑公司战略落地和供电服务及可靠性提升。

二、工作思路及举措

（一）工作思路

国网无锡供电公司紧密围绕“1135”新时代配电设备管理思路，坚持以客户为中心，以提升供电可靠性为主线，践行“不停电就是最好的服务”理念，将“让每个停电方案都是最优”作为不停电专业的工作信条，通过强化理念壮大队伍、规范流程严格管控、攻坚克难拓展应用三大举措，从理念根植、精益管理、技术革新三个方面着力突破，全面提升不停电作业能力，全面支撑无锡建设国际领先城市配电网。

（二）具体举措

1. 理念根植，提升不停电作业团队的战斗力

（1）全域深植不停电作业理念。总结提炼“规划零停电、计划零感知、故障零趋近”的不停电理念，贯穿电网规划、设计、建设、调控、运维各环节。组建配电网不停电作业柔性培训师团队，每月开展一次不停电作业认知培训，累计完成144人次培训，推动专业工作主动思考“不停电”。

（2）加强不停电基地建设。持续完善不停电作业基地建设，本部不停电作业中心挂牌成立省内首家输配电带电作业实训基地，建成省级不停电作业分基地，打造国内领先配电网不停电作业专业的培训场地、攻坚阵地、共享营地和创新高地，承办省公司不停电作业资格培训复审工作、低压不停电作业取证工作，累计培养不停电作业人员1800人次。

（3）定向培育不停电专家精兵。本部不停电作业中心全省首家通过中国电科院第三方服务认证，联合中国电科院武汉分院筹建无锡不停电作业工程实验室，依托“秦彪技师创新工作室”开展专家精兵孵化，选派骨干参与国家电网公司、省公司重点项目，加快不停电作业高素质人才选树培育。

（4）积极开展全业务核心班组建设。结合不停电作业队伍建设，积极开展不停电作业全业务核心班组建设。制定不停电作业人员“积分制”薪酬激励体系，鼓励班组员工提高技能水平、拓展作业类型、提升作业质效，营造“贡献大，薪酬多”的工作氛围。今年以来，班组人员利用周末、夜间抢修开展不停电作业101次，为去年的3倍，开展复杂作业241次，同比上升107.76%，参与复杂作业较多的班组骨干薪酬上升约10%，班组人员“自己干”“抢着干”。

2. 管理嵌入，保障不停电作业实施充分性

（1）开展工程不停电全流程管控。前置不停电作业管控关口，在配电网工程规划设计环节落实“能带不停”要求，不停电作业人员参与全量工程储备设计，确保在项目设计源头充分考虑不停电作业。今年共储备立项项目1628项，全部经不停电作业审查，制定了不停电作业方案，约减少5万停电时户。

（2）全面推行不停电网格化作业。依托三家不停电作业中心，建立不停电作业网格化项目经理制。选拔“懂技术、会管理”的区域不停电项目经理，构建“1小时”不停电作业区，主动对接各区县配电设备运维单位、项目建设管理单位，瞬时响应工程、检修、抢修、业扩等全业务不停电作业需求，具备“一站式、跨专业、全天候”服务能力。

（3）开展不停电现场联合勘察。按照“能转必转，能带不停”的原则开展检修施工计划现场勘察。所有涉及对外停电的检修施工计划，优先利用联络开关、分段开关、新建临时联络通道等方式，通过调整运方避免或减少对用户停电。若负荷转供后仍会造成用户停电，由项目管理单位组织配电运维管理单位、不停电作业实施单位、配电网调度单位、施工单位进行联合勘察，研究制定“对外不停、少停”的最优方案。

（4）加强不停电方案质量管控。建立不停电作业方案分级审批机制，经不停电专业现场查勘后仍有对外停电影响的检修施工计划，需经不停电作业中心专职、不停电作业中心分管领导逐级审批，确定为“能带不停、方案最优”后，停电计划方可提交公司审核。停电方案最优率纳入公司可靠性过程管控指标体系，对不停电作业专业实施考核评价。

3. 创新突破，勇闯不停电作业技术深水区

（1）拓展旁路作业场景。将旁路作业理念融入杆线入地工程，利用新建旁路开关停带结合方式解决了长距离电缆拆搭的难题，应用新建环网柜建立旁路系统、用户分批逐个割接的方式减少每个用户的停电时间，在多个架空线路迁改入地改造工程中应用实践，共计减少1500停电时户。

（2）攻克站房检修用户长时停电项目。专家团队开展多次技术讨论会，联合攻克站所改造对用户停电影响时间长的难题，形成成熟可推广的技术方案。在云林苑小区站所高低压柜改造工程中，利用移动箱式变压器车带供作业站所的低压负荷，389个低压居民用户停电时长从20小时缩减到0.5小时，大大提升了居民用电体验。

（3）推广中压发电车应用。明确标准化的中压发电车接入环网柜的操作及许可流程，建立了配电网调度统一指挥，设备主人现场扎口，不停电作业与运维操作许可、施工人员各负其责的协同作业模式。省内首次应用发电车接入环网柜作业，拓展发电车应用场景，避免无联络的环网柜后段用户停电，助力发电车推广应用。

（4）打造数字管控平台。牵头开发PMS3.0配电网不停电作业平台，推动不停电作业业务全流程线上办理，通过系统流程管控，约束公共配网、业扩迁改方案100%通过不停电可行性审查，杜绝储备立项方案、检修施工方案不经不停电作业审批、时户数跑冒滴漏问题。

三、实施成效

（一）不停电作业队伍不断壮大

国网无锡供电公司不停电作业班组从2019年的3个增加到目前的7个，不停电作业持证人员从43人增加到111人，不停电作业特种车辆从15辆增加至84辆。本部不停电作业中心挂牌成立省内首家输配电带电作业实训基地，建成省级不停电作业分基地，取得省内首家配电网不停电作业服务认证“甲A”级认证及“优秀企业”奖章。

（二）不停电作业能力不断增强

国网无锡供电公司率先在省内实现复杂作业市县全覆盖，开展多次长距离线路迁移不停电作业工程、电缆旁路不停电作业、旁路电缆法直线改耐张作业等复杂不停电作业，完成中压发电车、移动箱式变压器车不间断更换配电变压器，移动储能车不间断更换配电变压器、低压柜等，开展迁改入地项目少停电方案探索，形成37项典型经验，扩大了不停电作业开展范围。

（三）不停电作业质效不断提升

截至2023年3月15日，国网无锡供电公司共开展不停电作业1979次，较去年同比上升1.9%，其中复杂作业240次，较去年同比上升112.4%，不停电作业化率为92.28%，居全省第三。通过不停电作业多供电量514万千瓦时，减少停电时户数6.89万时户，无锡全口径用户平均停电时间为0.090小时/户，同比减少39%，供电可靠率达到99.9915 %，实现了不停电作业数量和质量双提升。

基于“业务协同+数字赋能”的线损管理实践

国网徐州供电公司

国网徐州供电公司从“业务协同”“数字赋能”两个方面重点发力，探索治损新路径。优化组织管理体系，建立市县所三级联动机制，深化“线损小组+专业管理”双轨运行机制，实现线损管控全覆盖；通过提升采集数据和基础数据质量，不断夯实线损治理基础；实行“一线一标一案”，推进高损设备清单销号治理和分时分段分析，开展专项巡察及督导检查，强化高损设备治理；构建“降损全景智慧管控云平台”，打造“问题可视化、诊断智能化、治理精细化、管理日常化、工作协同化”的“五化”降损体系，数字赋能技术降损。通过推进全电压等级、全影响要素、全业务层级线损管控全覆盖，各项线损指标显著提升，购电成本和碳排放持续降低。

一、工作背景

（一）实现国家碳达峰、碳中和目标的迫切需要

碳达峰、碳中和是一场广泛而深刻的经济社会系统性变革，实现碳达峰、碳中和，控制碳排放是关键。降低线损是电网降低自身碳排放最直接、最有效的手段，亟须加强线损管控，提升电网运营效能，以电网自身的低碳经济运行保障“双碳”目标实现。

（二）落实电网企业提质增效的内在需要

当前国网徐州供电公司售电量增速总体放缓，连续两年一般工商业电价下降10%，加上阶段性降低企业用电成本政策，公司面临严峻的经营形势。在此背景下，加强线损管理、推动降本增效成为企业发展的内在需求。

（三）推动企业数字化转型发展的现实需要

同期系统数据信息量庞大，缺乏地理信息的集成，无法实现电网的全域可视，一定程度上制约了企业治理功效。加强大数据时代下的同期线损管理，强化同期数据应用，持续优化线损管控是实践数据管理企业、用数据驱动管理变革和转型升级的有力抓手和必然路径。

二、工作思路及举措

按照“聚焦问题、持续攻坚”工作总基调，立足公司线损业务管理现状、能源禀赋等地区特征，以业务协同、数字赋能为突破口，优化组织管理体系，建立市县所三级联动机制，提升系统采集数据与基础数据质量，推进“一线一标”管控，以及高损设备清单销号治理和分时分段分析，构建“降损全景智慧管控云平台”，建立“五化”降损体系，从机制优化、数据治理、精细管控、数据应用等方面，探索治损新路径，逐步实现管理线损最小、技术线损最优，提升电网综合运营效能。基于“业务协同+数字赋能”的线损管理示意图如图1所示。

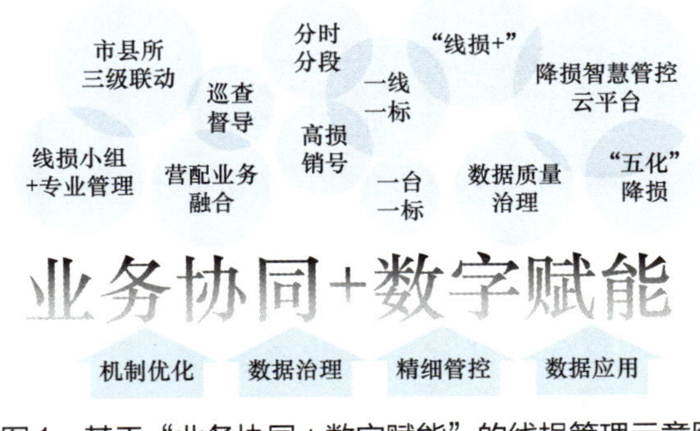

图1　基于“业务协同+数字赋能”的线损管理示意图

（一）优化组织管理体系，实现市县所三级联动

完善线损管控组织体系。明确各单位“一把手”是线损管理第一责任人，推行“一把手”亲自抓、分管领导具体抓，一级抓一级、层层抓落实的工作模式。实施日监测、周总结、月分析常态管理机制，常态监督和管理各层级线损管理职责落实情况。通过国家电网公司月度“十强市、百强县、百强所”评选，持续优化评价准则。实行市公司“线损小组-专业管理”统筹管控。组建线损柔性团队，协调解决工作开展过程中遇到的跨专业、跨部

门、跨流程的疑难问题。印发《国网徐州供电公司同期线损管理细则》，进一步明确职责分工、规范工作标准、理清工作流程、推进专业协同、强化考核评价。梳理形成专线新增变更等10个流程，并行文印发，规范业务交圈地带各基层单位职责任务和工作要求。确定县公司“有损”线损目标任务。引入有损线损率计算，即剔除35千伏及以上的直供电量，计算分压、分压的有损线损率。按照各县区售电结构不同，将有损线损率目标差异化分解至各县公司。提升供电所中低压协同管控力。以乡镇供电所为责任主体统筹管理辖区内10千伏及以下线损管理，整合配电线路和台区线损，以单条线路所带配电（专用）变压器延伸至台区低压用户为线损计算单位，按照“一线一人”制度落实线损管理人员，夯实管理责任。

（二）提升系统数据质量，夯实线损治理基础

提升采集数据质量。建立采集异常闭环管理流程，及时发现表计故障、采集失败、回路错误等问题，严格执行采集系统异常处理“112工作机制”，提升采集成功率。对负损、高损台区优先开展窄带型集中器改造更换，推进新型HPLC设备建设应用进度，开展高速宽带载波采集技术应用，加速采集装置升级改造。规范用户新增、换表流程管控，确保新增用户计量装置与采集设备同步投运，规范新增居民小区现场用电流程，对重要关口和用户换表流程时限进行管控。提升基础数据质量。建立精益线损管控系统，扎实开展拓扑关系核查，以线损率为标尺，反向验证源端系统中设备台账与拓扑关系贯通的准确性，确保系统间数据一致。形成“同坐一辆车、携带两张表、现场卡电流、后台比数据、全部跑到位”的现场核查工作方法，现场核查人员创新利用高压卡钳表和电缆识别仪进行现场电流比对、计量装置核查、线变关系等数据核查。

（三）围绕提质增效目标，强化高损设备治理

“一线一标”精益化监控线损异常。逐一梳理掌握每条线路、每个台区的真实线损，将线路划分为高损/负损、线损不超标但波动超标、线损和波动均不超标但双值比对超标以及合格线路，计算线路线损率合理区间，基于“一线一指标”开展线损指标波动监测，将线损异常问题精确定位到电能表、电流互感器、电压互感器、回路等具体环节。分时分段锁定疑似用户。研发防窃电智能管家装置，缩小疑似用户所在线路区域，从时间、空间两个维度精准定位线损异常区间。时间上，将源端数据按“小时级”频度同步上传至管控平台，自动运算供、售电量和线路拓扑关系；空间上，计算线路分段线损，精准定位高损区域。高损设备清单销号治理。建立异常设备清单管理工作机制，抽取高负损设备清单并滚动更

新，跟踪分析线损异常原因，发布高负损设备监测月报，建立线损异常问题清单库，督促各基层单位逐项开展治理。开展专项巡察及督导检查。开展线损党委专项巡察，对重指标轻管理问题、以包代管问题进行重点督察督办。持续开展县公司现场督导检查，重点对综合线损压降、“一线一标一案”执行、高损设备治理、供电所日常管控等进行全方位督导检查。组织各县公司在全省范围内广泛开展线损对标交流，开展模拟理论线损计算分析，对重要指标按时间节点进行重点管控。

（四）打造降损智慧管控平台，数字赋能线损管理

一是问题可视化。打造技术降损全景智慧管控云平台，开发线损率分层可视化与电网潮流分布可视化展示功能，实现从全系统视角看待单个线损问题。二是诊断智能化。开发降损辅助决策和降损成效量化分析功能，形成“全景可视—高损辨识—精准分析—智能决策—成效跟踪”的全流程闭环管控，按照“设备—单元—地区”开展三级降损潜力分析，辅助管理人员制定降损决策。三是治理精细化。对全市输变配设备进行全面分析，梳理4大类共12586个主要降损潜力问题，通过优化网架结构、优化运行方式、优化无功配置、改造高损设备四类措施，实现问题逐项销号。四是管理日常化。加强高损设备日常监测和分析，以工单驱动“发现—分析—决策—治理—销号”降损管理闭环。在线模拟、科学评估降损成效，对做出突出贡献的单位、集体和个人进行奖励。以乡镇供电所为责任主体统筹管理辖区内10千伏及以下线损管理，整合配电线路和台区线损，按照“一线一人”制度落实线损管理人员。五是工作协同化。实施“线损+发展”“线损+营销”“线损+设备”“线损+调度”工程，将技术降损纳入地区电网规划中统筹考虑、纳入业扩报装可开放容量计算、纳入配电线路和变压器改造、纳入电网运行方式和无功管理。

三、实施成效

通过项目实施，有力推进了线损各项指标的提升，节约了购电成本，大幅度缩减发电煤耗，降低了二氧化碳和粉尘排放量。2022年，国网徐州供电公司累计分区线损率为2.96%，同比下降0.2个百分点，降幅全省最大。

扬中新型电力系统示范区建设的探索尝试

国网镇江供电公司

在碳达峰、碳中和背景下，为加快构建适应高比例可再生能源发展的新型电力系统，积极推动经济绿色低碳转型和可持续发展，国网镇江供电公司积极响应国家能源战略，着力加快推进新型电力系统示范区建设。通过开展就地消纳、营配数据交互、电能质量、配电自动化、配电网运检、配电网调度六项专题研究，强化融合终端、通信网络、柔性互联设备、储能设备和光储充直柔微网五类设备保障，探索营销用电信息采集系统直采、区域基准站、台区融合终端采集以及加装采集终端四条技术路线，推进新型电力系统分布式资源管控平台、配电网数字化管控平台和新型电力系统专题展厅三个平台建设，致力于形成一系列可复制、可推广的典型经验，推进能源绿色低碳转型，助力“双碳”目标实现。

一、工作背景

镇江扬中作为我国东部唯一的首批高比例新能源示范城市，在扬中建立新型电力系统示范区，总体来说具有“两高一早”优势。

一是新能源装机渗透率高。扬中光伏接入容量渗透率达71.49%。根据扬中市政府提供的资料，目前扬中市党政机关、公共建筑、工商业厂房、农村居民等几类屋顶光伏安装比例已分别达80%、50%、65%和20%，均超过国家能源局整县屋顶光伏试点要求，且扬中农村居民建筑数量众多，具有广阔的开发空间（见表1）。

表1　各类型屋顶光伏安装比例比对

类型	能源局申报条件	当前安装比例	远景规划比例
党政机关	50%	80%	90%

续表

类型	能源局申报条件	当前安装比例	远景规划比例
公共建筑	40%	50%	70%
工商业厂房	30%	65%	80%
农村居民	20%	20%	35%

二是光伏接入并网分布率高。扬中市已有光伏接入公用配电变压器1859台，占配电变压器总数的54.85%（全省平均水平约14.39%）；已有光伏接入的中压公用线路134回，占线路总数的84.27%；具备中压出线的13座变电站中全部25台主变压器均已有光伏接入，呈现出明显的高比例有源配电网特征。

三是新能源相关研究起步早。国网镇江供电公司在“十三五”期间针对扬中高比例新能源的发展持续加强电网建设，深入开展国家重点研发专项“面向新型城镇能源互联网关键技术及应用”示范区、电网侧储能电站、区域综合能源协控示范系统建设等前沿项目的实践与探索，建设形成了融合多种能源流、信息流和控制策略的网架和信息系统。

二、工作思路及举措

2021年，习近平总书记在中央财经委员会第九次会议上，提出了构建新型电力系统的要求。国网镇江供电公司在省公司相关部门指导下，联合国网江苏电科院，结合扬中区域电网运行情况，制定了“六五四三”的总体建设方案，具体如下。

（一）开展六项专题研究，问题导向明确工作思路

国网镇江供电公司以问题为导向，深入分析高比例分布式光伏接入区域电网后的各项运行特征和数据，在就地消纳、营配数据交互、电能质量、配电自动化、配网运检、台区调度等六方面开展专题研究，为新型电力系统建设探索思路和方向。

在就地消纳方面，聚焦分布式光伏大规模接入难以就地足额消纳等问题，建设省公司“新型配电网先导示范区”，以新坝、油坊两个高渗透率光伏小镇为试点，通过建设中低压柔性互联工程，深入研究台区侧和用户侧分布式储能应用的可行性，灵活解决光伏就地消纳问题。同时，编制《分布式储能集中监控系统技术规范》，打造国家电网公司企业级实时量测中心样板间，规范分布式储能集中监控系统的研制、设计、建设、运维及检测标准，

助力新能源消纳主配电网辅助支撑决策。

在营配数据交互方面，聚焦如何实现数据同源，构建数据源端管控机制等问题，研究营销集中器和配电变压器融合终端数据贯通新技术，推进扬中配电变压器融合终端全覆盖安装，并申报国家电网公司“五市十县”能源互联网示范区和“扬中全岛台区分钟级感知”能源互联网示范区。

在电能质量方面，聚焦分布式光伏大规模并网后，产生电压越限、谐波超标等可能对电能质量产生影响的问题，开展主变压器、线路、台区、用户四级分布式光伏电能质量分层监测，通过建设电能质量可视化管理平台，对分布式光伏规模化接入后的电能质量进行监测评估、溯源定位与决策治理全过程管理，努力打造国家电网公司“配电网电压无功和技术降损管理标杆示范区”。

在配电自动化方面，聚焦传统单一电源配电网到有源多向潮流配电网转变后可能对配电自动化保护产生影响的问题，针对性开展高比例分布式电源、储能接入下配电网的故障特征与保护适应性分析，实现分布式光伏高比例渗透下配电网的自愈恢复，形成分布式电源接入对配电自动化保护影响专题报告。目前已成功申报省公司“整县光伏接入配电网故障特征识别关键技术研究”科技项目。

在配电网运检方面，聚焦扬中高比例分布式光伏接入后呈现典型有源配电网的现状，针对传统运检管理手段难以适应新形态、新要求的问题，深入研究有源配电网运维检修管理新要求和工程建设新模式，正在编制《国家电网公司分布式光伏配电网侧运维检修管理规定》等相关规章制度和技术标准，填补新型配电网设备运维管理的空白。

在配电网调度方面，传统的配电网调度并未延伸至台区级设备，但随着分布式光伏、储能等新设备的接入，将对传统配电网产生影响。因此，国网镇江供电公司探索研究多种新元素接入后的台区调度管理新模式。目前正在建设国家电网公司首批“台区自治统一调度”示范区，持续提升配电网调度精益化程度。

（二）强化五类设备保障，构建新型电力系统硬件基础

五类设备保障可分为两类基础设备保障与三类分布式可调节新设备保障。两类基础设备保障，即“融合终端、通信网络”保障。国网镇江供电公司积极开展融合终端实用化示范区建设，以数字化技术手段充分挖掘数据价值，通过以太网口及RS 485通信、集中器伴听、新型融合终端试点等方式，结合工单驱动和移动应用，进一步推进低压精益化运维，同时深挖融合终端业务应用，充分发挥融合终端在台区的测控中枢作用。三类分布式光伏消纳新设备即柔性互联设备、储能设备和“光储充直柔”微网。国网镇江供电公司通过运

用交直流混联、绿电存储、分布式资源接入“三种手段”打造四个样板场景，试点区域内分布式光伏接入承载力和消纳能力显著提升。

（三）探索四条技术路线，论证可观可测最优方案

对营销用电信息采集系统直采、区域基准站、台区融合终端采集以及加装采集终端等方式的可行性、经济性和准确性进行充分研究论证，最终采取以扬中配电网格为单元，选取具备站内预测功能的全额上网光伏电站和营配贯通的典型光伏台区为基准站，运用基准站技术路线，推算出网格化光伏集群实时出力及预测出力的技术方案。

（四）推进三个平台建设，搭建新型电力系统软件架构

“三个平台”包括两个应用平台和一个展示平台。两个应用平台即新型电力系统分布式资源管控平台和配网数字化管控平台。建设具备“源网荷储”互动功能的分布式资源管控平台，全面支撑清洁高效、安全可控的新型电力系统建设。同时，建设汇集供电可靠性、配电自动化、故障监控等功能于一体的配电网数字化管控平台，持续助力新型电力系统管理运维。一个展示平台即新型电力系统专题展厅。通过建设新型电力系统展示大厅，从“促消纳、管全域、降碳耗、立标准、看未来”五个方向，对扬中新型电力系统示范区建设进行了全方位、多角度的介绍。

三、实施成效

国网镇江供电公司通过新型电力系统示范区建设，在“光储充直柔”高效微网、光伏台区无功优化与电压控制、闭环电压治理等方面取得了显著成效。

在“光储充直柔”高效微网方面。依托微网中的分布式储能装置，通过单点控制对局部电网进行调节支援，发挥储能的削峰填谷、需求响应作用；通过电力电子器件的控制，利用储能冗余容量实现无功调节，实现对电网运行的精准优化。分段运行时，各台区能效较交流组网模式，最高可提升5.9%。互联运行时，台区整体能效较交流组网模式，最高可提升4.7%，减少交直流变换环节、直流源荷就地平衡，微网系统整体效率可提升2%～5%，提高配电变压器负荷率、无功优化、避免光伏长距离倒送消纳，损耗降低可达25%。在供电质量提升方面，光储充协同运行，平抑光伏、充电桩功率波动产生的电能质量问题，改善台区电压质量，电压合格率提升至99%以上。

在光伏台区无功优化与电压控制方面。利用分布式光伏接入的分散性和逆变器的双向

无功出力，解决大量分布式光伏接入后造成的台区高电压等问题，实现“小投入、大产出”，对配电网技术降损和无功电压精益化管理水平提升起到了积极作用。

在闭环电压治理方面。自2022年2月实施闭环电压治理以来，依托工单驱动业务，有效处理了扬中地区朝阳5号变压器等171台配电变压器关口电压越限的问题，关口电压越限配电变压器占比由6.68%降至1.34%。

基于推进电能替代的多元信息政企联动体系建设

国网扬州供电公司

鉴于电能替代涉及面广、相关方的需求信息不对称、信息互动不及时等普遍存在的问题，国网扬州供电公司构建基于多元信息互动的电能替代政企联动体系。该体系改变了电能替代工作相关方互动不足的状况，宏观层面整合政府、供电企业、用户的三方诉求，构建信息互通的合作共赢平台，微观上组建内外协同的电能替代政企联动柔性团队，建立电能替代潜力评估模型和清洁替代潜力评估模型，量化评估电能替代项目的效益与潜力。以实现国家“双碳”目标为导向，以满足用户合理需求为宗旨，以数字化手段保障信息流的及时性，形成“政府强有力支撑—供电企业全方位服务—用户多领域提升”的良性工作质态，共同推进城市绿色发展，打造城市电气化示范新亮点。

一、工作背景

电能具有清洁、便利和高效等优点，电网企业在节能减排、污染治理、绿色替代等方面发挥重要作用。近年来我国逐步开展了以“以电代煤、以电代油、电从远方来”为核心内容的电能替代工作，为节能减排作出了巨大贡献。大规模发展可再生能源，以电能替代其他化石能源已成为响应我国“双碳”目标的有效路径。

二、工作思路及举措

（一）整合优势资源，深化传统服务内涵

国网扬州供电公司拓展传统营销业务流程，将电能替代相关业务融入营销信息系统，拓

宽信息来源渠道，优化工作流程。深入研究传统电力服务场景，将电能替代作为其中一环嵌入服务流程，在业扩报装场景下为不同类型的用户提供定向方案推荐，如小区“地源热泵”系统、建材行业电窑炉设备等，将目标用户信息录入营销系统，发起电能替代潜力项目业务流程，形成业扩转化工单，进一步前移潜力挖掘环节；在现场用检场景下挖掘用户节能减排潜力，日常巡视时重点关注客户主要用能设备的“老化”年限，了解客户更换计划，根据用户设备和用能情况填写电能替代潜力调研表，录入营销信息系统，形成用检转化工单；在窗口服务场景下宣传替代的新技术与新应用，了解居民客户的真实需求，推广高效节能的智能家居，录入营销系统，形成窗口转化工单。公司内部不断强化对电能替代全过程跟踪管控，做到发现问题及时规范；全力管控项目可能发生的风险情况，确保流程流转及时，把握项目推广最佳时间；建立重大项目定期讨论协商制度，全面协调流程各岗位关系，及时处理流程中出现的问题；按期开展工作自查，确保顺利发掘电能替代项目并推动实施。

（二）聚焦能源互联，构建政企联动机制

电能替代工作涉及政府、供电公司与用户三方，三方需要交互的信息量巨大，包含数据流、业务流和资金流等。在替代推广过程中，也需要政府部门出台支撑和补贴类政策来推动相关工作的良性发展。为进一步快速获取三方信息，国网扬州供电公司搭建了多元信息互动平台，三方联动数字化平台框架图如图1所示。通过“政府—供电企业—终端用户”

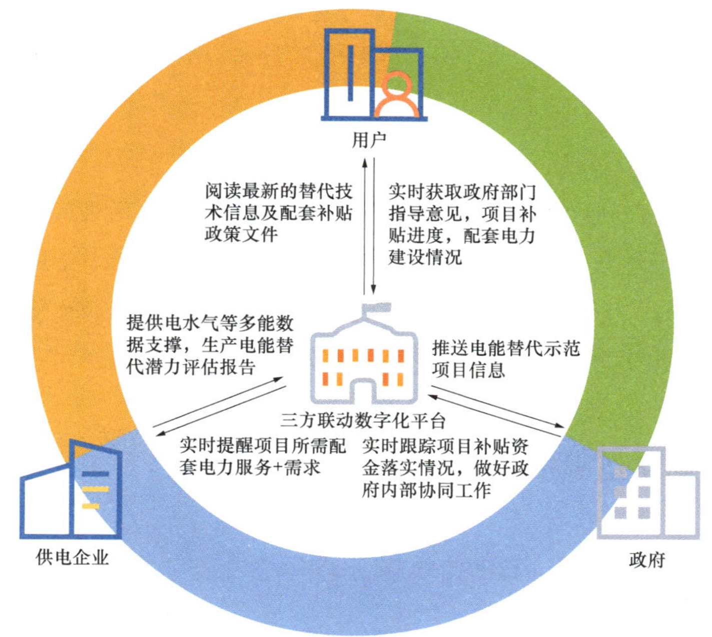

图1　三方联动数字化平台框架图

三方间多元信息传递平台，实现相关信息的及时传递推送，并据此做出合理化工作建议，用户在阅读平台宣传内容后对电能替代设备形成基本了解，在此基础上可以向平台自发提出电能替代项目申请，平台向国网扬州供电公司获取清洁替代所需评估数据后，自动生成电能替代潜力评估报告与清洁替代潜力评估报告，选取优化后的政策建议，并将报告与政策建议递交至政府侧，便于政府侧及时做出批复与审查。由此形成了一个较为完整的三方联动闭环过程。同时，政府侧与国网扬州供电公司在平台内可使用集群化工作交流沟通模式，在建议的沟通频率下加快电能替代项目审批进度，缩短审批时间，为电能替代项目有效落地按下“快捷键”。

（三）明确工作流程，提高联动运行效率

国网扬州供电公司坚持以“政府牵头，供电企业配合，优势互补”的指导方针做好用户服务工作。特别是替代用户补贴发放方面，依据“建成验收，先建后补”原则，改造用户向所在区域政府部门提交电能替代补贴申请表及替代设备购置发票等相关附件，政府部门联合供电企业进行联合验收，验收合格后由政府财务部门发放补贴。在政府补贴替代设备投资方面之外，国网扬州供电公司还聚焦配电网建设改造和项目运行两个方面助力用户降低改造成本。在配电网建设改造方面，落实省公司对客户因电能替代引起的外线接入工程由供电公司投资建设的精神，对替代改造引起的配套电网工程开通“绿色通道”，快速响应、简化流程、缩短客户接电成本。用户运行容量在200千伏以下的可以接入公用变压器，减少专用变压器投资费用。在项目运行方面，按度电使用成本争取政府奖励政策，争取专项优惠价格政策让利于客户，引导客户使用蓄能技术充分利用低谷电，推进电能替代项目参与市场化交易，进一步降低电能替代项目运行费用。

（四）坚持跟踪管理，保障替代持续发展

建立替代全闭环管理机制，对每个替代项目进行事后回访跟踪，完善工作台账，建立“受理—处理—办结—跟踪回访—归档”全闭环办理链条，提升服务质效，确保每个替代项目都落到实处。通过闭环管控，实施电能替代项目的客户持续开展回访服务，跟踪客户实施效果，反馈使用效果及建议。根据情况扩充案例库，与上游厂商反映存在的问题和客户提出的宝贵建议，推动电能替代设备升级，更适合客户的使用习惯，提升客户满意度。实施全面督查与专项督查相结合，具体工作中采取目标管理的清单式动态考核管理模式，提高工作精准度和实效性。以“正向激励”促改进，突出特色亮点工作，对于优秀的工作案例加大宣传，对优秀的推广人员加大绩效激励，对优秀的工作措施加大引导。建立典型案

例库，深入研究关键技术，建立案例库和优化策略库，就组合优化、效果评价等多方面的关键技术进行精细化的研究，实现效果的综合提升。对于有初步意愿的客户，可以联系已成功实施的客户，让老客户“现身说法”，组织有改造需求的客户进行实地参观、感受，增强其对推广设备的感知和认可，增强新客户做出电能替代项目决策的信心。

三、实施成效

实现多层级政策出台，国网扬州供电公司主动向政府多次专题汇报，促成市级八部门联合发布《关于进一步推进电能替代工作的实施方案》，推动节能环保、便捷高效的新型终端电能消费市场。在细分领域，推动市级相关政府部门出台《关于在全市学校推广全电食堂的通知》和《扬州市燃煤粮食烘干炉清洁热源改造实施方案》等，助力城市绿色发展。实现多领域示范打造，普及应用各类节能新技术，累计推动远扬国际电动“龙门吊”、中远海运绿色工厂、江都商城高效建筑、百汇园智慧黑莓产业园、“互联网+”智能家居体验厅、趣园全电厨房等400余个亮点示范，覆盖交通运输、工业生产、民用建筑、农业生产、居民生活、电力供应与消费等多领域。实现行业上下游培育，牵头成立扬州能效服务产业联盟，开展全方位合作，推动产业集群发展，与清华大学、东南大学等科研院校深度合作，创新研发智慧养殖监控平台、自动烹饪机器人等电能替代新技术，夯实“产—学—研—用”链条，为用户提供初步方案设计、项目实施、运营分析全流程电气化专业服务。实现绿色风尚引领，与中央电视台、新华社等主流媒体保持良性互动，推动典型经验以专题报道及视频等方式在更广的范围内传播，扩大电能替代工作影响力。2022年实现省级以上媒体宣传超50次，国家级媒体宣传超10次。

微碳慧能　助力打造近零碳园区

国网盐城供电公司

国网盐城供电公司贯彻落实国网江苏电力工作要求，为加快推动公司在国企改革方面走深走实，按照国家电网公司国企改革三年行动的部署要求，以构建“具有中国特色国际领先的能源互联网企业”战略目标为统领，以完善中国特色现代企业制度为主线，以建设新型电力系统一体化园区为目标，在提升能效、推动能源消费绿色转型和盘活新能源资产方面积极探索，打造智慧能源、智慧零碳和智慧园区三大管理板块，搭建“微碳慧能”园区平台，助力清洁能源高比例消纳，提升园区管理效能，促进低碳发展，推动产业升级，激发企业活力，增强创新动能，持续提升国网盐城供电公司的核心竞争力、创新力、控制力、影响力和抗风险能力。

一、工作背景

2021年3月15日，习近平总书记在中央财经委第九次会议上提出，构建新型电力系统，为电力领域的转型升级指明了方向，也为电能的可持续发展提供了方案。由于部分碳排放发生在园区，构建集“能源设备实时监测、碳排放全景管理、智慧便捷通行管理、微电网智能协调控制”等多功能于一体的微碳慧能产业园区刻不容缓。

二、工作思路及举措

（一）打造智慧能源示范点

国网盐城供电公司有效开发分布式光伏和风电，形成“自发自用，余电上网”的高比例新能源供应体系，推动园区用电由“传统能源”向“新能源”转型。利用园区建筑屋顶建设屋顶光伏、多形式小型风机，充分挖掘区域内风光资源。结合园区景观绿化空间布置发电步道、光伏伞、压力步道、幕墙光伏等新型发电设备，不断提升清洁能源配置能力，建成多个绿色模板。

在园区生产仓储方面，建成省内首批零碳智慧仓储，推动园区全电生产，各车间配套设备全面电气化；在园区交通方面，部署V2G充电桩和交流有序充电桩，推广纯电动新能源汽车使用；在办公生活方面，建成国网盐城供电公司首个“智慧全电厨房”，积极打造绿色低碳办公场所。

（二）引进智慧微碳新技术

国网盐城供电公司按照新型电力系统发展要求，统筹考虑新能源消纳及多能互补有效利用，积极探索新型电力系统配电网“自治自愈”发展的具体实践。采用融合通信基站、信息发布大屏和环境信息采集终端的多功能路灯，加强园区5G和Wi-Fi信号全覆盖，满足光伏、充电桩等规模化建设和源网荷储协同控制需求。建设模块化数据中心，融合能源信息与建筑智能化，将园区内建筑弱电智能化终端、安防监控设备和环境采集装置所采集的信息和园区综合能源管理平台融合贯通，减少数据的重复采集，全面打造数字化园区。搭建零碳智慧园区平台，集成园区楼宇能效管理、分布式能源调度、园区安防监控和综合能源业务办理等功能，为园区运营方、建设方和使用方提供多层级全方位的服务基础。园区具备三大特色亮点：

一是规划新理念。园区在规划阶段引入华为独创的零碳专项、能源专项和数字化专项三元转型方法论，运用BIM等设计软件统筹园区冷、热、电、气等管网规划和设计，为未来新能源建设打下基础。

二是配置新格局。根据产业规划，以微碳慧能园区建设为出发点，进一步挖掘园区内清洁能源，重点加强柔性交直流配电网建设，通过智能双向能量路由器实现园区两段交流母线柔性互联，提高分布式光伏、风电等新能源的就地消纳能力。

三是管理新手段。构建风、光、水、储、冷、热、电多能协同运行的综合能源管控平台，实现园区碳排放的实时监测和数据的可追溯、防篡改，大幅提高数据质量，提高能源综合利用效率，从机制、可靠性、能耗、能效维度优化能源网格“自治自愈”水平。

（三）探索智慧园区新模式

国网盐城供电公司创新性地采用合同能源管理方式全额投资项目，通过研究园区冷、热等多种能源交易模式，实现基于综合能源服务的增供扩销，延伸产业链、塑造生态链。

依托零碳智慧园区平台，搭建“电数据”和“碳数据”之间的数字化高速通道，研究企业参与碳市场的计量认证体系，形成可用于交易的产业园区碳资产管理机制，开发个人、企业碳账户，研究微观碳市场建设可行性。试点传统业务转型和新兴业务布局，实现商业模式示范应用，推动实现园区资产的碳价值变现，打造综合能源服务体系。

三、实施成效

目前，园区建设得到了行业内外多方面的关心和关注，也得到了很多机构和组织的认可和肯定，与华为共同合作的“智慧零碳园区解决方案”获得国际电信联盟（ITU）2022年信息社会世界首脑峰会“WSIS Prizes 2022冠军奖”，并纳入工业和信息化部中国信息通信研究院及工业互联网联盟“数字技术赋能碳中和”案例，入选联合国工业发展组织和全球环境基金（GEF）“中国新能源汽车与可再生能源综合应用商业化推广”项目（实践之一），成为国网江苏电力“能源互联网示范园区”及产业融合科创实践基地。

园区建设清洁能源占比预期将超过85%，远超国家绿建三星标准，整体节约电能预计超过400万千瓦时，可实现效益超过360万元。这中间，新能源发电装机容量达1.65兆瓦，贡献超过300万千瓦时电能。地源热泵相较传统多联机系统，交直流微网及园区智慧管理等目标实现年节能100万千瓦时。全年累计减少碳排放有望超过5600吨。为促进园区经验可复制，可推广，依照能源网架、信息支撑和价值创造形成三个维度的评价指标体系，用可量化的指标值（见表1）体现园区能源发展和使用水平。

表1　评价指标体系表

维度	序号	关键指标	指标值
能源网架	1	清洁能源供应占比	85%
	2	绿色电力消费量占总电耗比重	60%
	3	直流LED照明普及率	100%
	4	冷热系统整体能效	>3.5
	5	园区终端电能占比	100%
	6	园区内电动汽车车桩比	1：1
信息支撑	7	园区智能终端覆盖率	100%
	8	数据采集准确率	95%
	9	线上业务办理率	90%

续表

维度	序号	关键指标	指标值
信息支撑	10	运维响应时间	＜10分钟
	11	光纤/5G覆盖率	100%
价值创造	12	单位GDP能耗	0.3吨标准煤/万元GDP
	13	绿色出行比例	40%
	14	员工满意度	90%

依托“微碳慧能”平台，搭建“能源数据”与“碳数据”数字化坚强底座，以电为中心，通过风光储协同优化提升新能源可信出力，形成以光伏、热泵为主体的电、冷、热多能互补。通过智能化管理优化能源转换，提高能源使用效率，以“全覆盖、全要素”的数智管控与绿色节能低碳的深度融合，提高园区柔性可调负荷比例，为后续园区综合能源管理系统开展虚拟电厂服务奠定基础。

在保障园区基本用能的前提下，一方面为园区用能企业提供更加安全、可靠、可控的能源供应，实现分布式光伏投资者、高耗能企业、电网企业等多方主体的经济利益最大化。园区综合分布式清洁能源也不再单纯依赖传统的发电上网获取收益，更可以通过将持有的分布式清洁能源转化为可交易碳资产，实现清洁能源的碳增值。

未来，国网盐城供电公司将进一步巩固深化提质增效长效机制，紧紧围绕构建新型电力系统，服务“双碳”目标，激发园区数字化创新活力，推动园区的运行运营质量变革、效率变革和动力变革，打造国内领先、世界一流的园区基地标杆，构建“绿色低碳、现代智慧”的智慧园区运营管理服务体系。推动能源产业转型升级，通过改革创新，增加公司在能源资源优化配置中发挥的作用。

基于“四个体系”建设的安全管理模式

国网宿迁供电公司

为着力解决在安全管理中存在的管控盲点、管理缺位等问题，国网宿迁供电公司研究并确定从理念层到准则层到措施层的纵向贯通思路，构建集责任落实、现场管控、风险管理、安全宣教“四个体系”于一体的安全管理模式，创新实践建清单“明责”、明制度“履责”等典型经验，同时修订完善各项创新措施所涉及的制度规范，优化配置作业现场“全透明”安全管控系统等多项先进技术，确保安全管理创新工作有序、高效推进。

一、工作背景

（一）新时代党中央对安全管理提出新要求

近年来，以习近平同志为核心的党中央高度重视安全生产工作，多次强调必须坚定不移保障安全发展，狠抓安全生产责任制落实，强化“党政同责、一岗双责、失职追责”。大力弘扬生命至上、安全第一的思想，健全公共安全体系，完善安全生产责任制，坚决遏制重特大安全事故，提升防灾减灾救灾能力。《中共中央　国务院关于推进安全生产领域改革发展的意见》提出要牢固树立新发展理念，坚持安全第一、预防为主、综合治理的方针，切实增强安全防范治理能力。

（二）网省公司对电网安全生产作出新部署

国家电网公司要求各级要认真贯彻习近平总书记关于安全生产的重要论述，坚持以人民为中心的发展思想，坚持人民至上、生命至上，统筹发展和安全，统筹保供和转型，坚决扛起安全责任，全面强化安全管理，抓紧抓实各项措施，坚决守牢安全底线。国网江苏电力努力在国家电网公司系统站排头、当先锋、作表率，坚持“争先领先率先”，以更高标准、更高站位推动国家电网公司党组各项决策部署率先落地实践，要求各级单位系统务实抓好安全生产，不断夯实安全基层基础。

（三）国网宿迁供电公司的安全生产工作面临新问题

从外部来看，随着电网结构日趋复杂、建设任务逐渐加大等因素的影响，安全管理出现了电网风险压力大、外破隐患增多、用户安全隐患多等新形势；从内部管理来看，国网宿迁供电公司的安全管理技能和方法有了很大的提高，但是还存在先进理论引入不足、系统思维能力不够等问题。

二、工作思路及举措

构建集责任落实、现场管控、风险管理、安全宣教“四个体系”于一体的安全管理模式，同时修订完善各项创新措施所涉及的制度规范，优化配置作业现场“全透明”安全管控系统等多项先进技术，确保安全管理创新工作有序、高效推进。

（一）工作思路

国网宿迁供电公司面对地区负荷增长快速、电力建设繁重、电网风险加大、作业现场复杂等日趋复杂的外部环境，借鉴生态学、系统管理等先进理论，吸收生态系统的整体性思维、关系思维、动态思维等理念，立足电网安全生产特征，聚焦责任落实、现场管控、风险管理、安全宣教4个重点领域，明晰各领域的具体措施，即“责任落实”体系涵盖建清单“明责”、学制度“履责”、严考核“问责”，“现场管控”体系建立“321”安全管控、“线路长”防外破、“消防、安防、防外破”联动等工作机制，“风险管理”体系重点管“人”督查到岗到位、管“点”强化现场监督、管“源”紧盯风险防范，“安全宣教”体系要求用“故事”来感召人、用“案例”来教育人、用“活动”来引导人，从而构建涵盖理念层、准则层、措施层的电网安全管控体系（如图1所示）。

（二）具体举措

1.聚焦职责不清，实施“责任落实”体系

（1）建清单“明责”。坚持“刀刃向内、自我曝光、问题导向、动真碰硬”的工作态度，严格落实安全生产责任制，全面梳理机构调整和安全职责变化情况，对2022版全员安

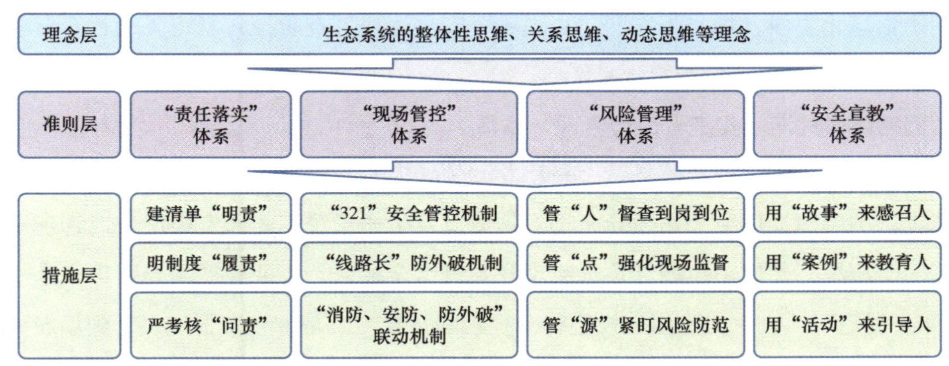

图1 “四个体系”安全管理工作思路示意图

全责任清单进行全面修订细化，构建包含公司24个机构、599个岗位的安全职责体系，通过5个环节强化安全责任清单的渗透作用。

（2）明制度“履责”。进一步完善公司各级安委会、安全分析会、安全网例会、班组安全日活动等例行工作制度，严肃工作纪律，并注重工作质量，加强各级主要领导、分管领导的职责任务，加强会议的策划和组织，提高专题分析比重，并做到会议内容有纪要，会议部署的工作任务有反馈。完善安全工作督办制度，同时充分利用安全简报、网络等，通报专项活动、安全任务的落实情况，保证活动有效开展和任务真正落实。

（3）严考核“问责”。坚持常规现场巡回监督，各级安全督察组根据生产计划，制订月、周、日安全督察计划，对当日的重点作业现场进行督察，使安全督察工作始终处于高压态势。制定《安全奖积分考核管理办法》，加大对“现场”和对“管理”两个维度的“反违章”督查。

2.解决监控盲点，实施“现场管控”体系

建立“321”安全管控机制。“3”即建立“三个机制”。一是建立领导跟班学习机制，即国网宿迁供电公司领导班子成员通过问答式安全互动、工作情景再现式安全模拟、现身说法式安全分享等形式，每月至少一次深入基层，参与一线班组安全学习。二是建立违章曝光机制，利用安全通报、网页、电视大屏等形式，采取文字、图片、视频等手段，将基建、检修、技改、配农网施工作业等现场发生的违章行为进行公布、通报。三是建立总经理与违章员工面对面谈心谈话机制，通过总经理与违章人员、违章班组、违章部门负责人联合约谈的形式，强化安全警示教育，杜绝违章行为的发生。“2”即开展“两项活动”。一是开展“班组零违章有激励”活动，从“安全零违章奖”和“百票无差错奖”两个维度进行奖励。二是开展《党员身边无违章》活动。以“小切口、大众化、正能量”为主线，开展“勇当安全先锋，牢筑安全堡垒”党员身边无违章专题活动。“1”即实施“一项手段”。

充分利用信息化手段，加强配农网“小现场”安全远程督查防控，制定《远程安全督查管理机制》，实现作业现场督查的全覆盖。

3.坚持防微杜渐，实施“风险管理”体系

（1）管“人”强化现场监督。一是建立“领导人”挂班组机制。明确领导干部班组管理责任区，国网宿迁供电公司领导班子全体成员及生产系统职能部室中层以上管理人员每人挂钩两个班组，基层单位领导班子实现联系班组全覆盖，定期开展领导跟班安全学习和“三联系三促进”活动，对班组建设进行全程跟踪指导。二是督查“管理人”到场履责。对照公司《管理人员到岗到位细则》，加强对配农网、基建、设备启动等现场到岗到位情况的督查管控，重点对管理人员现场履职、管理人员到岗到位等执行情况，强化管理层的安全责任落实。三是严管“外包人”违章行为。建立外包人员上岗考试、二维码入场等工作常态，增强外包队伍约束力。完善业务外包评价细则，明确外包队伍、人员的准入条件、持证上岗、违章记分等相关措施。加强外包队伍“负面清单”管理，约谈外包单位负责人，将外包单位违章扣分同步纳入履约评价。

（2）管“点”强化隐患整治。一是严查“隐患点”。通过新增入侵式抓拍机1610套，实现重要输电通道隐患点实时监控。砍伐通道内外超高树木24万余棵。二是严查“缺陷点”。按照“一患一档”要求，落实整治措施，完成220千伏变电站老旧设备集中检修、“五防”系统升级改造和交直流系统隐患排查整改。通过提前预测有效治理重超载设备。

（3）管“源”紧盯风险防范。一是管控电网风险源。按照先降后控的原则，对电网检修、临时和过渡运行方式开展安全风险分析，积极与政府相关部门做好对接和报备，最大限度降低电网安全风险。二是管控外破风险源。出台《国网宿迁供电公司面向全市安全生产有奖举报工作方案》，落实全市110千伏及以上通道周边施工作业塔吊及流动起重机防外破管控措施，进一步完善人防、技防、物防措施。开展外破源“追缴追责”行动。管控用户风险源。开展用户安全用电检查，定期复查高危用户、危化品企业、群租房安全隐患，及时向政府主管部门报备，发放用电安全告知书，持续开展重要用户全停风险压降专项排查整治。

4.拓宽宣传渠道，实施“安全宣教”体系

（1）用“故事”来感召人。一是实施“安全故事”征集。以“安全生产月”和“安全生产万里行”活动为契机，通过开展征集安全信条、安全主题宣讲、拍摄安全微电影、招募“青年党员安全宣教队”等系列安全活动，策划制作有深度、有温度、有共鸣的安全故事作品，营造浓厚的安全氛围。二是创新“安全故事”载体。国网宿迁供电公司创新制作的《十不干快板说》和《我的老伙伴》微电影，连续两年被国家电网公司《电网安全》期

刊收录，并由中国电力出版社出版发行。三是做好“安全故事”宣传。以国网宿迁供电公司生产单位党支部为主体，发挥基层党组织的独特作用，利用“三会一课”等形式开展常规安全教育，开展“安全故事”主题宣传，树立牢固的安全生产观念。

（2）用“案例”来教育人。一是警示教育“事故案例”。定期收集、整理系统内外一些典型事故和现场违章案例，制作成安全警示教育展板、张贴画，在各基层单位进行巡回展览；编印《典型事故、违章案例集》，组织员工根据自身专业特点和现场工作实际，举一反三，严格落实安全风险防范措施，防止同类型事故、违章在自己的身边发生。二是学习借鉴“先进案例”。深度挖掘、总结、提炼安全工作中好的做法、好的经验，形成一批有亮点、有特色、有内容且成效明显、具有学习借鉴意义的安全工作创新案例，开展“学案例、护春检”活动，组织一线人员参观安全教育室。三是宣传推广“典型案例”。利用微信、短信，推送电力设施保护案例；充分利用电视、报纸、新媒体等宣传媒体加强案例宣传，在宿迁电视台“政务时空”“楚风夜话”等栏目专题宣传《破坏电力设施，领刑两年》的外破惩治典型案例，形成防外破高压态势。

（3）用“活动”来引导人。建立党员安全宣教队，以“小切口、大众化、正能量”为主线，重点从“强化组织督导、突出骨干引领、创新安全宣教”三个方面，开展“筑好安全堡垒，当好安全先锋”党员身边无违章专题活动。

三、实施成效

通过“四个体系”建设，构筑了新型安全观，聚焦了地市公司在安全生产方面面临的电网风险压力增加等外部问题与传统管理模式束缚等内部问题，打造了集责任落实、现场管控、风险管理、安全宣教于一体的安全管理模式，在各个维度都取得了突出的管理效益。主要包括以下方面：

（一）全员安全职责日趋清晰

国网宿迁供电公司第一时间结合安全生产规章制度调整、机构、岗位变动情况，修订完善了全员安全责任清单，准确划分新业务、新机构、新岗位的职责界面，编制了60项安全工作重点任务清单，明晰了各方职责。

（二）现场生产作业全面监控

通过创新实施“321”安全管控工作机制，安全责任清单进一步应用深化，安全生态理念进一步压实，班组基层基础建设进一步强化；“全透明”安全管控系统有力支撑“科技强安”战略部署；实践“线路长”防外破工作机制，2020年以来，共向发改委等主管部门报备、处置输电通道内超高树木13173处、变电站周边危险源24处，促请政府下发了《关于开展电力线路通道清理工作的通知》《关于进一步做好变电站周边安全隐患整治工作的通知》等文件。

（三）安全隐患源头有力整改

严查“作业人、外包人”，将人身安全贯穿于安全生产全过程，有力落实以人为本的理念。严查“缺陷点、作业点”和“风险源、危险源”，确保及时整改现场缺陷、杜绝危险源头，2020年以来，国网宿迁供电公司共开展安全督察1965次，督察现场1470个，查处各类违章425起，经济考核80余万元。

（四）安全文化引领深入人心

先后推出了“护航复工”“趣味安全课堂”“两宣传一对接”“制作一份微信宣传推文”等一系列活动，以更为活泼、新颖的形式督促管理人员学习法规制度、强化安全责任落实、规范员工的安全行为，强化了安全生产主动履责的意识。

美好未来　乘蜂而至——“电蜜蜂”品牌创塑

国网无锡供电公司

2013年，国网无锡供电公司效仿蜜蜂与自然界共生的行为模式，创建“电蜜蜂”品牌，广泛实施电力医生、电力先锋等六项履责行动，通过将品牌建设与公司发展有机结合，达到提升企业综合价值、点亮无锡品质生活的双赢目标。

2021年，以国家电网公司“十四五”品牌发展规划为指引，国网无锡供电公司以现有的“电蜜蜂”品牌为基础，重塑品牌理念、焕新品牌形象、创新工作模式、践行品牌文化，将国家电网公司新时期战略目标转化为公众能理解、能接受、能认同的理念与行动。

经过十年的探索实践，“电蜜蜂”品牌已全面融入国网无锡供电公司企业发展与全员认同，成为国网无锡供电公司的精神符号。为国家电网公司实现“品牌价值国际领先”贡献无锡方案，打造品牌建设示范标杆。

一、工作背景

（一）仿效自然　“电蜜蜂”应运而生

蜜蜂是世界上最古老、最具个性、最聪明、最文明的物种之一，在地球上已生存1.2亿年之久。蜜蜂采蜜、酿蜜，促进植物繁衍的同时，也为自己带来了更多的花源。蜜蜂的这种与自然界和谐共生的生存模式被誉为一种负责任的生存模式，是地球上可持续生存发展模式的典范。

作为服务无锡地方经济社会发展的能源支撑产业，国网无锡供电公司将“蜜蜂”与“电力”相联系，将履行社会责任与企业发展有机结合，持续提升社会责任管理水平，扩大自身影响力，在影响他人的同时，达到提升自己、点亮无锡品质生活的双赢目标。2013～2015

年，国网无锡供电公司全面整合已有的电力延伸服务、公益活动、社会责任推广活动、品牌策划活动等现有资源，形成统一的“电蜜蜂”履责品牌。在2016～2020年期间，无锡供电公司不断丰富“电蜜蜂”品牌内涵，广泛实施电力医生、电力先锋等行动，赢得社会各界认可，“电蜜蜂”品牌进入黄金发展期，影响力进一步扩大，品牌价值得到提升。

（二）国家电网公司战略促生“电蜜蜂”焕新出发

“双碳”目标倒逼能源发展必须加快转型，电网发展必须加快升级。同年，国家电网公司提出了建设具有中国特色国际领先的能源互联网企业的战略目标。国家电网公司战略赋予国网无锡供电公司新的内涵，企业多元化发展催生着品牌体系的丰富和完善，“电蜜蜂”焕新成为当务之急。作为国家电网品牌生态体系的组成部分和公司品牌工作的重要抓手，焕新后的“电蜜蜂”品牌，承载国家电网品牌理念和无锡人文气质，以更加亲切感知、友好互动的特性，将国家电网公司新时期战略目标转化为公众能理解、能接受、能认同的理念与行动。

二、工作思路及举措

（一）价值引领，重塑品牌理念

“品牌价值”是企业软实力的重要标志，也是外部衡量企业综合实力的重要方面。国网无锡供电公司按照国资委对中央企业“做强做优、世界一流”的目标要求，以助力企业“综合价值创造最大化”和“国网品牌价值最大化”为总目标，引领推动品牌建设工作与企业发展同步规划、同步实施，与各项重点工作统一部署、协同推进，全力支撑国家电网公司品牌战略在无锡落地实践。

“电蜜蜂”品牌理念体系（如图1所示）让受众明确、清晰地识别并记住“电蜜蜂”品牌的利益点，并成为驱动受众认知、认同、崇尚“电蜜蜂”品牌的主要力量，其中包含品牌定位、品牌内涵、品牌精神与品牌口号。

（二）整合资源，焕新品牌形象

进入新发展阶段，为保持和提升企业竞争力，无锡供电公司准确把握创新、协调、绿色、开放、共享发展理念，坚持用好各类品牌载体，凝聚各方共识，推动价值共创，建立崭新的品牌形象（如图2、图3所示）。

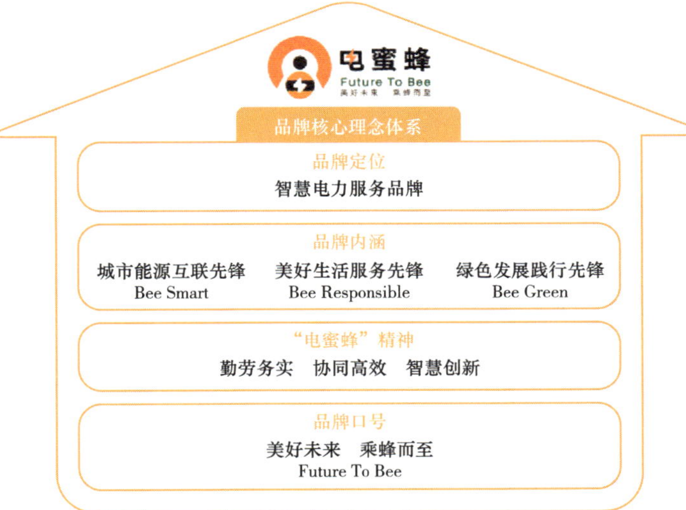

图1 "电蜜蜂"品牌核心理念体系

图2 "电蜜蜂"标志标准化使用规范

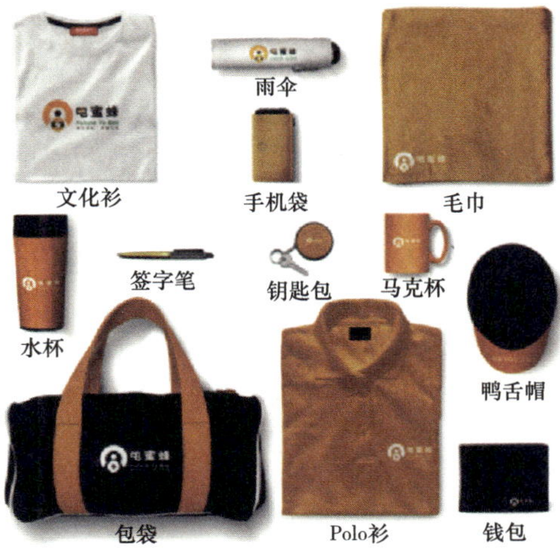

图3 "电蜜蜂"文创产品应用展示

国网无锡供电公司选择以一只附着在开关上的蜜蜂作为标志主体，一方面蜜蜂是具有可持续发展理念的生物，另一方面象征电蜜蜂是点亮美好未来的使者，透射出旺盛的生命力、年轻的力量。蜜蜂上带有“闪电”标志，彰显电力属性，寓意国网无锡供电公司打造坚强智能电网为社会提供可靠可信赖能源的服务本质。设计色彩明亮，象征美好、希望和光明的未来，寓意国网无锡供电公司积极构建城市能源互联网、为人民的生活提供服务，推动企业、社会、环境和谐发展的美好未来。

（三）精准定位，创新工作模型

国网无锡供电公司立足地方、行业和企业实际，聚焦“中国特色”“国际领先”，探索符合市情、网情、企情的品牌建设之路，创新打造品牌工作蜂巢模型（如图4所示），努力争取社会各方的品牌认同、情感认同和价值认同，营造良好发展环境，凝聚内外发展合力，为美好生活充电、为美丽中国赋能。

图4 “电蜜蜂”品牌工作蜂巢模型

“电蜜蜂”品牌全面承接国家电网公司战略部署和国网江苏电力战略布局，将“具有中国特色国际领先的能源互联网企业”作为瞄准目标，不断强化与政府、客户、员工、合作伙伴、社会公众、生态环境六大利益相关方的关系，积极打造城市能源互联先锋、美好生活服务先锋和绿色发展践行先锋三个形象，致力于讲好服务无锡地方经济保障的故事、能源革命实践的故事、美好生活服务的故事，充分把握探源、采蜜、酿蜜、传粉四大品牌建设环节（如图5所示），有序推进各项工作的展开，形成管理闭环。

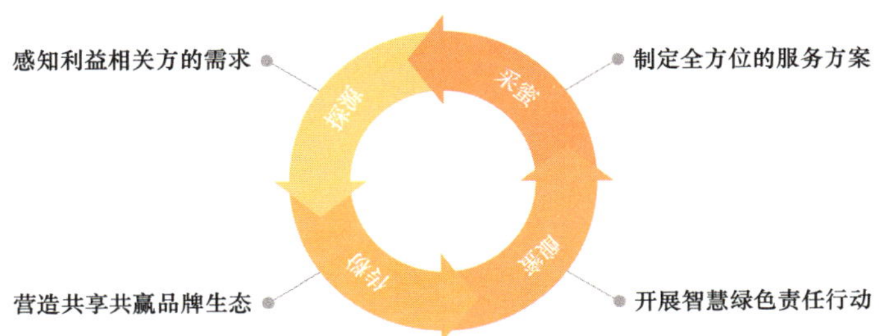

探源	感知利益相关方的需求：从任务、过程和角色三个维度，全面梳理日常业务涉及的利益相关方。综合考虑各方在电网建设、营销服务等各专业，项目准备、启动、计划、实施和收尾等全过程，所承担的参与者、关注者或受益者等角色特性，梳理出利益相关方的需求。
采蜜	制订全方位的服务方案：依据各种渠道对资源进行收集、整理和分类，向目标人群提供和推荐相关信息，以满足其需求。打破传统的被动服务模式，充分利用各种资源优势，主动制定全方位服务方案。
酿蜜	开展智慧绿色责任行动：围绕“能源互联、美好生活、绿色发展”主题，积极开展打造智慧坚强电网、配电网升级改造、乡村振兴、绿色出行等具体行动。
传粉	营造共享共赢品牌生态：通过回应各利益相关方的需求，携手助力无锡地方经济建设，营造与企业内外部环境共享共赢的品牌生态。

图5　品牌建设四个环节

（四）友好互动，践行品牌文化

实施蜜蜂行动，提升品牌价值。国网无锡供电公司聚焦“能源互联”“美好生活”“绿色发展”，不断落实提升“电蜜蜂”品牌影响力、品牌生命力、品牌支撑力、品牌美誉度的*N*项具体举措（见表1），塑造可信、可亲、可敬品牌。

表1　*N*项行动具体落实情况

行动方向	序号	行动名称	落实情况
城市能源互联先锋	1	“智慧运维”行动	致力于将电网技术与数字技术有效融合，推动生产作业在线化、移动化、透明化，支撑基层业务由人工运检向智慧运检转变，重点开展市南集控站、经开区输电智慧线路示范区及五湖配电示范区三项数字化转型试点建设，实现电网运行最优、用户感受最优，充分体现电蜜蜂品牌的“智慧”特征
	2	“电蜜蜂”智库	在能源生产、转换、传输、消费、交易等各个环节实现信息互联互通，推动能源数字化应用升级，应用综合能效分析手段实现能源消费端能效提升，以能源智慧配置实现信息互联互通提升能源资源配置能力，推动能源价值共赢共享，挖掘能源基础设施和数据价值，拓展业务应用，培育新业态、开拓新市场
	3	“电基石”科创行动	通过组建“电基石”柔性青年创新团队，培育学习型、创新型、专家型青年人才，进一步推进科技成果转化，使公司持续保持创新能力；通过营造创新氛围，整合创新资源拓宽青年参加创新项目的渠道；助力城市能源互联网建设，推动“双碳”目标实现，为“电蜜蜂”品牌注入活力
	4	“电互联”行动	利用“数字化技术+能源互联网”技术开展综合能源托管，提升用户能源利用水平；通过人工智能技术在设备改造最小化的前提下实现各类设备的信息化、自动化和智能化，开创了集控制、节能、能效审计等功能于一体的能源托管新时代

续表

行动方向	序号	行动名称	落实情况
美好生活服务先锋	5	“电靓美丽乡村”行动	通过更科学地规划建设农村电网和实施电力设备美化工程，打造布局更合理、结构更优化、运维更智能的“美丽乡村”优质电网；通过支撑乡村清洁能源发展，助力农村地区实现“碳中和”“碳达峰”；通过深入开展农村志愿服务行动，构建新型城乡关系，推进城乡文明一体发展
	6	“电靓锡城”行动	对无锡核心城区、主干道路、地标建筑、旅游景区等户外配电线路设备进行全面焕新升级。同时，积极配合无锡宜居住区建设对纳入市政府计划改造的旧住宅区，同步改造配电设施，助力营造安全、舒适、便利、适老的居住环境，不断打造标准化、精细化、特色化的“城市家具”样板
	7	“最优电力营商环境”行动	立足对标世界一流运维管理，开展便民利企项目，升级“锡电特快”服务，建设“开门接电”示范区，提升用电效能、优化服务举措、降低用电成本．致力于提升政府、客户感知。最大限度压环节、减时间、降成本，提高供电可靠性，打造“获得电力”新高地
	8	“文明实践”蜜蜂行动	累计开展现场用电“义诊”730多次，解决各类用电问题3000多个，为宜兴城区范围内34个老小区，共计8141余个楼道的照明设施进行集中改造维修，亮化率达100%；固定联系孤寡老人700多户，形成一系列具有特色的品牌活动。面向社会举办文明故事大赛，发掘出《宜兴老爸与宜川女儿》等优秀作品，进一步扩大文明故事传播影响力
绿色发展践行先锋	9	“绿网降碳”行动	通过引入区外清洁电力能源，有效满足无锡用能刚性增长需求，促进无锡能源结构转型，实现清洁低碳发展。依托清舒110千伏变电站新建工程试点打造国内首座“零碳”变电站，加强低碳关键技术研究与应用，高质量推进绿色低碳建设，助力构建以新能源为主体的新型电力系统
	10	“绿色太湖”行动	推进船舶电动化，提高蓝藻和湖泛防控能力，提升用电能效，促进工业产业结构绿色转型，实施居民电气化，提升城乡生活污染治理水平，实施农业电气化，削减农业生产污染负荷，打造精品示范工程，提升重点区域生态治理，推进电力物联，以信息化手段促进流域生态修复
	11	“长江大保护”行动	通过建设长江沿岸、江阴市锡澄运河及各长江支流岸电站，安装单相交流岸电桩，供来往船只同时充电，积极参与分散式风电项目，提供一体化能源综合解决方案实现港口从发电到用电的全方位绿色发展，有效推动绿色能源使用
	12	“绿色出行”行动	服务用户充电建设运营充电站286座，充电桩2233台，年均提供充电服务30万车次，减少燃油消耗750万升；依托“网上国网”App，实现用户线上办理买车—建桩—充电一站式全流程服务，打通了充电运营商、车企及监管平台数据壁垒，为市民实现“绿色出行”做好基础保障

建设“电蜜蜂”小站，优化品牌体验。国网无锡供电公司打造六类特色“电蜜蜂小站”，与品牌相关方友好互动，形成品牌发展合力，提供多元化、精准化、品质化的品牌体验。

“蜂巢移动小站”，让社区更和谐；“电蜜蜂书记工作站”，让乡村更美丽；“电蜜蜂驿站”，让城市更温暖；“电蜜蜂能源站”，让用能更省心；“电蜜蜂零碳能源共享e站”，让生活更低碳；“电蜜蜂护鸟站”，让护鸟更专业。站站有温度，事事总关情，将贴心服务送出去，把市民百姓请进来。

三、实施成效

（一）提升服务水平，点亮幸福生活

国网无锡供电公司聚焦政府关心、民众关切，积极开展履责行动，不断提升服务水平，

塑造在无锡地区具有代表性的电力企业品牌形象，点亮城乡居民幸福生活。在“电蜜蜂”理念的指引下，国网无锡供电公司全面整合现有不同品牌服务活动形式，将其纳入“电蜜蜂”社会责任品牌体系，形成诸如“电蜜蜂——希望来吧”“电蜜蜂——希望双子星”“电蜜蜂——小小新闻发言人”等品牌活动。“电蜜蜂”小站建设情况如图6所示。这不仅丰富了“电蜜蜂”责任品牌履责活动的内容和形式，也增强了活动本身的影响时间和程度。一方面，以统一的品牌运作体系更规范、快捷地回应了百姓的各种诉求，提供了高品质的贴心服务，为其解决各类用电生活难题；另一方面，切实提升国网无锡供电公司优质服务水平，树立了公司履责新形象，提振“争第一、当排头”的精气神，大大提高了国网无锡供电公司的社会美誉度。

图6 “电蜜蜂”小站建设情况

（二）强化对外沟通，助推企业发展

“电蜜蜂”品牌使履责行动内涵更为丰富，受众面更为广泛，更好地联动协调并利用现有的各项社会组织资源，强化了社会责任组织机构与各部室之间的有效衔接。通过构建媒体交流互动渠道，引导媒体参与到“电蜜蜂”的各项履责实践中，充分调动了媒体这一关键利益相关方参与品牌专属活动的积极性，使其以不同角色（报道者和参与者）发挥更大的积极作用，实现了凝聚和引领全员实践蜜蜂与自然界和谐共生的行为模式，也实现了锡电人与社会和谐共进的价值追求。2021年9月11日，无锡日报、江南晚报、无锡商报、无锡电视台等多家主要新闻媒体记者在国网无锡供电公司相关负责人的陪同下亲临多个“电力美容”现场，为广大无锡市民“验收”“电蜜蜂”电力美容主题行动成效。

（三）创造社会价值，绘就美好未来

十年来，“蜜蜂行动”走过的地方，都将“国家电网”责任央企的形象传播四方，得到了社会各界的高度评价。国网无锡供电公司将优化营商环境作为服务地方发展、落实上级战略的支点，连续三年发布优化电力营商环境行动方案，树立营商环境新标杆，助力无锡市“获得电力”指标连续两年排名全省第一；服务绿色太湖建设，推动船舶电动化，提升工业能效，实施居民、农业电气化，助力实现“碳达峰、碳中和”目标；全面推进乡村振兴，形成“1点示范5项特色”规划格局，实施“杆线融景”网架改造47处，推动15项“智慧能源”项目。与无锡阳山桃源村结对实施“最美乡村在桃源”企村联建项目，专门组建“特派书记团”，成立“蜜蜂护桃”工作站，实施“党建铸魂”“基础提升”“绿色桃源”三大行动，积极推进新能源应用、配电网升级、乡村电气化等，助力美丽乡村建设，进一步深耕“电蜜蜂”品牌形象，绘就企业与社会共同发展的美好未来。

用“五四三”管理构建共产党员服务队品牌建设长效机制

国网南通供电公司

国电江苏电力国网如东县供电公司退役军人共产党员服务队（简称党员服务队）成立于2001年7月，是江苏省电力系统首支共产党员服务队。建队之初，党员服务队以退役军人为骨干，以军人作风为准则，以为民服务为初心，尽职奉献，解决当地群众急难愁盼，深得百姓赞扬爱戴，成为一面不曾褪色的旗帜。近年来，国网如东县供电公司以推动创新管理为目标，探索构建党员服务队“五四三”管理体系，助推公司党建品牌落地深植。

一、工作背景

20世纪70年代以来，一群青年怀着保家卫国的梦想参军入伍。在党和部队的教育培养下，他们在军营成长成才，坚守在党和人民最需要的战斗岗位，奉献了最美好的青春年华。铁打的营盘流水的兵，服役期满，他们又带着部队的光荣传统来到国网如东县供电公司，走向地方经济建设的“第二战场”，2001年7月，国网江苏电力首支为民服务队正式成立，目前，已形成以共产党员为骨干、依托城区3个专业组、乡镇14支供电所分队共计30名退役军人、共产党员、青年骨干的专业服务团队，他们扎根在基层、奋战在一线，用真情守护万家灯火（如图1所示）。

二、工作思路及举措

（一）工作思路

开展共产党员服务队品质提升专项行动，高标准抓好党员服务队建设，通过构建

图1　如东退役军人共产党员服务队

“五四三”管理体系，内强素质、外塑形象，进一步增强党员服务队先进性、示范性和凝聚力、战斗力，以实际行动做好电力先行官、架起党群连心桥，奋力在具有中国特色国际领先的能源互联网企业建设中当表率做示范。

（二）工作举措

1.强化“五统一”标准，塑造品牌形象

一是统一服务范围。围绕重点项目、民生工程和重要用户的用电需求，为客户提供电力故障抢修服务，开辟绿色通道，压缩业扩报装时限，保障工程项目投产。以“五进”活动为载体，开展社区文明共建、电力知识科普、美丽乡村建设等各类志愿服务（如图2所示）。定期走访帮扶孤寡老人、残疾人、特困户等社会弱势群体，义务帮助解决用电和生活难题。开展电力体检服务，向企业提供“主动式”服务，提供科学合理的用电方案，促进节能降耗、降本增效（如图3所示）。开展增值服务，对超出工作规定范围内的客户疑难，按首问负责制原则，主动协调解决，确保客户满意。二是统一形象标识。严格落实国家电网公司要求，统一身着印有“国家电网江苏电力共产党员服务队”标识的规范红马甲，头戴红色安全帽，实行挂牌上岗服务，强化队员身份意识，增强品牌知名度。三是统一工作规范。修订《抢修岗位工作职责》《共产党员服务队内务规定》等8项主要管理制度，制定《标准化作业指导书》《抢修作业标准化指导卡》等管理标准，每月编印党员服务队月报。实行准军事化管理，苦练本领砺精兵，每日进行内务整理，每月组织业务比武，每年开展军事训练，始终保持临战状态，实现队伍管理标准化、规范化、

精益化。四是统一环境建设。打造共产党员服务队文化展厅（如图4所示），对班组阵地、班组小家、备品备件仓库、值班室、工具间等场所进行升级改造，为各类抢修车辆划分专用区域，严格服务队日常管理。五是统一文化理念。以“统一活动日”“班组微讲堂”活动为载体，常态化开展战略体系学习宣贯，有力推动战略目标落地实践。以行为信条建设为重点，开展企业文化示范点创建，提炼“快让老百姓的灯亮起来”的工作信条，组织员工制订个人行动计划书，建立信条落地管理举措，以潜移默化的方式促进队伍人心凝聚和行为习惯养成。

图2　志愿服务进校园

图3　主动服务电力客户

图4　共产党员服务队文化展厅

2. 落实“四着力”措施，拓展品牌内涵

一是着力强化支部建设。成立党员服务队党支部，编制“五个标准化”建设清单，严格落实“三会一课”制度，以“统一活动日”为平台，组织党员“过政治生日”，开展红色实景党课和主题党日活动，高标准开展党员责任区、示范岗创建，实行党员“记实管理、积分考核”，切实打造坚强支部战斗堡垒。二是着力扩大组织队伍。严格按照国家电网共产党员服务队管理办法，实行队员注册制，在原队伍建制基础上拓展队伍编制和服务内容，融入退役军人特色，将公司退役军人、优秀党员编入队伍中，对业绩突出、表现优异的员工，择优入选服务队，建立队伍后备人才库，持续充实队伍力量。三是着力实施创新驱动。成立党员服务队创新工作室，针对日常工作中遇到的问题，集团队智慧攻坚克难，推动服务逐步由“后知后觉”向“同知同觉”“先知先觉”转变，努力做到“不停电就是最好的服务”。四是着力加强品牌宣传。组织中国作家协会的作家、江苏广电总台的编剧与队员同吃同住、体验生活，创作三集广播连续剧、拍摄纪实类微电影《团圆》、推出《旗帜》报告文学，让文艺作品成为塑造传唱典型形象的重要载体。抓住建党日、建军节、国庆节等重要时间节点，春节、重阳、中秋等重点传统节日，组织服务队走进军营结对共建（如图5所示），“回家”探望烈士父母，开展“中国好人”帮扶“中国好人”等活动，紧扣“退役军人共产党员服务队”品牌开展典型宣传，《缪恒生　实干是最好的语言》《江苏退役军人抗击疫情纪实》《军魂党心，迎风逆行》《为民初心点亮万家灯火》被中央电视台、新华社、《新华日报》《光明日报》等主流媒体刊登报道。

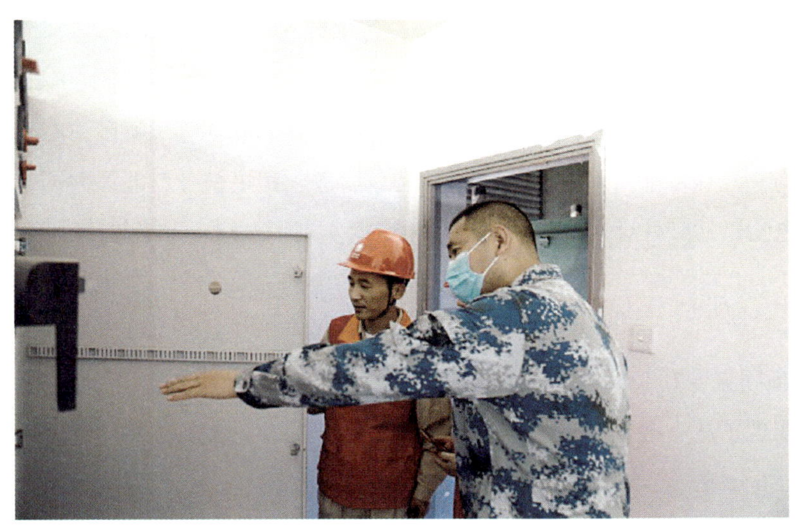

图5　送服务进军营

3. 实施“三自”管理，激发品牌活力

一是建立行为信条，实现自我定格。结合专业特点和品牌特色，推动行为信条落地，建立“快接单、快研判、快备料、快到达、快复电”的“五快”抢修工作法，组织队员制订个人行动计划书，定期召开“班组微讲堂”，以身边人讲述身边事的方式交流心得、挖掘亮点，评选“知行之星”，以典型示范引领队伍建设，以思想自觉引领行动自觉。二是制订落地举措，实现自我提升。制订“二十四节气表”，明确党员服务队的全年重点目标任务。每年开展一次军事训练，每半年组织一次专业技能考试，每季开展一次反事故演习，多维度强化团队技能水平。每月召开工作例会，由队员汇报工作，剖析不足并制定改进措施，促进工作效能提升。三是推行考评制度，实现自主管理。围绕“月度工作、重大活动保电、重大项目参与、重要客户服务、特殊事件处理、统一专项活动”等关键指标建立分队积分评价制度，注重过程监督和动态评估，每月对分队各项工作开展情况进行百分制评价和排名，年底根据得分排名情况，评选出6支优秀分队、6名优秀队员，通过鼓励先进、鞭策后进的办法，持续提升党员服务队工作质效，实现自主管理的良性循环。

三、实施成效

（一）促社会效益提升

2001年来，累计受理各类求助电话8.2万多个，提供现场服务5万多次，受益群众近30

万人次。95598投诉工单数量从2014年的79份，下降至2021年的3份，同比下降96.05%，2022年投诉意见同比降低54.9%，降幅为全市最高。群众满意率始终为100%。近三年，主动为如东104个重点开工项目、50个重点竣工项目、34个重点达产项目和13个重点储备项目提供“一对一”跟踪服务和“一企一策”特色服务。积极服务新能源并网，2022年，如东新能源发电量已达到社会用电总量1.58倍，首次实现了“绿电”净输出。

（二）做创新创效标杆

取得26项国家专利和37项群众创新成果奖，利用无人机精细化巡检，设计出标准化作业指导书，实现了从一把扳手钳子到带电作业。定期更新“抢修地图”，平均到达抢修现场时间随之缩短6分钟。

（三）树社会公益品牌

在老山战友的带动下，成立“余新明爱心大使馆”，先后结对帮扶200多名参战军人、伤残军人和生活困难老兵。成立“爱心帮扶专项基金”，帮扶慰问孤寡老人、贫困学子等特殊人群300多人，提供亲情服务2万多次。

党员服务队先后获得全国“最美退役军人”首个集体、全国学雷锋活动示范点、中华慈善奖“慈善楷模”、全国用户满意服务明星班组、全国模范职工小家、中国好人、江苏“时代楷模”等27项省级以上荣誉称号，事迹得到了人民日报、新华社、中央电视台、解放军报等新闻媒体的关注报道。

“城市大脑”电力驾驶舱之电力数据辅助劳动关系预警监测分析

国网常州供电公司

国网常州供电公司与常州市人力资源和社会保障局开展合作，利用电力大数据监测企业欠薪风险水平，实现监管模式由被动转向主动。国网常州供电公司将全市两万余户高压用电企业纳入监测范围，借助电网数据中台各类数据资源，分析企业生产经营用电情况，挖掘疑似存在欠薪风险的企业。电力大数据技术代替传统人工摸排手段，给劳动监察执法工作带来了新思路，大幅提升了基层执法人员的工作效率并实现主动监管和防控。通过这样的政企跨界合作，实现了社会治理手段的创新，是国网常州供电公司运用大数据辅助政府现代化治理的又一创新探索。

一、工作背景

让劳动者体面地工作、有尊严地获取报酬，是文明社会的基本特征。但是，在城市化进程加快和市场经济迅速发展的过程中，拖欠劳动者薪酬事件时有发生，2021年江苏省全省法院审结各类欠薪民事案件4194件，包含刑事公诉58件、民事支持起诉3748件，向行政机关发出检察建议27件，帮助追索劳动报酬约1.87亿元。

2020年5月1日，《保障农民工工资支付条例》开始施行。根据条例规定，县级以上地方人民政府应当建立农民工工资支付监控预警平台。电力大数据的实时准确性，能在发现企业欠费停电、生产力大幅下降等异常情况时，及时给劳动监察部门预警，在企业出现欠薪苗头时及时堵住漏洞，防止拖欠工资等各类非法用工事件发生，实现监管模式由被动转向主动。电力数据辅助劳动关系预警监测分析是国网常州供电公司运用大数据辅助政府现代化治理的又一创新探索。

二、工作思路及举措

（一）企业生产力水平监测分析

按权重将电量同比、电量环比进行线性组合，构建生产力增长指数，基于统计分析方法，利用生产力增长指数对企业生产力水平进行预警等级划分。用户生产力监测预警分析图如图1所示。

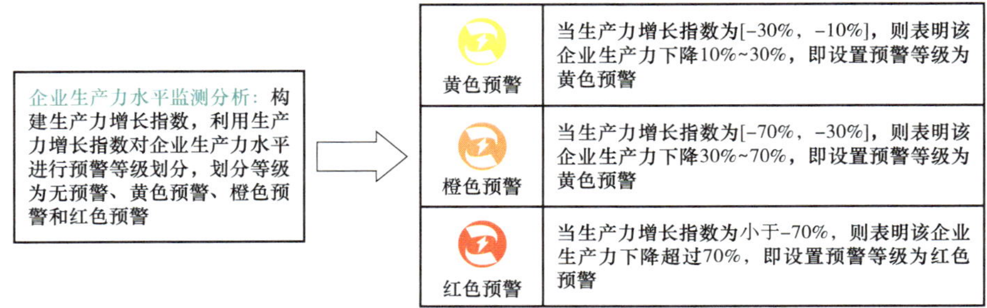

图1　用户生产力监测预警分析图

（二）企业异常用电监测分析

通过对企业的欠费行为、欠费停电行为以及窃电行为等方面进行监测分析，输出企业欠费、欠费停电、窃电、用电容量变更的清单明细，实现异常状况预警，帮助相关政府部门及时发现企业异常经营状况。

1. 企业欠费监测分析

针对月度欠费金额1万元以上的企业用户，根据当月欠费金额除以当月应收电费额，构建月度企业欠费占比，基于统计分析方法，对企业欠费占比进行预警等级划分，构建相应的阈值规则，根据规则分别划分为不预警、黄色预警、橙色预警和红色预警。

2. 企业欠费停电监测分析

针对企业欠费并停电用户进行监测，在一个统计周期内计算企业累计欠费停电次数，基于统计分析方法，对企业的欠费停电行为进行预警等级划分，根据规则分别划分为不预警、黄色预警、橙色预警和红色预警。

3. 企业窃电行为监测分析

以电力数据为依托，利用XGBoost算法等大数据技术，构建企业窃电智能识别模型，识别非设备自然损耗原因引起的电量损失，精准识别窃电用户，输出疑似窃电用户清单，模型构建流程图如图2所示。

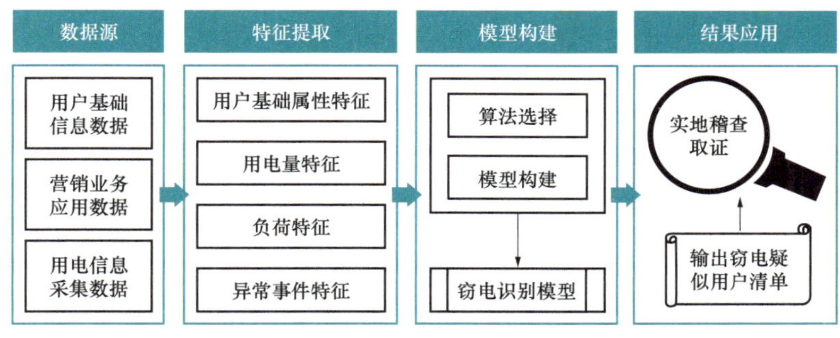

图2　窃电模型构建流程图

结合窃电识别模型输出结果，将预测概率在[0.8，1]，(0.5，0.8)，(0，0.5]范围内将电能表分为三种风险等级：高风险、中风险、低风险，分别代表红色预警、橙色预警和黄色预警，预测不会窃电的则为无预警等级。

4. 企业用电容量变更情况监测分析

针对临时性减容达到一个月以上的企业进行监测，根据企业当月是否申请拆除、当月是否申请暂停、一个统计周期内（从年初累计开始算起）企业累计减容次数，对企业用电容量变更情况进行预警等级划分。预警等级划分规则如下：若当月是否申请拆除为“否”，当月是否申请暂停为“否”，并且一个统计周期内企业累计减容次数不大于3时，则预警等级为无预警；若当月是否申请暂停为“否”，当月是否申请拆除为“否”，一个统计周期内企业累计减容次数大于3，则预警等级为黄色预警；若当月是否申请暂停为“是”，当月是否申请拆除为“否”，则预警等级为橙色预警；若当月是否申请拆除为“是”，则预警等级为红色预警。用电容量变更情况监测预警分析图如图3所示。

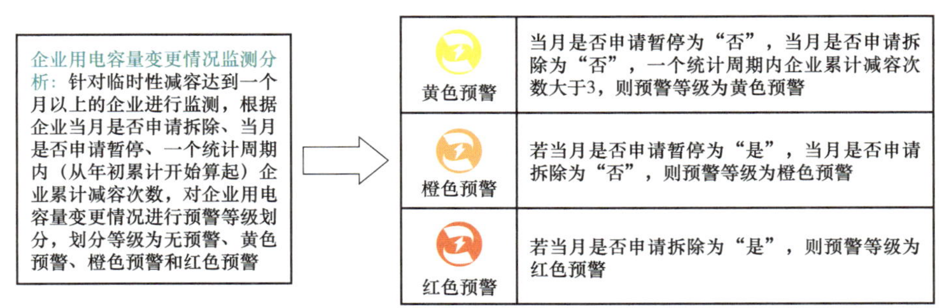

图3　用电容量变更情况监测预警分析图

（三）临时用电企业监测分析

主要从非房屋建筑行业、房屋建筑行业这两个行业类别，对装表临时用电的企业进行监测，监测是否正常用电开工，提供异常用电开工的企业清单。

针对非房屋建筑行业临时用电企业，利用当月电量与合同容量构建容量利用率。基于统计分析方法，根据容量利用率对非房屋建筑行业临时用电开工情况进行预警等级划分，根据规则分别划分为不预警、黄色预警、橙色预警和红色预警。

针对房屋建筑行业临时用电企业，利用当月电量与前12个月电量最大值的差异度构建用电开工差异度指标。基于统计分析方法，根据用电开工差异度对房屋建筑行业临时用电开工情况进行预警等级划分，根据规则分别划分为不预警、黄色预警、橙色预警和红色预警。

（四）应用场景

该成果主要面向政府部门，可同时提供线上线下服务，线上提供PC端查询、数据接口等方式，线下提供统计分析结果、分析报告服务方式。目前国网常州供电公司已与常州市人力资源和社会保障局（简称常州市人社局）签署服务协议，通过数据接口方式，定期传输相关的分析结果，如图4所示。

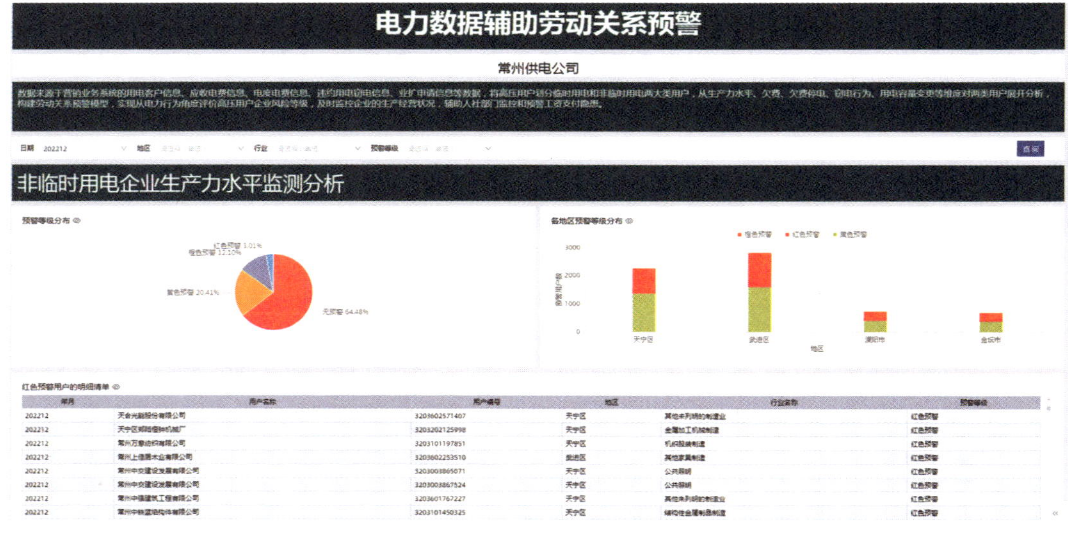

图4　中台场景图（一）

图4　中台场景图（二）

三、实施成效

常州市人社局与国网常州供电公司签订“劳动关系+电力大数据”战略合作框架协议。双方致力于推进企业劳资数据与电力数据相融合的研究及数据交互，运用信息化和大数据技术，创新社会治理，保障地方经济发展和社会稳定。

自双方合作以来，国网常州供电公司已通过电力大数据对常州全市22344户高压用户先行开展试点监测。自应用上线以来累计预警欠薪风险用户45户，经劳动监察部门走访和现场核查后，共确认2户存在欠薪情况，其他用户均存在经营困难情况。其中，常州天雄照明科技有限公司连续三个月电量分别下降43%、68%、80%，综合分析该户生产力水平已大幅下降，达到红色预警水平。劳动监察部门收到预警后，组织对该企业进行核查，发现其拖欠64名职工多达260余万工资，依法向当地人民法院申请强制执行，并将该企业列入“拖欠农民工工资黑名单”。

2021年9月26日，国网常州供电公司收到来自常州市人社局的感谢信，对常州公司科技互联网部及营销部在“常州市劳动关系运行监测平台”（如图5所示）建设工作中提供数据支撑表示感谢。常州市人社局在感谢信中表示，国网常州供电公司相关部门主动对接，沟通需求，积极发挥电力大数据在监测企业生产经营相关指标变化方面的价值应用，运用信息化和大数据技术，监测预警企业生产异常情况，辅助劳动监察部门从源头堵住欠薪漏洞，助力提升劳动关系预警的数字化和智能化发展，促进企业信用管理和诚信建设。

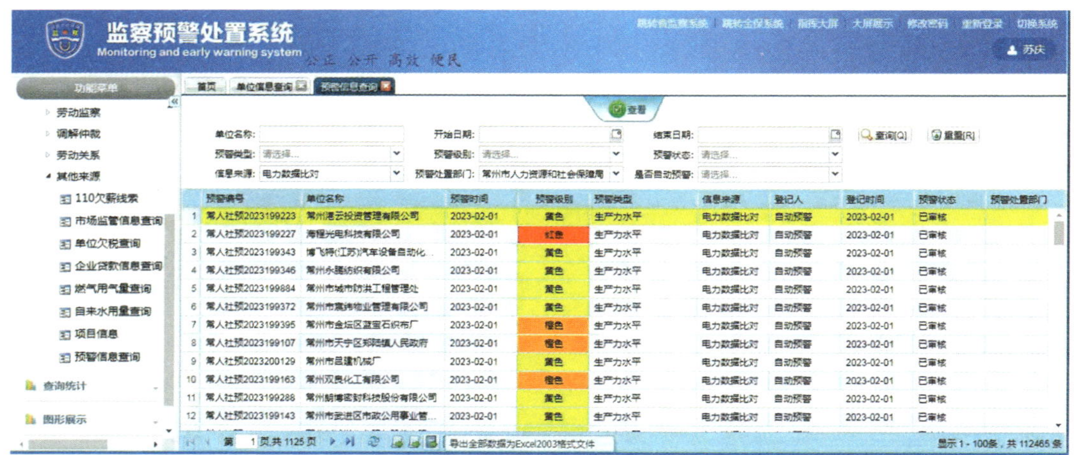

图5　劳动关系预警处置系统截图

2022年6月7日，常州市人力资源和社会保障局作出批示感谢，表示：“常州公司聚焦政府现代化治理，创新探索电力大数据辅助劳动关系预警监测，成效显著，彰显央企社会责任，望再接再厉，为助力常州社会治理现代化和高质量发展贡献电力智慧！”

该成果在2022“金钥匙”——面向SDG的中国行动评选中，获“人人惠享”赛道优胜奖，国内多家媒体报道，宣传了国网常州供电公司的良好形象并取得较好的社会效益。

以多方共赢为目标的“四合一”一体化创新支撑平台体系建设

国网宿迁供电公司

国网宿迁供电公司深刻思考国网战略与发展布局坚实落地、系统推进路径，结合宿迁地方能源结构、产业特色和发展机遇，创新开展地市公司一体化创新支撑平台建设与探索，以多方共赢为目标，聚力打造研究实践、生产支撑、人才集聚、双创服务“四合一”平台，培育对能源互联网建设、省管产业与新兴产业发展、数字转型升级、人才梯队培育、双创成果转化等业务的支撑能力，逐渐形成创新平台赋能、加速国网战略与发展布局落地的特色经验。

一、工作背景

习近平总书记明确提出我国2030年前碳达峰、2060年前碳中和新发展目标，以及深化电力体制改革，构建以新能源为主体的新型电力系统，为电网企业指明了新的方向。基层供电企业同时连接能源生产和消费，既是能源转型的重要环节，也是电力系统碳减排的重要枢纽，既要保障新能源大规模开发和高效利用，又要满足经济社会发展的用电需求。然而，基层供电企业仍存在制约其改革升级的诸多问题，以前烟囱林立式的业务发展模式制约了企业资源的整合和协同发展，多部门自研自用，资源重复建设，优质成果落地难、转化收益落实难，没有渠道形成企业创新优势。

因此，基层供电企业必须努力提升自身运营发展能力，着力推动电网向能源互联网转型升级，当好“双碳”理念的引领者、推动者和先行者。

二、工作思路及举措

国网宿迁供电公司紧抓内外部发展机遇，坚持“创新+平台+服务”协同发展模式，整合跨专业、跨领域资源，对内支撑核心业务贯通、加强创新能力及科技水平提升，对外赋能核心能力输出和业务转型升级，为政府、上下游企业、社会、科研院所提供平台服务，全面推动以多方共赢为目标的一体化创新平台体系建设，为公司转型发展筑基赋能。

（一）建立创新平台，推进产学研用贯通升级

国网宿迁供电公司充分整合系统资源，建成投运国网江苏电力智能配电网新技术研究与应用实验室。实验室总占地12000平方米，分为综合实验区、真型试验区和设备检测区，深入开展项目培育、综合实验、设备检测、真型试验等相关工作，着力打造配电领域高水平科技创新支撑平台。在实验室建设和运营进程中，国网宿迁供电公司不断尝试拓展实验室服务边界。在开展新设备测试和验证的过程中，逐渐形成了“入网检测+实证”“生产案例+科研”等生产运营支撑模式；在开展实验研究、积极推动项目实施的过程中，逐渐形成了“企外导师”“博士智囊团”等人才培养支撑模式；在开展产品功能试验、服务新产品试点转化的过程中，逐渐形成了配电网领域成果转化支撑模式。

在此基础上，国网宿迁供电公司进一步整合集成公司双创中心，成立“实验室+双创中心”融合创新生态基地，实现一体化运作，搭建集科技创新、生产运营、人才培养和成果转化“四个平台”于一体的“四合一”一体化创新支撑平台体系（如图1所示），业务从局部延展到全局，从垂直向水平协同发展。

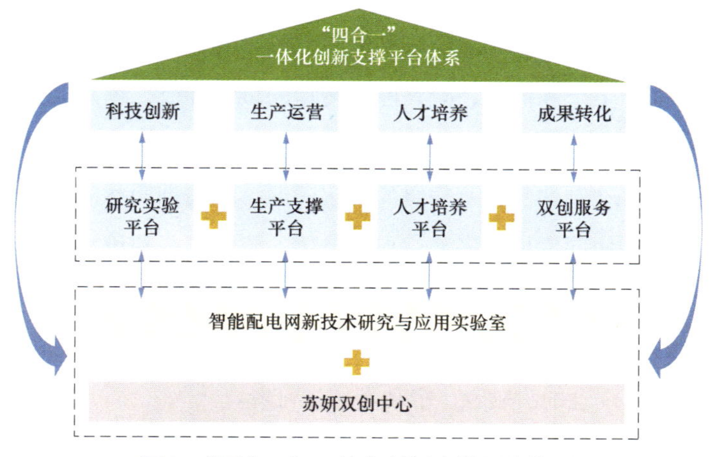

图1 “四合一”一体化创新支撑平台体系

第一个平台是研究实验平台。联合高校、科研院所协同攻关核心技术，促进前瞻项目研究落地；协助国重项目、国家电网公司科技项目研究实践，为电网高质量发展提供支撑。第二个平台是生产支撑平台。以技术实证为主线，包含电网规划、生产、营销等环节，为网架模拟与规划、设备测试与案例研究、故障反演与应答提供技术平台支撑。第三个平台是人才培养平台。以梯队建设为目标，多维度集聚项目、师资、前瞻性技术引进、实验设备等资源支撑，助力人才培养“知行合一”。第四个平台是双创服务平台。以成果转化为核心，开展“创意—样品—产品—商品”成果链式管理，前置创意孵化支撑，中置成果转化支撑，后置推广应用支撑，打造“一站式”服务平台体系。

（二）坚持开放共享，构筑创新平台服务能力

“四个平台”是一体化创新支撑平台的四个主要功能定位，是相互依存、相互补充、相互促进的发展落点。在此基础上，国网宿迁供电公司不断提升“四合一”平台对公司高质量发展、战略推进落地的服务支撑能力，积极探索平台赋能价值。

一是支撑电网生产运营，实现“主业赋能”。对于重要产业园区、重点供电区域的配电网设计，在实验室搭建网架，在电能质量、供电可靠性、抗灾能力、客户要求满意度等方面开展模拟运行分析和评价，并将实验室评价结果作为设计方案可行性研究评审的重要依据，确保区域网架规划合理，满足地方发展需求；通过开展生产案例研究，服务生产运行故障分析和疑难杂症技术攻关；通过参与项目方案审查，服务配电网项目评审；通过开展功能验证和挂网实证，服务新技术装备转化应用，充分发挥实验室对生产运行赋能价值。

二是推动数字化转型升级，实现“数字赋能”。在平台中引入电网大数据中台，推进电网产业数字化转型，开展电网大数据服务业务，实现数字化运营。将主、配电网及全市新能源网架运行数据接入创新平台，开展数据分析处理，构建数据管理、数据共享和数据质量管控等机制，健全公司数据资产管理体系。同时深挖数据价值潜力、培育数据增值新业态，从电力视角反映区域、产业、行业等不同层面的宏观情况，为政府决策提供依据，为商务拓展提供支持，为数字化转型升级提供不竭的发展动力。

三是开辟新兴业务发展路径，实现“产业赋能”。将平台价值创造能力向省管产业和新兴产业延伸，将两类产业作为公司成果转化推广的运营方，强化创新平台优质技术成果创新变现和应用增收能力，实现两类产业与创新相互呼应、融汇共进。为机械制造业提供产品实证探索，提升电力设备性能效率，提供最佳技术方案；针对行业热点问题，开展专项研究，引导行业产品优化方向；服务中小企业开展检测认证、产品推广孵化和研发；拓展业务边界，联系上下游厂家，发挥桥梁纽带作用。

四是推动科技项目转化落地，实现“创新赋能”。在创意孵化环节，优选公司创新团队，入驻平台创客空间，全力推进优质成果不断孵化。在转化应用环节，优选成果孵化样品，基于平台的动态模拟系统级验证系统和真型挂网实证系统，开展测试实证，完成产品定型。在市场推广环节，将双创中心提供的产品鉴定报告作为成果转化的必备条件，通过省公司双创中心孵化平台的联动支持，在全省范围推广自主成果。形成“创意—样品—产品—商品”成果转化链式管理，打造优质高效的创新成果转化生态。

三、实施成效

宿迁公司一体化创新支撑平台体系建设，实现新形势下企业管理“四个升级”。在技术能力升级方面，推进电压暂降、接地选线、配电网级差保护等生产案例研究成果落地，有效缓解现场一线难题，累计培育国家重点专项科技项目1项、国网江苏电力科技项目12项，获得国家电网公司专利奖二等奖1项，江苏省行业各级科技奖励8项、国网江苏电力各级科技奖励7项。在人才能力升级方面，构建了跨专业、多层次的高效协同的组织保障，为培育高质量复合专家人才提供坚强支撑。2021年以来培养技术经理人16人，科技攻关和数字化专家人才37人，打造了宿迁特色大数据分析柔性团队、“苏妍”创新团队和实验室非结构化青年创新团队。在创新研发能力升级方面，与天津大学、东南大学等6所高校共建联合实验室，并与中国矿业大学合作成立研究生工作站。在支撑产业单位业务能力升级方面，成功支撑宿迁公司省管产业单位开拓配电网产品入网检测业务，有效拓展宿迁思极科技分公司开展实验室资源对外商业运营业务，成功研发“轻量化网络隔离装置”等成果，已开展推广运营。

除此，依托平台现有资源，公司创新基地已成为宿迁市发明协会、宿迁市女科技工作者协会活动阵地，获批江苏省配电网创新工作室联盟盟主单位，基于众创空间吸引系统内4个创新团队签约入孵；获批宿迁市2020年科普教育基地，面向社会各界开放，充分发挥了平台社会价值。

完善协同创新体系　赋能经研业务发展

国网江苏经研院

围绕对能源转型发展的前瞻性和引领性需求，以及电力系统运行机理不断变化产生的不同程度的“本领恐慌”，形成新的经研创新体系。明确创新导向，通过构建业务、科技相互促进关系，强化公司系统内外成果输出质量，突破关键技术。夯实创新土壤，通过内部自评诊断和时程管控，构建全员全要素的创新生态圈，提升创新能力。发挥新型电力系统研究、决策支撑两个方面的既有领先优势，围绕电网规划、评审评价、设计管理等方面，构建一体化的创新架构，助力江苏新型电力系统建设。保障绘好“规划图”、当好“智囊团”，在技术成果和管理成熟度建设方面取得了显著成效。

一、工作背景

围绕省公司战略目标，构建业务与科技经研协同创新体系，实现管理赋能经研院新型电力系统建设，发挥科技注重支撑示范性项目落地和前瞻性技术研究与储备、业务咨询注重各项业务管理创新研究的各自优势，整合研究资源与力量，有力支撑省公司专业和江苏电网高质量发展，服务企业战略落地。解决人员能力不足问题，在不断完善经研创新体系的基础上，使创新成果取得突破，不断提升获奖质量数量。解决创新动能不足问题，增强员工特别是青年员工参与科技创新工作的热情，培养一批行业技术领域专家，树立经研院影响力。优化业务创新脱节问题，助力规划、设计和评审等领域创新从“跟跑”“并跑”向“示范领跑”的跨越，提升经研院业务管理的成熟度。

二、工作思路及举措

围绕“一体两翼生态圈”战略布局，结合经研院特色，研究基于业务和科技协同的创新体系，推进科研质量、效率、动力变革，促进新兴业务发展，培育壮大新动能，引领新型电力系统建设，推进经研院核心业务的持续提升。

（一）打造经研业务特色，建立协同创新机制

1. 立足经研业务定位

立足省公司智库及技术支撑定位，进一步聚焦“双碳”目标、“四新两高”江苏新型电力系统构建与发展，统筹创新研究与技术支撑，提升服务与支撑的主动与前瞻性。

做实重点专业支撑。做精做优规划，做细做实重大专题研究，强化重点技术预研和方案论证，以科学合理规划服务电网发展，有效保障未来电力供应安全可靠，扎实提升发展支撑效率。围绕数字智能电网建设和调控运行，以安全可靠、绿色低碳、数字智能为重点方向，抓好关键技术研究和深化应用。扎实提升评审、评价、设计各项业务管理能力与支撑技术，提高电网建设工作和电网业务支撑效率。

2. 打造协同创新体系

实现资源整合，发挥科技注重支撑示范性项目落地和前瞻性技术研究与储备，业务咨询注重各项业务管理创新研究的各自优势，整合研究资源与力量，形成双轮融合驱动。突出成果共享，以“科技+业务”双轮驱动，“创新成果”为导向，将科技和业务咨询统一扎口发展科技部管理，便于整体开展。构建技术聚合，紧密围绕国家电网公司和省公司“双碳”行动计划和“新型电力系统”建设战略布局，把握能源电力技术变革趋势，以支撑电力保供和能源转型为重点，促进科技攻关“顶层设计”与技术支撑“质效提升”良性耦合。

（二）创新组织保障体系，推进人员高效协同

1. 强化领导体系作用

建立科技委员会—科技工作组—核心专家组三层次的组织领导体系，形成科委会领导小组统一领导，科技工作组统筹管理，核心专家组牵头开展科研攻关的创新局面。构建柔性团队，锁定科技创新目标，推进领导作用的深化落地，形成以发展科技部归口管理，财务部和党建部协同配合的领导体系，全面开展各级科技项目组织协调、立项申报、招标采购、督导检查、配套计划支撑、经费核算与审计、验收等全过程管理工作，为科技创新工作发展提供坚强、长效的机制保障。

2. 建立创新激励机制

优化国网江苏经研院科技奖励模式，落实各级科技奖励办法，完善评奖流程，夯实高层领导对创新激励的引导和参与。滚动更新院科技创新奖励制度，形成重视创新能力、尊重创新人才、支持创新活动的良好氛围。

（三）聚焦经研发展重点，实现过程价值协同

1. 重点攻关技术布局

紧扣国网江苏电力发展战略与科技发展规划，加强顶层设计，不断审视经研院与电网发展面临的实际问题，聚焦“双碳”目标，重视新型电力系统、能源互联网、储能相关技术研究，深入开展项目储备，构建八大创新研究方向，以便锁定战略部署的重点，构建整体的行动计划。

2. 细化技术研发体系

建立科技项目储备培育机制，结合各业务中心特色、优势及需求，聚焦新型电力系统构建，加强技术攻关的系统性布局和关键核心技术的攻坚突破，滚动开展科技项目储备。立项环节加强顶层设计，实施科技战略布局，策划重点科技成果，兼顾后续奖项申报与转化应用；实施环节强化过程管控，推进预算执行，按月通报滞后项目，保证研究进度，开展项目督导，检查项目完成质量；验收环节严把验收标准，规范资料管理，依托专家力量完善项目创新内容。

3. 加强成果转化建设

协同各相关部门、中心从技术价值、经济价值、法律价值等方面开展项目创新成果转化价值评估工作，形成经研院创新成果转化目录，结合自身科研偏理论研究和战略咨询的特点，探索灵活、高效的转化方式，深挖已有专利和软著价值，形成咨询服务“硬通货”，深入贯彻落实国网江苏电力成果转化工作部署，挖掘现有创新资源，不断盘活现有资源，畅通成果向现实生产力转化的“最后一公里”，切实提升经研院成果转化能力。

（四）构建整体资源整合，夯实创新协同基础

1. 建设专家柔性团队

健全院内科技人才培养制度，全面落实省公司健全全员职业发展通道的指导意见、专家人才队伍建设管理规范要求。全面激发人才活力，加强高端、前端、尖端人才培养，充分发挥专家的学术引领和传帮带作用，培育一批国家电网公司、国网江苏电力公司级专家。突出科研单位科研人员主体地位，建立完善领导职务通道、专家人才通道和职员职级通道

并行互通机制。依托实验室、柔性团队，构建“团队+项目+实验室”立体创新模式，形成经研院特色的老中青技术传承模式。通过新型电力系统规划与决策实验室，打造低碳能源电力、电网规划安全稳定、配电网与多能系统联合规划、低碳市场与政策、电力系统技术经济等仿真分析平台。

2. 构建财力资源保障

围绕业务发展，强化事前计划和事中支持。统筹财力规划，与财务协同解读业绩考核效率效益指标，融合承揽设计咨询业务、EPC总承包合同等收支，针对性开展年度经营策略。细化各部门报送项目的评审，结合项目需求和投入能力，衔接预算统筹，持续强化指令性计划刚性执行，全面推动指导性计划有序开展，通过月度执行情况通报、重点类型项目跟进、受阻风险项目督办等方式，加强项目的综合资源评估，为项目的有序开展提供有力依据。

3. 加强信息平台应用

搭建科技管理信息化平台，突出数字化手段。在数字技术应用方面，应用数字化智慧管理模式，替代线下记账管理模式，采用多维数据分析技术，图形化展示项目研究完成情况，打通个体项目壁垒，共享项目研究成果。在项目流程再造方面，将项目管理要求及实施流程嵌入管理平台，保证项目立项、执行、验收等全过程管理规范；实时展示项目阶段，提示经费进度、成果进度，针对滞后项目实现智能预警，有力保障项目执行进度。

三、实施成效

（一）经研创新体系，支撑公司战略目标实现

通过统筹创新布局，开展实用性技术攻关，构建创新平台，国网江苏经研院创新体系不断完善，国家电网公司总部、国网江苏电力公司等重点科技项目完成质量良好，验收得分总体呈上升趋势；创新成果逐年取得突破，获奖质量数量不断提升，取得省部级奖项20余项，有力支撑了国网江苏电力专业和江苏电网高质量发展。

（二）促进人才培养，创建经研一流创新团队

依托实验平台淬炼人才队伍，培养了一批行业技术领域专家，树立了经研院影响力，形成“储能技术应用科技团队”“电网规划综合决策科技团队”等5支实验团队。2013～2022年人均项目参与数从0.08增长到1.48，增长率高达1750%，员工参与科研工作

热情高涨。人均科技成果产出显著提高，员工发表论文、专利、软著等成果数量从几个到几百，2013～2022年人均科技成果产出数从0.5增长到3.3，增长率高达560%，员工科技创新能力显著提升。

（三）规范管理水平，深化创新成果应用标杆

国网江苏经研院是国网江苏电力转型攻坚的“先遣队”，通过解放思想，规范创新管理，深化创新成果应用标杆。提科研之“效”，梳理现有科研项目成果，统筹谋划创新研究布局，做到不重复、有突破；提科研之“规”，科技项目流程规范率、数字化管理上线率均达100%；正科研之“风”，提升研究项目参与度，确保发挥育人实效，实现创新项目节点可控、执行规范。

电力物资储检配一体化建设探索

江苏安方电力科技有限公司

随着国家电网公司现代智慧供应链体系建设的全面推进，物资储检配一体化基地将在电网建设中发挥更大的支撑作用。在此背景下，本文阐述了物资储检配一体化基地的管理模式、系统架构和业务体系，详细介绍了包括智能感知技术、物资ID识别、自动装卸与检定、信息化管理系统在内的关键技术，对储检配一体化管理综合效益进行了系统分析，并结合国家电网公司首座电力物资储检配一体化基地建设及运营情况，验证了储检配一体化管理模式的可行性和经济性。

一、工作背景

近年来，国家电网公司要求进一步提升采购设备质量，推进质量检测能力建设，深化质量监督与仓储、物流业务整体联动协同，推动检测布局与仓储布局的协同发展，国网现代智慧供应链体系建设列出了数字物流和全景质控等5大项64个典型场景，为电力物资储检配一体化建设带来了技术支撑和应用需求。基于上述背景，江苏安方电力科技有限公司（简称安方公司）在2018年率先提出电力物资储检配一体化管理新模式，并建成国网首座储检配一体化基地，得到了国家电网公司的认可并在其他网省公司推广应用。

传统的储检配业务分别由仓储中心、检测中心以及第三方承运公司完成。采用储、检、配分别独立的业务模式，将仓储中心的物资送往各地的检测中心，不仅产生大量的物流费用，还会因为人为因素的介入导致检测结果不够客观，且在各环节的衔接上产生管理问题。随着计量资产集中化、规范化管理以及电能表集中检定的实施，电能表计的全自动化检定与仓储检定一体化的相关研究已较为成熟并扩大推广。以此为借鉴，建设储检配一体化基地，可以打通储检配各环节业务联系，实现储检配业务的高效运营和集约管理。

储检配一体化基地不仅在形式上实现了仓储、检测、配送中心的集中，节省了用地成本和物流成本，而且在管理上实现了储检配业务的全自动衔接，在检测环节避免了抽样、取样、封样、送样、检测等各环节人为因素对检测结果的影响，在配送环节进一步发挥了自建仓储系统的优势，实现储检配协同优化，提高物资的配送可靠性与时效性。

二、工作思路与目标

储检配一体化基地建设及业务探索，围绕“枢纽型”建设目标，通过全方位提升作业智能化水平，实现物资“一键出入”“一键检测”，减少物资出入库、抽检、检测环节人员“接触”人次。在仓储环节，围绕降低库存、提高周转，探索供应商仓单质押业务，降低供应商资金压力，提高供应商参与寄售业务的主动性和积极性；在检测环节，积极探索物资快检技术，制定相关标准，通过检测效率的提升，实现加快物资周转的目标；在配送环节，开发面向社会运输资源的TMS管控平台，开展无车承运业务，提高电力物资配送集约化水平，探索主动配送、集成式、组合式配送，提高物资对项目需求的响应能力，更好地服务于电网生产和建设。

储检配一体化基地建设以“四个领先”为工作目标，打造“技术应用领先、运营效率领先、质量管理领先、服务保障领先”的标杆物资供应基地，以“管作分离、一体运作、内外结合、上下协同”为着力点，整合检测资源和仓储资源，健全物资仓储、检测、配送机制，推动信息技术的专业化应用、物资供应的高效化运转以及运营服务的精益化管理，业务运作模式如图1所示。

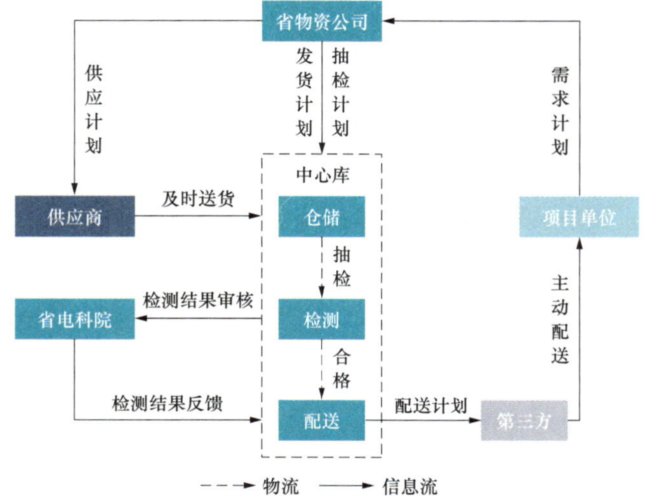

图1　储检配一体化业务运作模式图

三、具体做法

电力物资储检配一体化建设应用先进的“大云物移智”等现代信息技术，在国内开拓性地实现了物资装卸、出入库、抽样、封样、送样、物流配送的全自动无人化作业模式。自主研发的“3W”综合管控平台、智能盘点系统、传统平置库柔性仓位管理系统等，显著提高了物资储检配业务的效率，有力保障了生产经营中劳动者的安全，并从效益上实现了供应商、服务商、施工方乃至运营商的多赢。

（一）储检配一体化的系统架构

储检配一体化采用层次模型的架构，该架构包含有感知层、网络层、执行层和应用层，如图2所示。

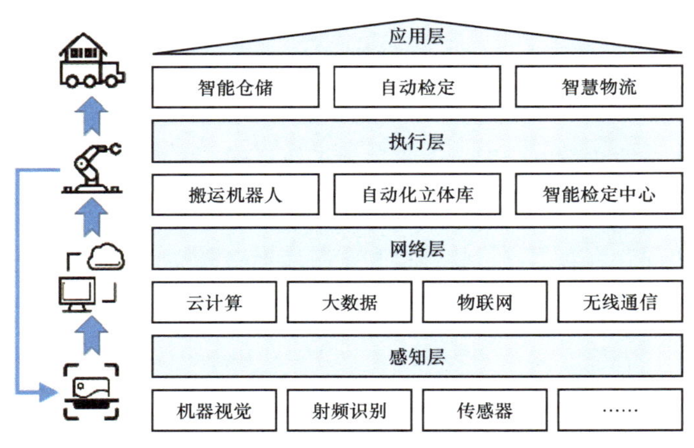

图2　物资储检配一体化基地层次架构

感知层利用感知传感技术，如射频识别、光电传感、红外传感等技术和设备，收集仓储基础数据，如货物信息、环境信息、设备状态信息等，为储检配一体化基地的上下游提供良好的信息支持。网络层采用高可靠性的工业以太网交换机、网络交换机、局部无线网络等工业互联设备，形成以云计算、大数据、物联网等信息化技术为支撑的智能传输网络。执行层以自动化立体库、搬运机器人、智能检定中心等构成物资储检配一体化基地的执行单元，通过优化算法对决策进行拆分、合并、执行并反馈。应用层紧扣关键操作环节智能化、仓储过程无人化、协同管理信息化，以物资仓储为基础，整合物资抽检、智慧物流配送等业务，探索储检配一体化的运营新模式。

（二）储检配一体化的业务体系

国家电网公司提出建设现代智慧供应链建设的具体目标中，要求实现各业务贯通，运营高效、集中、集约管理。因此，建设物资的储检配一体化基地可以打通物资在储检配环节上的业务联系，充分利用物资ID实现储检配全自动衔接，最终实现物资储检配的管理统一，提高效率，优化服务。

电力物资储检配一体化基地的业务体系如图3所示，基地的业务由中央集控中心负责管理，包括仓储、检测、配送和智慧园区管理，通过提高基地的感知能力、与其他主体的连接能力和开放共享能力，并在业务和管理上持续地融合与创新。在业务层面，接收物资其他部门出入库及抽检指令，开放数据接口，实现与其他业务主体互联互通。执行系统接收来自中央系统的业务操作指令，智能协调地完成物资的出入库、仓储、抽检和配送等操作。在整个操作过程中，信息系统及时、准确地记录物资订货时间、到货时间和库存量等信息，并上传至中央集控中心，实现全流程信息化、自动化和可视化。

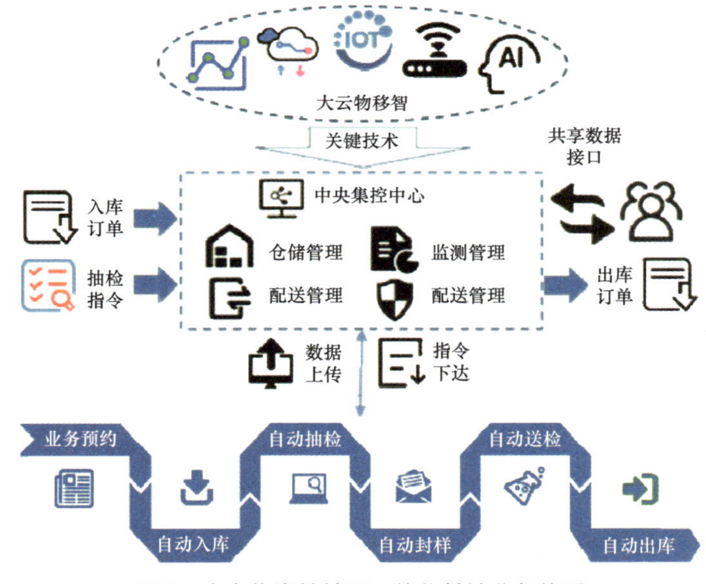

图3　电力物资储检配一体化基地业务体系

（三）储检配一体化关键技术应用

1. 智能感知技术

受限于非标、重载类物资标准化程度低、规格型号多、装车方式多样化等因素，配电网物资中最常见的配电变压器、线缆等物资常需要人工辅助装卸，是制约储检配一体化基地提升出入库效率的主要因素。

基于机器视觉技术的大场景物资3D识别与定位，为实现物资智能装卸提供了技术基础。基地库区全覆盖的图像传感器采集数据并结合图像识别技术，实现对物资的精准识别和定位，并为配电变压器类、线缆类物资的自动装卸、搬运、存取提供精准的作业参数。随着图像识别以及机器视觉等人工智能识别算法的成熟与应用，感知层的感知能力将更加精确、高效，并且对种类繁多的配电网物资也将具备更灵活的感知能力，是感知层未来主要发展方向。

2. 自动装卸与检定技术

物资储检配一体化基地的装卸储存设备包括自动装卸行吊、自动搬运AGV、立体库、自动传输带、穿梭子母车等，并通过无线网络互联，实现协同工作。检测中心则通过一体化廊道与物资库衔接，实现对配电物资的快速取样、抽检。

在装卸操作中，由于配电网物资种类繁多且体积质量较大，自动装卸系统只能以较低的效率运行来保证物资的安全稳定，并且多设备之间的智能协同一直是自动化装卸系统的技术难点，需要具备动态适应性的控制调度算法进行配合，以提高装卸系统的稳定性和适应性。

物资在检测中心的安装与校准，如配电变压器接口与检测设备的连接，线缆分接头的抽取，一般需要工作人员配合。开发具备全自动接入能力的电力设备检测系统，既避免了人为因素的干扰以及高压检测项目对人员的威胁，也确保了物资检测结果的精准可靠。

3. 物资信息化管理系统

物资储检配一体化基地在SG-ERP信息系统的统一指令下，通过仓储中央集控中心，整合贯通业务预约、智能门禁、仓储管理、运输管理和消防安全、一体化检测配送等各子系统，实现对物资及库内智能化物流设备系统的全过程监控和数字管理。

要实现储检配的信息化管理，需要提升各环节信息化装备水平，配置科学、完备的库内信息网络和作业信息终端，优化仓库软件支持，完善仓储管理系统，加强仓储管理系统对仓库控制系统、手持终端等子系统的接口集成，支撑货位和物资的精细化管理。储检配一体化基地的智能识别、自动装卸和检定子系统均依托于信息化管理系统的控制和协同，故各设备和系统间协同性以及作业效率和系统操作的便捷性提高的关键在于信息化管理系统的设计与优化。

四、主要成效

（一）经济效益分析

相比较传统的物资仓储中心与检测中心，物资储检配一体化基地在初期建设成本上，实现了土地和建筑面积的集约化，减少了送检带来的物流成本，并且物资储检配一体化基地采用全过程管控的模式，实现了储检配全过程信息化和无人化，节省了储检配送样的成本以及抽检过程中的监理费用。

自主研发的“3W”综合管控平台数字孪生系统相较于传统仓库管理模式，人工作业以及作业环境明显改善，大幅度降低了工作人员的作业强度，可节约运营成本30%。通过仓库3D可视化、云计算等技术手段提升空间利用率，实现仓库空间利用率提升约40%，运营管理及维保效率提升80%。

（二）时间效益分析

传统的物资存储、检测、配送服务流程和储检配一体化服务流程分别如图4和图5所示。相比较传统的业务流程，储检配一体化使各业务环节衔接得更加紧密，通过仓储中心和检测中心的集中，实现了储检的全自动衔接，并且依托于自营配送业务，有效提高了配送的灵活性与可靠性，极大地缩短了储检配各环节的时间，提高了物资流转效率和履约能力。

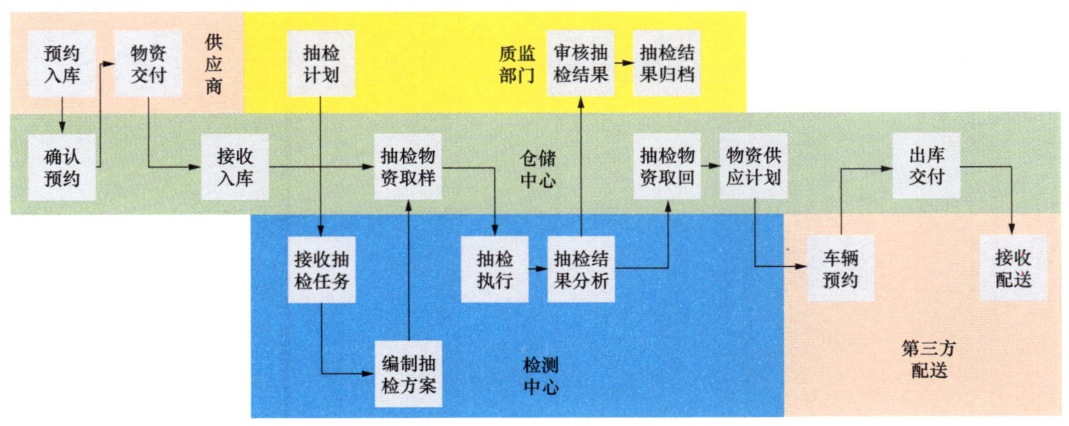

图4　物资传统仓储检测配送服务流程

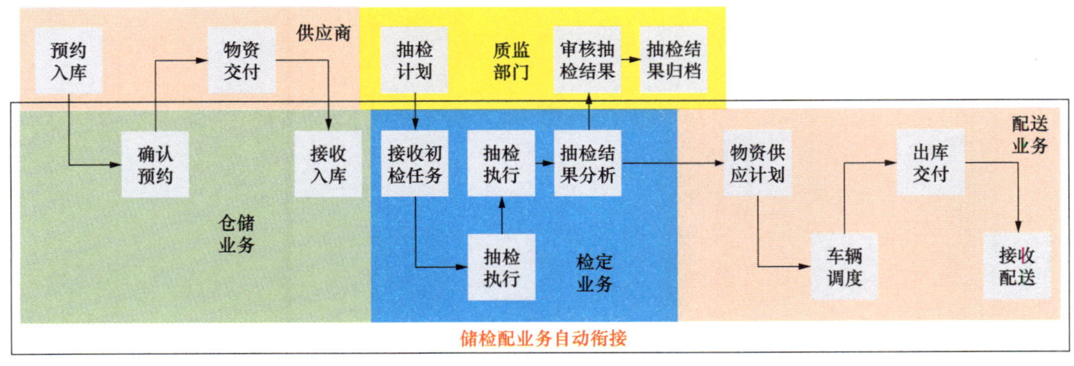

图5　电力物资储检配一体化服务流程

（三）社会效益

目前电力物资供应链的末端，仍然采用相对独立的业务管理模式，通过对储检配一体化建设成果进行推广，必将大大促进电力物资现代（智慧）供应链的发展进程，在仓储、检测、配送领域的管理中提升效率、效益，从社会整体层面实现效益最大化，实现供应商、服务商、施工方乃至运营商的多方共赢，同时推动经济社会的发展。

（四）算例分析

当电力物资管理采用储检配一体化的运营模式时，由于集约了仓储和检测中心，故在土地、建筑成本以及仓储设备成本上均有所减少。在业务管理上，储检配一体化的运营模式减少了送检物流的成本及其送样成本，并且采用全过程管控的模式，省去了设备检测监理的费用，在运营成本上每年合计节省120万元。

根据“苏电一号”储检配一体化基地的建设及运营情况，建设储检配一体化基地在投资建设和运营管理上实现了土地、设备的集约以及业务管理的整合衔接，在提高储检配业务效率的基础上，更增加了良好的经济效益。

深化“三项机制” 激发“六能”新动力

国网南京供电公司

推进“三项制度”改革，是增强中央企业活力和竞争力的迫切需要，是建立现代企业制度、形成灵活高效的市场化经营机制的重要举措，也是贯彻国家电网公司新时代发展战略的客观要求。国网南京供电公司认真落实国家电网公司、国网江苏电力深化“三项制度”改革决策部署，落实“放管服”要求，坚持效率效益导向，深化体制机制创新，持续推动人员“能进能出”、岗位“能上能下”、薪酬“能增能减”，为加快构建新型电力系统、建设一流企业夯实人力资源基础。

一、工作背景

一是新时代国企深化改革赋予“三项制度”改革新内涵。习近平总书记在党的十九大报告中指出，要深化国有企业改革，培育具有全球竞争力的世界一流企业。当前，面对复杂严峻的国际形势和经济下行的巨大压力，电网企业作为国家重要的物质基础和政治基础，承载着做强做大国有资本、建设世界领先能源互联网企业的光荣使命，要紧跟时代、高标定位，持之以恒推进“三项制度”，对内挖潜增效，对外创新创效，为保障国家高质量发展作出应有的贡献。

二是国家电网公司战略目标对“三项制度”改革提出新要求。受疫情暴发、经济下行、阶段性电价下调等因素叠加影响，盈利水平大幅下降，效率效益指标与“国际领先能源互联网企业”的目标相比还存在较大差距。与此同时，因劳动关系市场化、契约化、约束力不够而造成的劳动、人事管理困难问题将长期并存，公司需进一步深化“三项制度”改革，增强队伍动力活力，不断提升人力资本效益，为推动率先落地实践国家电网公司发展战略提供有力支撑。

三是持续激发队伍活力对“三项制度”改革提出新任务。国网南京供电公司员工队伍发展方面仍存在职业通道相对狭窄、通道之间发展不均衡、激励作用不明显、薪酬分配精准性不强等问题，队伍担当作为、开拓创新动力需要持续激发。因此，要深入推进“三项制度”改革，通过推进“六能”实施，把员工的责、权、利和企业的发展紧密联系在一起，激发员工创新创造新动能，进一步增强企业的活力和市场竞争力。

二、工作思路及举措

（一）工作思路

认真贯彻国网江苏电力深化“三项制度”改革决策部署，落实“放管服”工作要求，坚持问题与效率导向，创新构建“139”管理机制（“1”即统一文化引领，“3”即三大工作基础，“9”即九项具体举措），由易到难、统筹推进，确保改革踏石留印、抓铁有痕。

（二）主要举措

1. 文化引领，凝心聚力，营造积极氛围

改革之初，国网南京供电公司面向全体员工以座谈、访谈和问卷形式开展了一次调研，2206名员工参与其中。从调研结果看，广大干部职工总体上积极支持拥护“三项制度”改革，也有少数员工对改革还存在一定疑虑，具体表现为：一是对改革的认识程度不够；二是对收入差距的可接受度有限；三是仍然较为看重资历和阅历。

针对上述问题，国网南京供电公司坚持以文化为引领，赢得广泛的价值认同，凝聚改革共识、形成改革合力。一是把准改革方向。公司领导在中心组学习、班子碰头会上专题研究国网江苏电力“三项制度”改革政策要求，剖析形势、明确方向、破解难题。提高思想认知。印发人资政策口袋书，建立专业例会制度，从政策宣贯、形势分析、重点任务、改革方法等方面，统一干部员工思想认识。二是增强价值认同。深入基层开展座谈，充分听取意见建议，积极为员工解疑释惑，耐心做好有负面情绪员工的思想工作。举办聘任仪式，逐步破除岗位“终身制”。

2. 以人为本，夯实基础，强化保障能力

一是建章立制，筑牢制度基础。出台职员职级管理实施细则、聘任制管理办法，人员“能进能出”、岗位“能上能下”有法可依；制定四级领导人员考核细则、团队工资实施意见，薪酬“能增能减”有章可循。二是逐级推进，夯实责任基础。国网南京供电公司主要

负责人在月度、季度例会上专题谈改革思路，人资部依托中层干部培训班着重讲改革举措，中层正职在本单位具体说改革内容，部署改革“一盘棋”；细化分解“三项制度”改革指标，强化跟踪考核，层层压实管理责任。三是关心关爱，奠定群众基础。建立常态化“两级”谈心谈话机制，对于涉及职务、岗位、收入调整的干部员工，加强心理疏导，体现人文关怀，畅通上下沟通渠道。

3. 聚焦重点，统筹推进，提升改革质效

保障业务承载能力，以契约化管理推进人员“能进能出”。一是入口管理重“求质”。创新“三考两评双满意”新员工二次分配模式，通过综合考评、双向选择，用人部门选到了合适的人才，新员工也走上自己心仪岗位；建立产业单位多种渠道公开招聘机制，率先开展业务外包人员校园招聘，严把用工入口关。二是人才流动促“提质”。2020年以来，进一步拓展岗位锻炼形式，选拔79人参加挂职，其中近半数人员至班组长、五级领导人员岗位锻炼，加大一线磨炼；选拔31人参加主业和供电服务公司之间的专项人才交流，促进经验学习共享，推动城乡供电服务一体化；选拔2人赴高淳区地方政府学习锻炼，在服务民生的一线锤炼本领。三是人员退出保“优质”。省内率先实现人脸识别电子考勤全面覆盖，采用电子考勤和书面考勤相结合的方式，有效推进管理制度规范实施，并严格处理不能履职员工。依法与4名“泡病假”员工解除劳动合同；按照政策为4名年龄较大、无法正常工作的员工办理病退；组织9名长病假到期员工进行转岗培训，考核合格后安排至合适岗位。

助力战略高效落地，以能力导向推进岗位“能上能下”。一是“能者上”的导向更鲜明。构建多级岗位竞聘体系，近年来开展了4个四级副职、4个五级副职、58个关键岗位的公开招聘，2022年南京公司职能部室新聘一般管理技术人员中通过公开竞聘方式上岗人员比例达到80%；人员选聘突出能力业绩，领导提拔、职员聘任、岗位晋升中三年绩效积分5.5分及以上人员占比超过60%。二是“庸者下”的执行更严格。推动职务和职员互联互通，近两年共有7名正职、2名副职、16名班组长下聘为四级、五级、六级职员；强化绩效结果运用，对于三年绩效不达标人员实施降岗、待岗，对于岗位胜任力较差、岗位匹配度较低的专职、班组长岗位进行调整，薪酬收入严格执行同岗级同待遇、新岗位新待遇。三是“平者让”的机制更健全。江宁公司采用公开竞聘、双向选择、业绩述职等方式，率先实现股级、专职、班组长、专业师等岗位聘任制全覆盖；溧水三新公司、市场室针对部分重要岗位试点实施聘任制，新聘一般管理技术人员、班组长全面实施岗位聘任制。2020年以来累计已有732人签订聘任协议。

遵循市场发展需求，以价值衡量推进薪酬“能增能减”。一是强制分布凸显分配效率。深化“5320”考核模式，即细分档，绩效档次不少于5个；拉差距，每档间分差不少于3分；均占比，每个档次人数不超过20%，确保月度12%、季度20%、年度60%的绩效奖金差异度。二是以上率下发挥示范效应。全省首家引入领导人员激励清单机制，充分发挥以上率下垂范作用，四级领导人员“能增能减”分配差距保持全省领先。三是多维挂钩提升核心效益。依托划小工资核算单元，试点开展部门、班组两级工资总额核定，充分融合内部模拟市场建设，合理体现营收、利润效益导向，引导基层单位增供扩销、增收节支、内部挖潜、减员增效。

三、实施成效

一是岗位动态化激发“新”活力。针对管理人员岗位流动机制不健全等问题，创新实施干部员工岗位全过程评价，考核结果作为聘任、解聘和岗位升降的依据，实现岗位“上下”动态管理。“三项制度”改革实施以来，新聘38名五级职员，聘任44名业务所所长、班长；10名科级干部降为职员，31名管理人员和班组长调整至辅助岗位，为优秀人才释放岗位晋升空间。敦促9名员工办理长病假手续，规范处置17名医疗期满长病假人员，实现长期不在岗人员100%常态清理。岗位动态变更机制的不断深化，有效激发了干部员工的危机意识和担当精神，有力提振他们干事创业的精气神。岗位动态管理机制构建得到国家电网公司认可，主要做法被国网工作动态采用。

二是收入价值化增强“薪”动力。树立市场化导向，建立基于业绩贡献的工资总额决定模型，量化各级组织和个人的价值贡献，让收入由业绩和能力决定，实现收入能增能减、增减有据，引导树立“业绩是干出来的、工资是挣出来的”理念，主要做法被省公司信息采纳在全省推广。县公司负责人绩效年薪占比提升至65%，最大差值比例达到15.37%；员工绩效与月度、季度和年度绩效工资强制挂钩，绩效工资占比超60%，班组内同岗级员工年度绩效工资最大差距超过25%；核心骨干个人平均收入提高约4%。薪酬“能增能减”示范效应得以发挥，极大地激发了干部员工干事创业的热情和动力。

三是管理柔性化凝聚“心”合力。发挥干部以上率下的示范引领作用，分期集中开展3天中层干部培训，课后干部授课30余场，自上而下扩大认知面；创新干部谈心谈话方式，搭建“主动约谈+开门迎谈”双向平台，实现“面对面”谈话全覆盖，逐人建立干部年度成长档案，包含履职绩效、画像评价及改进建议，实施“一对一”反馈，促进提升履职能力。深入基层开展调研座谈16次，充分听取员工的意见建议，赢得广大员工对“三项制度”改革举措的认同与支持。全体干部率先垂范、员工积极作为，凝心聚力共促发展。国家电网公司两次调研国网南京供电公司“三项制度”改革工作并给予充分肯定。国网南京供电公司连续11年获省公司业绩考核A级，省部级及以上专家人才63人，位列全省前列。

构建“三维联动”监督体系

国网南京供电公司

坚持以习近平新时代中国特色社会主义思想为指导，全面贯彻党的十九大和十九届历次全会、中央纪委历次全会精神，以贯通融合五类监督主体为抓手，以“横向融合、纵向贯通、靶向治理”为实施路径，建立完善经纬纵横、协同治理的“三维联动”大监督体系，加快建设全方位、全过程、全覆盖的具有供电企业特色的大监督格局，以高质量监督护航国网南京供电公司高质量发展。

一、工作背景

通过构建“三维联动”监督体系，形成以党内监督为主导，党委全面监督、纪委专责监督、党的工作部门（党委办公室、党委组织部、党委党建部、纪委办公室）职能监督、业务部门专业监督和基层党组织日常监督的“大监督”工作格局，促进党内监督与各类监督有机贯通、相互协调、形成合力，推动监督治理效能不断提升，全力服务保障国网南京供电公司战略目标有效落地。

二、工作思路及举措

（一）工作思路

以贯通融合五类监督主体为抓手，以“横向融合、纵向贯通、靶向治理”为实施路径，建立完善经纬纵横、协同治理的“三维联动”大监督体系（如图1所示）。“三维联动”体系横向融合党的工作部门、业务部门监督，强调监督主体全覆盖；纵向贯通党委、纪委及基层党组织日常监督，有效解决了越往下监督力量越薄弱、压力层层衰减等问题；靶向提升问题发现、治理、警示的全周期闭环管理、全链条长效治理。

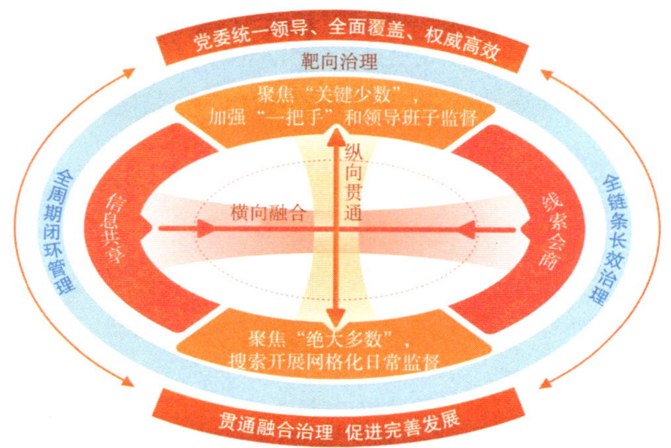

图1 “三维联动”监督体系示意图

（二）具体举措

成立以国网南京供电公司党政主要负责人为组长、公司其他领导为成员的党风廉政建设和反腐败工作领导小组。领导小组下设大监督工作小组，组长为公司纪委书记，成员为各部门主要负责人。同时明确了领导小组、工作小组及五类监督主体的主要职责，为“三维联动”监督体系顺利运转提供了坚强的组织和制度保障。

1. 坚持横向融合，统筹信息资源

发挥党的工作部门、业务部门监督主体的协同效应，通过信息共享、处置会商、巡审联动、纪法联动、纪律监督等形式，汇聚监督合力，提升监督治理效能。一是优化信息共享。大监督工作小组成员单位每季度报送监督预警事项，纪委办公室运用智慧监督、纪律审查、巡视巡察等手段将发现涉及业务规范管理的问题下发相关业务部门处理处置，及时共享典型违纪违法案例及党风廉政建设要点等内容。二是深化线索会商。每季度召开大监督联席会，纪委办公室汇报上季度信访举报、巡视巡察、监督检查风险情况，各相关业务部门专题汇报监督预警事项具体情况，参会人员共同讨论协商预警事项的分级分类处置意见，提出合理化建议，协调解决前期线索处置、管理举措落实过程中存在的问题。

2. 坚持纵向贯通，统筹各方力量

紧盯“关键少数”和“绝大多数”，加强监督自上而下贯通协调，通过党对监督工作的全面领导，纪委专责监督的协助推动，引导各级党组织将日常监督做深做实，实现监督对

象的全覆盖。聚焦“关键少数”，加强“一把手”和领导班子监督。建立各级“一把手”监督责任清单、权力清单和负面清单及对“一把手”和领导班子监督清单。将对“一把手”和领导班子监督情况纳入政治巡察、专项监督的重点检查内容，对各级“一把手”和领导班子履责情况进行评估。聚焦“绝大多数”，探索开展网格化日常监督。将基层党组织按专业划分为5个片区，由公司纪委委员挂帅，形成“1+N+X”（纪委委员+职能部室+基层党组织）纵向到底的管理体系，推动基层党组织日常监督发挥实效。片区建设情况、各基层党组织工作开展情况均纳入每季度纪检人员履职积分制考核。

3. 坚持靶向治理，统筹整改效能

针对各类检查发现问题和监督执纪发现问题，进行针对性防控，促进形成制度、堵塞漏洞、教育干部、净化生态。一是突出全周期闭环管理。针对专项监督、日常监督、智慧监督、依法治企、民主生活会整改、主题教育等发现问题，纪委办对相关问题下发问题整改意见书，形成问题整改的闭环管理机制。对未落实整改要求或整改不到位、不认真的，在后续的监督检查、纪律审查、巡视审计中发现问题将从严考核，并追究主体责任部门责任。二是突出全链条长效治理。在纪律审查、巡察、审计等过程中，建立对发现问题案例的“一案三促”机制，通过以案促改、以案促治、以案促教，实现长效治理。

三、实施成效

1. 横向融合，提升监督精准性

2022年16个专业部门共报送49条监督预警事项，全面覆盖公司各单位，国网南京供电公司纪委联合专业部门组织各涉及单位进行了全面自查，并制定整改措施137条，已完成整改措施132条，剩余未完成项正在按计划有序推进。公司纪委从监督预警事项中选择8条进行重点核查，下发监督建议书6份，考核问责18人次。公司纪委充分运用“苏电清风”数智纪检平台，向专业部门共享业扩报装“三指定”、电商采购置换、挪用电费资金等风险预警信息189条，核查发现违规转出客户预收资金、违规使用个人银行卡代缴客户电费、定比定量设定不合理等问题158个，经济考核18人次。

2. 纵向贯通，提升监督穿透性

2022年公司党委开展“一把手”监督谈话暨党风廉政建设约谈20人次，公司纪委开展领导班子集体廉政谈话61次，党的工作部门现场调研基层班子83次，对各级“一把手”和领导班子履责情况进行评估，有效压实了“两个责任”。

五个网格化日常监督片区按照相关监督主题和方案，常态化组织项目组成员单位开展片区内部活动，现场监督检查76次，根据监督情况及时形成《网格化监督意见书》42份，考核问责12人次，深化检查成果运用，持续做好监督检查“后半篇”文章，由监督组对整改成效进行评估，确保排查问题“见底清零”，形成长效机制，提升合规管理水平。

3. 靶向治理，提升监督实效性

巡视整改务求实效。针对巡视反馈的27个问题，制定整改措施108项，召开巡视整改推进会议4次，组建巡视整改督导组6个，开展线上和线下现场督导共18次，邀请省公司专业部门指导开展巡视整改成效评估7场，持续夯实整改质量。截至目前已完成整改任务25个，落实整改措施103项，在省公司党委巡察办的指导下，完成巡视整改情况通报，未收到职工群众反馈意见。

巡察整改有序开展。根据巡察反馈意见、边巡边改、纪律检查建议书反馈的各类问题，三家被巡察产业单位共分解巡察整改任务91个，制定整改措施236个。根据三家产业单位反馈整改完成情况，截至目前，已经完成问题整改任务83个，整改完成率为91.92%，落实整改措施217个，措施落实率为91.95%。

电网企业基于战略引领的“党委—支部—党员”互动体系建设

国网连云港供电公司

为深入贯彻习近平新时代中国特色社会主义思想，全面落实党的二十大精神，坚持和加强党对国有企业的全面领导，国网连云港供电公司明确工作导向，精准识别支部、党员“需求”，倒逼党组织“供给侧”改革，搭建四个支撑模块，系统构建了“党委顶层赋能”“支部拓展功能”“党员精准用能”的“党委—支部—党员”互动体系，实现党建供给精益化、互动多向化、渠道多元化、沟通实时化、价值显性化，进一步发挥党委领导作用、党支部战斗堡垒作用和党员先锋模范作用，不断将党的政治优势、组织优势转化为发展优势，以党建高质量发展引领企业高质量发展，在各项工作中取得了明显成效。

一、工作背景

中共中央印发了《中国共产党国有企业基层组织工作条例（试行）》，为国有企业全面提高党的组织建设制度化、规范化、科学化水平，全面增强党的建设系统性、创造性、实效性，强化基层党建创造力、凝聚力、战斗力提供了根本遵循和行动指南。组织建设是党的建设的重要基础，要抓好党的组织体系建设，把各领域基层党组织建设成为实现党的领导的坚强战斗堡垒。

坚持党的领导、加强党的建设，是我国国有企业的光荣传统，是国有企业的“根”和“魂”，也是国有企业做强做优做大的关键因素。这些战略部署迫切需要国网连云港供电公司提高政治站位，增强斗争精神，做到专心致志抓党建、一心一意谋发展，切实履行国有企业“三大责任”，全面彰显国有企业“六个力量”，持续提升基层党建工作效能，以党建高质量发展引领企业高质量发展。

二、工作思路及举措

国网连云港供电公司立足问题导向、目标导向、结果导向，从支部、党员“需求”入手，倒逼党委、支部“供给”改革，搭建了互相依存、一体共生的“一清单、一机制、一手册、一平台”四大支撑模块（即需求识别清单、量化评价机制、需求供给指导手册、供需友好互动平台），并以四大支撑模块为基础，系统构建了“党委顶层赋能”“支部拓展功能”“党员精准用能”的“党委—支部—党员”互动体系，通过需求识别、需求引导、需求供给、需求反馈的闭环管理和螺旋改进，实现党建供给精益化、互动多向化、渠道多元化、沟通实时化、价值显性化，进一步发挥党委领导作用、党支部战斗堡垒作用和党员先锋模范作用，推动战略制胜与党建领航相融并进，不断将党的政治优势、组织优势转化为发展优势，以党建高质量发展引领企业高质量发展。

（一）确立三个导向，把准体系建设方向

一是坚持问题导向。以发现问题、解决问题为出发点，通过科学、系统收集党员对支部工作需求、支部对党委工作需求，全面了解党建工作供需不平衡关键节点，挖掘党建工作淡化、虚化、弱化，甚至边缘化问题的深层次原因。

二是坚持目标导向。建设基于战略引领的“党委—支部—党员”互动体系，其核心在于“建凝聚人心好支部、做遵章守约好党员”，形成“党委—支部—党员”双向沟通互动机制，形成“支部管用、党员像样”的组织生态，营造心齐、气顺、想干事的企业发展氛围。

三是坚持结果导向。始终关注互动体系能为党员带来什么、为支部带来什么、是否能有效落实上级党委工作要求、是否能激发党员与支部干事创业的热情等关键问题，重视体系建设过程中党员、支部、党委的参与和体验，激发基层党建工作活力，助力实现“凝聚人心、发展企业”的良好生态。

（二）深化需求识别，实现党委顶层赋能

一是聚焦党委赋能，提升基层政治活力。党委在要求支部完成上传下达规定动作同时，及时了解支部对党建工作的诉求，激发基层支部自主创新热情，实现党委赋能基层政治认知提升、政治认同提升、政治活力提升。

二是兼顾共性个性，构建需求识别清单。构建支部、党员需求识别清单，给予对应的资源支持和制度保障，最终实现分类指导和精准施策，不断夯实基层党支部建设，推动新时代国企党员实现新担当、新作为。

三是优化工作流程，推动需求切实转化。以需求识别清单为核心工具，建立需求识别转化体系，打造融入基层需求的工作指导模式。实现以基层需求为导向的党委顶层赋能，有效破解“供需不匹配”这一党建工作难点痛点重点，推动党建工作供给由粗放式的“大水漫灌”变成靶向性的“精耕细作”。

（三）推行量化评价，激发内生动力

一是推行支部量化评价，打造坚强供需枢纽。明确工作思路和基层组织行为导向，以建设“四个合格”支部为基础，完善职责分工、评价规范和评价程序，不断提升新时代支部建设的内涵和质量，推动形成“一支部一特色”的良好氛围。

二是推行党员量化评价，推动党员业政双优。明确工作思路、加强目标管理、完善考评机制，以科学、规范、精细的积分评价强化党员管理，提升基层组织力，激发支部党员的政治责任、干事创业活力和奉献热情，为公司稳中求进实施新时代战略提供支撑。

（四）构建供需指导手册，形成标准行为规范

结合自身企业党建工作实际，为支部书记及党务工作人员量身制定需求供给手册，设置二十个支部工作典型场景解析，赋能基层支部党务工作人员，同时系统阐述互动体系实现内容精益化、互动多向化、渠道多元化、沟通实时化、价值显性化，进一步提升支部组织力、战斗力、凝聚力、影响力，激发党员内生动力。

（五）搭建供需互动平台，促进两侧共同发力

建立“供需友好互动平台”，为互动体系运转打造线上交流展示平台，融入“点赞文化”机理，构建“党建知识导航”、建设“好支部”、成立“好党员”及“友好互动交流”栏目，实现强化线上资源供给，展示基层经验做法，通报积分先进典型，做好意见收集反馈等功能，确保基层党员和支部“学习+展示+互动”的多重功效，进一步强化供给侧和需求侧的多维互动，推动两侧协同发力，保障和促进党建改革工作不断深入。

（六）落实三项保障，提供坚强后盾

通过有针对性的组织、机制和人员队伍建设，给基于战略引领的“党委—支部—党员”互动体系提供了健全完善的组织保障、配套机制保障和基础经费人员保障，为基于战略引领的“党委—支部—党员”互动体系顺利实施和有效实行提供了有效支撑。

三、实施成效

（一）坚持正确方向，党建引领作用充分彰显

基于战略引领的“党委—支部—党员”互动体系立足国企党委新定位，紧紧围绕解决党建工作与中心工作“两张皮”的问题，坚持在“融入”上下功夫，在“内嵌”上做文章，有效破解“供需不匹配”等制约企业发展的管理难题，在经营管理水平提升中切实做到了听党话、跟党走、作表率。公司党委获评国家电网公司首届“红旗党委”、国网江苏省电力有限公司政治思想建设标杆、连云港市委十大党建工作品牌。

（二）抓实内嵌融入，推动企业发展成效显著

基于战略引领的“党委—支部—党员”互动体系的有效运行，构建了党建引领发展的长效机制，全面厚植了“党委引领、支部管用、党员像样、全员聚力、勇当排头”的组织生态，有力推动了党的建设与国网连云港供电公司战略同向聚合，与生产经营管理深度融合。2022年全社会用电量、售电量、最大负荷均实现历史新高，固定资产投资、电能替代项目、市场化交易电量超额完成目标，切实把党的政治优势、组织优势转化为企业的竞争优势和发展优势。

（三）激发队伍活力，工作价值得到多方认可

基于战略引领的“党委—支部—党员”互动体系强化了“国企姓党”政治基因和“人民电业为人民”企业宗旨，有力推动了企业聚焦主责主业，服务国家发展战略，全面履行经济责任、政治责任、社会责任，做好电力先行官，架起党联系群众的连心桥，建成开山岛离网型海岛智能微网工程，工作专报获丁薛祥、何立峰等党和国家领导同志批示肯定，“红色岛、绿色电、中国星”主题宣传获中宣部宣教局领导高度认可。1个集体、6名个人当选“中国好人”，1个班组获全国工人先锋号，1人获全国“五一劳动奖章”，社会影响和价值贡献得到充分彰显。

人力资源三个“一体化”体系建设

江苏方天电力技术有限公司

人才是企业创新驱动的积极实践者，是事关企业科学发展大局的战略性核心资源。江苏方天电力技术有限公司在深入剖析创新人才素质特征和成长需求的基础上，探索开展人力资源三个“一体化”建设，系统解决“能上不能下”“能进不能出”“能增不能减”等人力资源管理实际问题，通过对岗位价值的准确界定，对员工个人能力的准确评价，促进人与岗的精准匹配，全面激发干部员工队伍活力，最终实现公司发展和员工价值的最大化，并为国企“三项制度”改革落地提供有益经验。

一、工作背景

随着新一轮电力体制改革对电力格局的重塑，电网企业经营模式发生深刻变革。江苏方天电力技术有限公司方天公司作为省管产业单位和科技创新型企业，正处于提质增效、转型升级的关键时期，面对越发激烈的市场竞争，企业人才、技术支撑能力不足与高水平、高品质市场需求之间的矛盾逐步显现。

企业的竞争关键在于人的竞争，方天公司用工形式多样，涵盖主业员工、市场化聘用员工、业务外包员工，员工队伍素质优良，但人力资源管理与企业改革发展实际、市场开拓需求仍有差距。一是员工身份观念依然存在，覆盖全员的职业发展通道尚未打通，职业发展空间受限。二是薪酬弹性稍显不足，难以实现岗位的动态变化与薪酬的动态增减。三是培养针对性不强，考评尚未准确翔实，员工发展需求之间匹配不足，难以实现员工能力与绩效的持续提升。四是测评技术相对单一，评价机制不够完善，难以实现人才精准识别和人岗动态相宜。作为面向市场的企业，方天公司亟须构建一体化的人力资源管理机制，促进岗薪一致、干学一体、人岗匹配。

二、工作思路及举措

以构建现代人力资源管理体系为目标，创新提出以岗位管理为核心的岗位薪酬一体化、以考准考实为核心的培养考评一体化、以人岗匹配为核心的选拔选用一体化模型，以及基于三个“一体化”构建现代人力资源管理体系的实现路径。其中，岗位薪酬一体化是基础，培养考评一体化是关键，选拔选用一体化是目标。通过建立宽幅岗位与宽带薪酬的匹配机制、分层分类“绩效+能力”考评与人才培养的匹配机制、基于“绩效+能力+职业素质”的综合评价与人员选拔选用的匹配机制，链接三个匹配之间的关系，打通机制循环，实现整体一体化运作的人力资源管理体系，为方天公司人才的“选、育、用、留”提供有效支撑。

1. 构建岗位薪酬一体化，推动薪酬“能增能减”

创建宽带岗位体系，促进“身份管理”向“岗位管理”转变。通过分类分级梳理岗位职责要求、关键工作考核要求、上岗基本条件要求（学历、职称、工龄等）、岗位能力要求（知识、技能、胜任力），构建以职责为核心，面向公司主业员工、市场化聘用员工、业务外包员工三类人员的统一的岗位体系。三类人员一视同仁，重新评定上岗，突破身份限制，促进“身份管理”向“岗位管理”转变。

构建岗位绩效工资体系，充分体现岗位价值贡献。建立以岗位履职能力和绩效为基础的岗位绩效薪酬体系，低岗级员工薪酬弹性侧重于体现履职能力水平，高岗级员工薪酬弹性侧重于体现绩效，岗位岗级越高，岗位工资标准越高，绩效工资占比例越大。深化绩效考核应用，相邻岗位低岗级、高绩效员工收入高于高岗级、低绩效员工。

建立多元化薪酬分配体系，持续激发队伍动力活力。完善与业绩挂钩的员工薪酬浮动机制，实现部门、员工绩效考核“双系数”挂钩，突出薪酬分配向绩优部门、员工倾斜。建立以项目分红为主要方式的中长期激励体系。聚焦科技创新，选取已进入转化实施期并实现收益的项目团队，根据团队成员的贡献度进行差异化激励。

2. 构建培养考评一体化，促进岗位“能上能下”

构建“三通道”职业发展路径，拓宽员工发展空间。在原职务、职员发展通道的基础上，新增专家发展通道，形成职务、职员、专家三通道体系。职务、职员序列适用于综合能力较为突出，擅于带队伍、出业绩的各级优秀人才。专家序列作为专业发展通道，适用于专业能力较为突出，业绩较为优秀的公司各级各类人员。引导从事专业技术研究的员工向专业方向持续发展，有管理潜能的员工向职务、职员通道发展，有效拓展员工职业发展路径。

健全多维度人才培养体系，实现员工精准赋能。积极落实省公司“2+2”培养计划，组织选派具备较强综合能力的领导人员进行挂职锻炼，拓宽工作视野、丰富岗位经历。以校企联合为载体，以重点项目建设为抓手，实施重点人才培养工程，依托营销2.0、用采2.0等柔性团队强化优秀技术骨干人才培养力度，推进青年人才托举工程，开展技能比武竞赛，加速员工成长成才。

建立以能力与业绩为核心的评价模型，奠定能上能下基础。构建由基本条件和胜任力标准组成的能力评价模型，基本条件为能否上岗的否决项，胜任力评价为上岗的决定项，以评价模型要求促进员工自主学习、自我管理。对连续绩效不满足规定条件的员工，结合其实际工作表现，采用待岗培训、内部调岗等多种方式，进行有针对性的调整。

3. 构建选拔选用一体化，实现员工“能进能出”

搭建“立体化”人才引进通道，充实员工队伍“蓄水池”。打开直签应届毕业生、社会高端人才招聘入口。制定公司“高精尖缺”岗位名录及任职资格条件，灵活组合网络招聘、校园招聘等市场化招聘渠道，高效吸引潜在优质候选人。有序开展核心业务优秀人才招聘工作。按照“条件刚性、重点保障、业绩为先”的原则，面向业务外包员工招聘核心业务优秀人才，深度应用“绩效结果+能力评价”，择优录用优秀人才，有效促进人才队伍的稳定。

健全人才选拔选用机制，为优秀人员搭台架梯。进一步畅通员工职业发展路径，消除员工横向、纵向发展制约因素，打破身份限制，在市场化聘用员工中择优选拔人才，使员工发展有前景、努力有方向。持续优化干部队伍结构，将人员选拔与优化配置进行有机结合，加强年轻领导人员的选用力度，推动高质量领导人员队伍建设。

建立市场化聘用员工“能出”机制，实现人岗精准匹配。深度应用“绩效结果+能力评价”，建立市场化聘用进出机制和周期性人岗匹配机制，对连续绩效不满足规定条件的，市场化聘用员工可转为业务外包员工或直接解除劳动合同，业务外包员工则直接退回至外包公司，不断优化人力资源结构。

三、实施成效

方天公司通过三个“一体化”的探索实践，系统解决了公司人力资源长期以来存在的实际问题。构建了面向三类人员的统一任职标准和“三通道”职业发展路径，进一步拓宽员工职业发展空间；建立了以岗位价值为基础的岗位绩效工资制，深度应用绩效结果，合理拉开薪酬差距，员工绩效工资最大达到30%；建立了以能力与业绩为核心的岗位评价模型，深度应用“绩效结果+能力评价”，近三年完成52人升岗、9人降岗，实现人岗有序动态匹配；建立了市场化聘用员工进出机制，近三年面向外包用工择优录用人才14人，录用直签应届毕业生16人，直签紧缺高端人才9人，6人解除劳动合同，持续优化公司人力资源结构；健全优秀人才选拔选用机制，打破身份限制，择优提拔任用能力、贡献突出的聘用员工，已聘任6人任部门中层、13人任职员，3人任专家，真正使优秀人才各得其所、各尽其能。通过持续健全人力资源管理机制，进一步激发员工队伍活力，推动公司高质量发展。近年来方天公司经营业绩再攀新高，先后获评江苏省百强创新型企业、江苏省文明单位，1人任国家电网公司首席专家，1人获评央企劳模，1人获评国网工匠，多人获评江苏省“五一劳动奖章”、江苏省文明职工，企业竞争力得到有效提升。

基于"5C"创新人才管理的大型供电企业柔性团队建设实践

国网苏州供电公司

面对能源革命与企业转型的紧迫形势，国网苏州供电公司以效能管理为目标，以创新发展为引领，以基业长青为愿景，积极推进柔性团队人才示范工程建设，并在实际探索中提出并发展了"5C"（Coalesce—融合、Classify—分类、Compete—竞争、Cultivate—培养和Control—管控）创新人才管理体系，为质效双升的企业实践提供了坚强保障和有力支撑。经历为期一年的任务推进，首批成立的柔性团队均呈现了"出人才、出成果、见效益、树品牌、聚合力"的良好局面，创新成果相继迸发，优秀成果不断获奖，成果转化成效显著，示范工程有序推进，营商环境持续优化，新兴产业加速布局，充分彰显了柔性管理与人才培养有机结合的组织优势，为地市供电企业的提质增效贡献了"苏州方案"。

一、工作背景

苏州电网是全国运行规模最大、复杂程度最高的地市级城市电网。国网苏州供电公司以全省约十分之一的人力资源，运营着全省约六分之一的电网设备，保障了全省约四分之一的电力供应。繁重的生产作业任务与较大的人力资源缺口是阻碍公司平稳健康发展的两大绊脚石。双重压力促使公司转变固有思路、深化改革创新、坚持挖潜增效。

作为提质增效的新型组织手段，柔性团队通过盘活存量人力资源、激发企业内生动力，有效推动跨单位、跨专业、跨层级的联合攻关与专项行动。国网苏州供电公司牢牢抓住人才强企这个"牛鼻子"，以虚拟组织构建人才共同体，用柔性管理释放人才新动力，全力发起了柔性团队的规模化、集群化建设，并将柔性团队的虚拟属性与人才管理的普遍规律深度结合，创造性地提出并发展了“5C”创新人才管理体系（见图1），为大型供电企业的能源革命与数字转型提供了“苏州实践”。

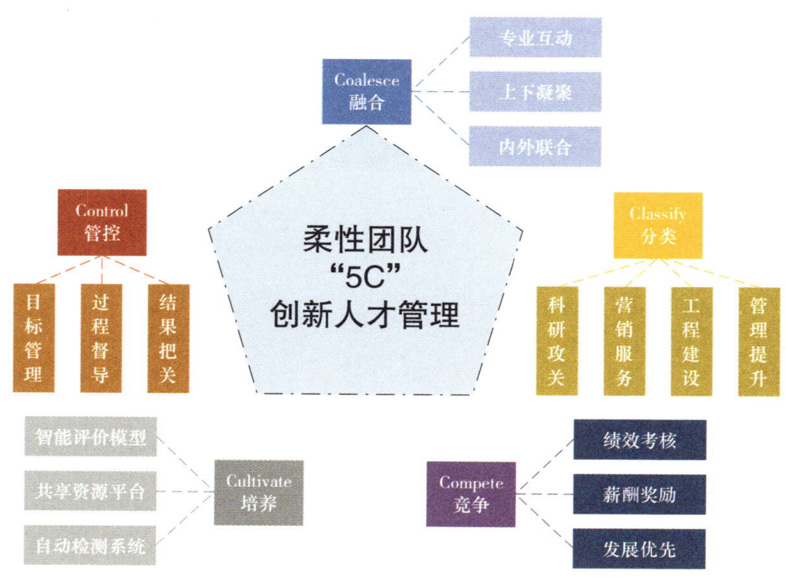

图1　柔性团队“5C”创新人才管理体系

二、工作思路及举措

（一）博采众长，打造共生共济的人才集聚平台

融合是国网苏州供电公司柔性团队人才集聚的“发动机”。传统组织架构专注于强化相同专业的互动合作，但不利于不同专业的交叉融合。当今时代，交叉专业与交叉培养是助推企业创新与助力人才成长的有效举措。因此，公司打破组织壁垒、创新用工管理，于2021年3月发布了《关于柔性团队建设与管理的实施意见》，并首次从政策上提出了“专业互动、上下凝聚、内外联合”的多维融合方针。面对能源革命与企业转型的战略需求，公司依托国家重点计划、国际合作项目等重要资源，坚持“唯才是举、合作共赢”的组队理念，对内通过“点将制”“揭榜制”和“推荐制”等多种方式，吸纳高知人才，破除制约藩篱，整合智力资源，对外采取“四个开放、四个合作”的创新举措，力邀外部单位开展联合行动与专项突破。

历经两个月的筛选斟酌，公司于2021年6月汇聚了来自内部各条战线上的75名优秀人才，并与苏黎世联邦理工学院、上海交通大学、澳洲Jemena公司等外部科研力量共同组建了“国际大电网动态防雷”“精准负荷预测”“舒心电力‘5S’”等7支多元化、开放型、高标准的柔性示范团队。

（二）靶向施策，建立高质高效的人才工作模式

分类是国网苏州供电公司柔性团队人才工作的“指南针”。柔性团队的工作模式不同于常规组织。在效能管理的目标框架下，公司精准施策、靶向管理，实行了任务驱动型的团队分类体系，并借鉴“他山之石”、厚植本土特色，科学性地构建了“矩阵型”科研攻关、“铁三角”营销服务、“项目部”工程建设和“突击队”管理提升的分类工作模式。

科研攻关团队实行“矩阵式”“网络化”的管理方式，打破组织界限、冲破专业壁垒。将来自不同专业领域的科技人员进行“有机”交叉融合，激发思维碰撞，迸发创新活力，推动“研用结合”，打通人才效能的“任督二脉”。营销服务团队借鉴“铁三角”模式，打破企业、部门边界，聚焦客户需求，遵循项目主线，形成多方合力，构建市场开拓、方案设计、产品交付与费用回收等不同单元的协同作战体系，不断提升专业管理水平与人力资源效率。工程建设团队采取组建“工程项目部”的模式，围绕在建工程项目，分区域、分专业组织项目管理、技术支撑、工程协调与施工监理。团队采用“直线制管理体系”，以项目为中心，实现了负责人对要素环节的全局掌控。管理提升团队借鉴保电工作模式或“突击队”模式，统筹协调系统内外人员、物资、技术、设备等各类资源和生产作业、技术监督、工程监理、设备厂家等各方力量，快速满足复杂繁重的任务需要，坚持一股韧劲干到底。

（三）百舸争流，健全竞优竞先的人才激励机制

竞争是国网苏州供电公司柔性团队人才激励的“推进器”，以竞争“活水”赋能柔性管理，公司坚持以竞争促发展、以对抗谋共赢，实施了包括绩效考核、薪酬奖励和发展优先在内的动态竞争与长效激励机制，强化质效优先，提升创新活力，推动成果涌现。

绩效考核是遵循纵横两条线，纵向为“团队、领队、成员”的分级考核，横向为“科研、营销、工程、管理”的分类考核，并邀请内外部专家组成综合评审组，最终基于权重因子将纵横考核结果有机结合，从而实施综合绩效排名。薪酬奖励是选取“综合绩效”“任务级别”与“贡献程度”三个关键参数，在公司预先设定的奖励区间内，遵循“公平、公开、公正”的原则，合理确定团队、领队、成员的三级薪酬结果。发展优先是推动柔性团队成为公司培养“一专多能”复合型人才的重要孵化器，具体举措包括计入青年成长积分、纳入专家考核体系和挂钩员工职业发展等，为敢于尝试、勇于挑战的员工积极搭建锻炼成长与展现自我的平台。

（四）学以致用，制定促培促训的人才提升方案

培养是国网苏州供电公司柔性团队人才提升的“催化剂”。公司制定了“以培促学、以培促效”的育人方针，借助人工智能与大数据技术，开发了“智能评价模型”“共享资源平台”和“自动检测系统”的“闭环培训工具”，构建了以人为本、知行并进的培养保障机制，为柔性团队的能级建设提供了有力支撑。

“智能评价模型”依据多源多维视角，利用知识图谱、数据驱动等技术，对7支柔性团队、75名核心成员进行综合评估，精准描绘了人才队伍全景视图、专业人才立体画像。“共享资源平台”力邀各类专家人才线上分享理论成果和经验方法；并基于海量资源，推动模型评价与算法推荐深度结合，实现对团队和成员学习资料的精准推送。“自动检测系统”以平台高频推荐为导向，对学员自动生成测试题目，采用强化学习算法对答卷进行深度剖析，并将结论反馈评价模型从而实现二次修正。

（五）精益求精，实施严进严出的人才管控手段

管控是国网苏州供电公司柔性团队人才约束的“紧箍咒”。“不以规矩，不成方圆”，公司全面解析了柔性团队的生命主线，严把质量关卡，深化周期管控，确立了“目标管理、过程督导、结果把关”的全链管控体系，高标准、强有力地保障柔性团队平稳健康运作。

坚持目标管理是从源头出发，面向公司战略部署和年度重点工作，开展立项需求的“一报三审”制度。由职能部室上报建设方案，经人资部联合专家组初审后，以签报形式发送分管领导复审，最终经总经理审核批准后予以立项实施。夯实过程督导是采用“例会+检查”的复合模式，通过定期例会对团队进展实施跟踪评估与整改监督，通过中期检查对团队成果进行集中展示与公开点评。强化结果把关是采取“内外合力”下的验收评审制。为保证结果客观公正，公司邀请了科研院所的一流学者与科技企业的优秀专家构成外部评审组，与内部职能部室主任联合开展终期审查与答辩评估。

三、实施成效

国网苏州供电公司坚持以创新引领能源发展，以人才推动企业转型，积极培育和打造了一批旗舰型柔性团队，经过一年左右的任务推进，各柔性团队均呈现出“出人才、出成果、见效益、树品牌、聚合力”的良好局面。

一是创新成果相继迸发。截至2022年底，国网苏州供电公司上一年度首批打造的7支

柔性团队累计录用或发表SCI、EI与中文核心等高水平论文14篇，申请或授权发明专利、软著21项，新立国际、国内制度标准6部，完成技术报告12篇，推动地方政府出台相关政策3个，完成系统集成开发5项，并注册品牌商标1个，成为柔性团队人才激励的最好脚注。

二是荣誉表彰不断涌现。2021年国网苏州供电公司“‘舒心电力5S’优化营商环境”柔性团队打造的优化电力营商环境品牌服务推动苏州电网“获得电力”排名进入全国第六；同年9月，公司“苏供·电博士”柔性团队斩获联合国全球契约青年SDG创新者项目最高奖项—金奖（如图2所示），成为全国唯一获此殊荣的央企团队；2022年5月，“国际动态防雷”科研团队获得第17届“江苏青年五四奖章”集体荣誉；同年6月，柔性团队杰出代表童充当选了“2022年联合国可持续发展目标全球先锋”，并于7月得到了国家电网公司董事长辛保安的接见。

图2　中国青年SDG创新挑战赛金奖获奖现场

三是应用转化成效显著。国网苏州供电公司“国际动态防雷”科研团队将其在雷电防护领域的科研成果应用于南通洋口港化工园区，有效提升了沿海地区化工企业应对雷暴自然灾害的能力；“舒心电力‘5S’优化营商环境”柔性团队将其品牌理念推广应用于木渎智慧工业园等6个开门接电示范区和2个“零计划停电示范区”；“数字货币”柔性团队已完成对智能计量箱、“网上国网”App、电动汽车充电桩、财务智能支付和供应链金融的数字货币场景应用，累计收取数字人民币逾万笔；2021年“数字化应用转型”柔性团队开发的电力金融数据产品实现合同应收209.6万元。

基于“全链条运转、全专业协同”的地市物资数智管理体系构建

国网苏州供电公司

地市供电公司物资工作定位由“纯业务”向“业务、管理并重”转变，传统管理方式已不能适应物资发展新局面。国网苏州供电公司紧紧契合地市物资属性定位，构建物资数智管理新体系。建成全省首家实体化供应链运营中心，建设主网物资供应链、配农网及其他物资供应链，形成“中心主导、全链发力”的协同运转机制。聚合全电网数据，搭建供应链数智运营平台，开展数智化运营；聚焦全链条运转，主动服务提前介入、物资供应快速响应，强化物资保障服务；聚力全专业协同、风险实时预警、资源统筹调配，强化物资精益管理。通过一系列创新举措，促进供应链与专业链“同频共振”，实现“始于专业需求、终于专业满意”，全面支撑公司和电网高质量发展。

一、工作背景

在数字经济时代，强大的供应链管理能力已成为企业不可或缺的软竞争力，以亚马逊、华为、苹果、联想为代表的知名企业纷纷开启了供应链管理模式的革新。习近平总书记在党的十九大报告中提出了打造“现代供应链”的新发展理念，国务院明确了“打造大数据支撑、网络化共享、智能化协作的智慧供应链体系”的工作要求，标志着“现代（智慧）供应链”发展正式上升为国家战略。电网企业应用“大云物移智”等现代信息技术，推进物资供应链各环节深度融合、协同运作，推动物资供应链管理转型升级、提质增效，势在必行。

随着地市供电企业物资工作定位由“纯业务”向“业务、管理并重”转变，现行体制机制存在的问题和矛盾日益凸显，具体表现为：物资人员受传统习惯影响，常出现“重业

务轻专业”情况，造成管理空缺或错位；专业壁垒严重影响物资管理和服务，各子专业串联于省公司物资体系各专业下，运转相对独立，造成市级供应链首尾难顾、协同性较低；物资需求部门需分别对接各子专业，物资供应协调成本高、效率低；结构性缺员、缺乏信息化支撑，物资风险识别及防控不及时，物资到位不及时等。上述问题已成为制约地市供电公司物资发展的瓶颈，亟须通过组织机制变革、数字化升级等手段，全方位提升物资供应质量、效率、效益和规范化水平，为公司发展和电网建设提供可靠的物资保障。

二、工作思路及举措

（一）立足新发展阶段，勾勒地市物资发展路线

国网苏州供电公司深刻把握新理念，坚持高质量发展方向，经过深入研究、系统思考，确立“112”工作思路，即“一机制、一平台、两强化”（如图1所示）。“一机制”，组建主网物资供应链、配农网及其他物资供应链两大物资专业链，建立供应链运营中心，形成“中心主导、全链发力”的协同运转机制。“一平台”，汇聚全电网数据、强化数据共享、深化数据价值挖掘，用数据驱动供应链向智能化、智慧化方向发展。“两强化”，聚焦“可研初设、生产制造、物资供应、设备投运”全链条高效运转，与设计单位、项目单位、供应

图1　地市物资智慧管理体系思路图

商紧密联动，物资状态全程追踪、提前介入主动服务、物资供应快速响应，强化物资保障服务。聚力“需求计划、招标采购、合同履约、质检监造、仓储配送、废旧处置”全专业高效协同，全局实时监控、风险自动感知、资源智能调配，强化物资精益管理。

（二）构建新管理架构，建立协同高效工作机制

统筹考虑地市供电公司物资业务特征，深入分析国家电网公司、国网江苏电力公司管理要求，建设基于“两链一中心”的全新管理架构，即主网物资供应链、配农网及其他物资供应链、供应链运营中心。

物资供应链配置需求计划、招标采购、合同履约、质检监造、仓储配送、废旧处置等全流程人员，通过供应链的一体化运转，向需求单位提供全流程服务。该架构一方面实现了物资服务“指标共担”，以保障主网物资、配农网及其他物资供应为目标，确保供应链上各专业配合密切、信息共享、责任共担。另一方面，建立了物资服务的“链长制”。由物资部副主任担任供应链“链长”，统筹供应链正常运转，把各子专业的多头对接变成“一对一”对接，提升服务质量。

供应链运营中心作为供应链运营的“大脑中枢”，推动供应链管理端到端可视、预警监控、智慧洞察、绩效提升。中心主任由物资部主任兼任，设置运营分析、资源配置、预警督办、计划、履约、招标等管理岗位并承担相应职责，全面实践供应链运营的实体化运作。

（三）聚合全电网数据，搭建数智运营平台

汇聚各专业业务数字化成果，构建服务灵活、轻应用、快迭代的供应链数智运营平台，支撑地市物资管理数智运营（如图2所示）。一方面，实现了运营管理数字化，依托数据中

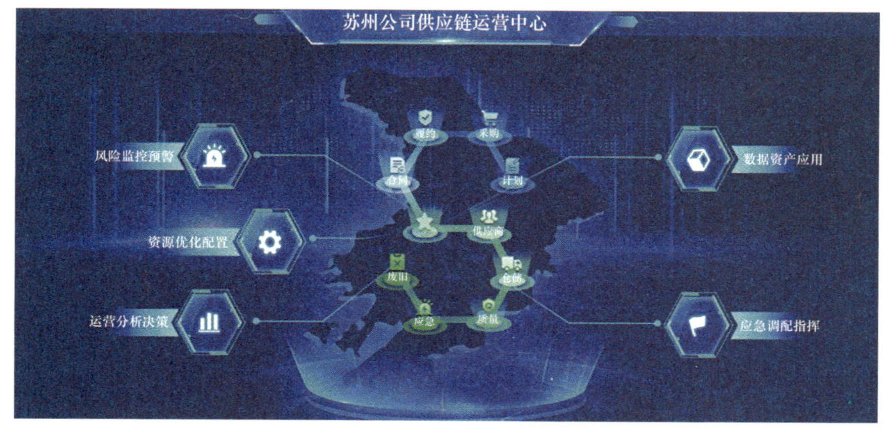

图2　供应链运营平台功能示意图

台和省公司供应链运营平台，建设由“数据+算法”中枢和功能应用构成的供应链数智运营平台，以专业视角、全供应链视角以及规范性视角划分形成运营分析决策、风险监控预警、数据资产应用、资源优化配置、应急调配指挥“五大”功能模块。另一方面，实现了分析决策智能化。国网苏州供电公司在省公司已部署的基础功能应用基础上，利用人工智能算法、云计算技术，因地制宜开发“基于人工智能的现场作业风险识别告警”“到货验收可视化管控功能优化”“应急抢修物资智能调配、主动配送”等场景。

（四）聚焦全链条运转，强化物资保障服务

1.推行“一镜到底”，物资状态全程追踪

以资产实物ID编码为纽带，通过关联设备参数、供应商名称、采购订单号等，全程记录物资从规划计划到合同签订再到退役报废等环节信息，围绕生产、物流、交付等关键节点，监控物资所处的位置和状态，实现物资状态全程追踪。

2.强调“双向融合”，主动服务提前介入

坚持供应链与业务双融合双促进，聚焦专业部门、项目单位需求，提供主动式、定制化、合规化服务。例如：供应链人员常态参加基建、生产、营销等专业例会，推动物资管理要求提前融入各专业项目部署和实施过程；供应链人员紧密对接项目需求，科学匹配采购“班车”，积极争取“专车”资源；定期组织各需求单位召开供应协调推进会，实时跟进汇总各级物资供应情况；试点专业仓产业化运营，提供仓储业务支撑服务、装卸搬运服务、设施设备运维服务等；对供应链平台数据访问进行统一严格的权限认证和授权及非法数据访问日志记录等。

3.实施“三位一体”，物资供应快速响应

以胥口“检储配”基地为试点，以数智运营平台为载体，构建“一体化作业、智能化仓储、主动式配送”的检储配一体化作业体系，实现物资随到随检、入库即合格、出库即可用、需要即可送的快速响应机制。

（五）聚力全专业协同，强化物资精益管理

1.脉络整体把握，推进管理提升

以辅助供应链运营决策为目标，开展专题分析、课题分析、发展规划等，形成业务优化建议和规划研究，补齐物资管理短板，夯实物资管理基础，有力支撑物资决策和工作部署。2022年上半年，推进落实了“物资需求计划与项目里程碑计划双向匹配”“协议库存动态预警”“供应计划集中调配”“业扩物资联合储备”等管理提升项目。

2. 风险实时预警，实现靶向施策

以国家电网公司及省公司对物资全专业考核要求为基础，增加地市公司日常运作所关心的监控内容，形成覆盖“点+线+面”的监督指标体系，共计37项指标。供应链运营中心下发预警工单至供应链，供应链根据预警信息处理异常，供应链运营中心跟踪督办，直至消缺完成，促进风险管控由“事后整改”向“事前预防、事中控制”转变。

3. 资源统筹调配，供需精准对接

统筹物资、项目、供应商三方信息共9大资源，打通“物资库”与“专业仓”壁垒，充分挖掘和利用全网协议库存资源，智能推荐最优调剂方案，并通过平台对执行过程进行实时跟踪和监控，确保物资需求“时时可调”。做到应急资源“及时到位、随时到岗”。在应急状态及重大保电活动中，供应链运营中心自动升级为供应链应急指挥中心，在线协同应急物资需求提报、调配指挥、仓储配送、现场交接结算支付等业务，全面提升应急响应速度及保障能力。

三、实施成效

（一）高效协同运转，实现物资管理升级

改变了按照专业条线运转的传统管理方式。构建基于“全链条运转、全专业协同”的地市物资数智管理体系，实现物资服务由“被动响应”转变为“主动服务”，物资管理由“分散化”转变为“一体化”。

全面提升了物资管理效率。截至2022年底，库存物资管控率达到98.24%，同比提升5.8%，物资合同履约完成率达到99.87%，同比提升1.87%。

（二）增强运转活力，有效降低运营成本

全面提升了物资运转效率。基于检储配一体化，检测时间同比减少70%，配送时间缩短30%。2022年全年，国网苏州供电公司全部物资到货及时率为99.29%，同比提升4%，物资配合费用减少约688万元。

全面推动了库存压降。通过全量物资资源信息分析，库存物资利库6400余万元，推动库存积压物资压降30%左右，废旧物资处置收入1.06亿元。

（三）发挥电网优势，助力地区高质量发展

有力支撑了区域高质量发展。保障了清洁能源外送、柔直示范、智能配网、清洁供暖

等工程物资供应，助力区域电网工程顺利投运。支撑公司接电服务水平，为提升苏州营商环境作出贡献。

充分彰显了央企责任。应急状态及重大活动保电中多次开展调配工作，效率提升25%以上。2021年，供应链运营中心统筹全市资源，高效完成了吴江风灾抢修物资保供工作。2021年，河南郑州遭遇特大冒雨袭击，国网苏州供电公司跨省调拨12千米低压电缆、派出2批支援队伍驰援郑州。2022年，上海疫情形势严峻，国网苏州供电公司在2个小时内紧急调配防疫物资，全力支持上海抗疫，充分彰显央企的社会责任。

市级供电公司适应多种考核情景的量化激励机制构建与实践

国网徐州供电公司

创新定义绩效激励指数，统一评价各单位管理成效，同时为各单位考核方式方法的建立与调整提供了高度的灵活性；科学设置月度、季度、年度指数标准值，划定绩效激励力度标尺，开展孤点分值校验，防范特殊情形影响评价准确度；创新定义员工绩效评价系数，科学评价跨单位跨班组等流动员工季度、年度绩效，实现考核周期内跨组织员工的准确评价；建立各周期结果联动、组织员工绩效管理联动机制，实现绩效评级全周期贯通，体现卓越过程，确定卓越绩效，推进组织绩效管理与员工绩效管理一体化；搭建绩效管控系统，实现各项管控策略的落地实施，支撑绩效管理工作高效开展。构建并实践了适应多种考核情景的量化激励机制，推动了绩效管理工作高质量发展。

一、工作背景

（一）落实国企改革三年行动方案的具体要求

国企改革三年行动工作明确提出了“在提高国有企业活力和效率上取得明显成效”的目标，国家电网公司作为关系国民经济命脉和国家能源安全的特大型国有重点骨干企业，做好绩效管理工作，以激发员工和企业活力、提高员工工作和企业运转效率具有重要意义。

（二）更好实现薪酬能增能减目标的必然要求

2021年初，《国家电网有限公司绩效管理办法》（国家电网人资〔2021〕55号）正式印发，国家电网公司进一步明确提出“员工绩效工资与所在组织、本人绩效考核结果挂钩，合理拉开差距，原则上A级员工与相同岗位层级员工平均绩效工资倍比不低于1.15”的具体要求。国网徐州供电公司需要积极落实国家电网公司工作部署，分别在评价周期、分层分级、绩效兑现环节创新实践，提升准确性和有效性。

（三）推进绩效管理体系能力提升的内在需求

在日常绩效管理工作中也涌现出了一些新问题，一是在绩效管理管控上，由于不同单位工作性质、工作内容各异，对基层各单位绩效管理成效缺乏统一、科学的评价模式。二是在员工跨组织统筹评价上，由于所属组织、绩效经理人的变动，评分方法、尺度均发生了改变，需要真正做到科学、准确。三是在管理具体操作层面上，出现“跨周期绩效等级比例、名额分配难”“绩效管理工作流程长、审批审核环节多、资料线下流转汇总效率低”等细节性问题。

二、工作思路及举措

（一）工作思路

1.明确基础与导向，找准路径与手段

以近年来国网徐州供电公司员工绩效管理实践经验和数据积累为基础，以上级任务目标和当前绩效管理工作存在的问题为导向，以推进绩效管理体系和管控机制量化、信息化为主要路径，以管理模式迭代优化、数据分析应用为手段，丰富绩效管控方式方法，提高绩效管理工作效率，深入激发员工活力、提升企业竞争力。市级供电公司适应多种考核情景的量化激励机制如图1所示。

市级供电公司适应多种考核情境的量化激励机制构建与实践
目标导向
问题导向
实施更多样的激励方式
更好实现A级员工薪酬倍比的1.15倍
如何统一评价管理成效?
如何评价周期内跨组织员工?
如何提高绩效管理工作效率?
如何监控轮流坐庄?
……
多情景量化统一评价机制
成效标准量化与校验机制
员工绩效量化归一机制
多维量化联动机制
信息化系统管理机制
正向宣传引导交流机制
基础：近年来国网徐州供电公司员工绩效管理模式迭代经验与数据积累

图1　市级供电公司适应多种考核情景的量化激励机制

2. 梳理策略与思路，确定六个发力点

分析当前绩效管理工作中存在的问题与症结，对比分析不同绩效评价方法的优劣，确定相对最优绩效评价管控方案。

根据政策要求及公司实际情况，明确绩效激励量化标尺，并制定结果校验策略，确保评价公平公正。

设定员工绩效成绩的统一量化标签，提高隶属不同绩效管理单元员工的横向可比性，实现员工周期内跨组织的精确评价。

构建时间维度与组织维度的联动绩效评价，促进绩效管理全周期贯通衔接，个人绩效与团队绩效紧密相关。

构建绩效管控平台，开展绩效管控机制信息化建设，赋能各级组织绩效管理工作，全面提升绩效管理工作的质量和效率。

加强正面宣传引导，营造正向绩效文化，充分发挥绩效管理在激发员工活力、提升企业竞争力中的重要作用。

（二）具体举措

1. 定义绩效激励指数，多模式量化统一评价

不同类型组织受工作内容、工作模式等因素影响，考核方式方法存在较大差异，员工绩效分布千差万别，为量化各单位绩效考核力度，统一、直观地评价各单位员工绩效管理成效，徐州公司创新设定绩效激励指数。

员工绩效激励指数＝绩效得分平均差 ÷ 绩效考核平均分。用平均差与平均分相除可以全面反应出绩效评分的区分度，且消除了不同单位评分基数的影响。绩效激励指数越高，代表该单位员工绩效考核力度越大，薪酬能增能减工作完成越好。当绩效激励指数未达到最低要求时，基层单位无须调整固有考核模式，仅需加大考核尺度，即能满足要求。

2. 分析设定指数标准，设定员工绩效激励标尺

国家电网公司规定A级员工比例20%、A级员工收入不低于平均收入水平的1.15倍，以10名员工为例，2名A级员工得分为119.5分，其他8名员工为100分，可满足国家电网公司标准，相应计算绩效激励指数为6%。考虑员工绩效确实存在受阶段性工作等因素影响，不同月份的绩优员工可能存在变化的情况，依据三种典型评分示例进行测算，见表1，相应计算三种模式的季度绩效激励指数均为4.6%，因此将季度、年度标准值下降至4.6%。

表1　　季度、年度绩效激励指数测算方法

序号	人员	示例1				示例2				示例3			
		1月	2月	3月	合计	1月	2月	3月	合计	1月	2月	3月	合计
1	员工1	114	100	100	314	115	100	100	315	120	100	100	320
2	员工2	114	114	100	328	115	115	110	340	120	120	100	340
3	员工3	114	114	114	342	115	115	115	345	100	120	120	340
4	员工4	114	114	114	342	100	115	115	330	100	100	120	320
5	员工5	100	114	114	328	100	100	115	315	100	100	100	300
6	员工6	100	100	114	314	100	100	100	300	100	100	100	300
7	员工7	100	100	100	300	100	100	100	300	100	100	100	300
8	员工8	100	100	100	300	100	100	100	300	100	100	100	300
9	员工9	100	100	100	300	100	100	100	300	100	100	100	300
10	员工10	100	100	100	300	100	100	100	300	100	100	100	300
绩效激励指数		6%	6%	6%	4.6%	6%	6%	6%	4.6%	6%	6%	6%	4.6%

3.定义绩效评价系数，跨组织层级科学评价

员工的流动主要包括正式调动、挂职、借用等，由于部门或班组的变动，评分方法、尺度均发生了改变。为做好跨组织、跨周期员工的工作业绩评价，需要解决两个问题，一是谁来评价，二是怎么评价。

关于谁来评价的问题，国网徐州供电公司将是否超过半个评价周期作为重要参考，结合员工个人意愿，明确评价部门，同时，考虑员工个人意愿，当调入时间不足半个评价周期时，若员工申请在调入部门评价，也可进行调整；对怎么评价的问题，创新定义员工绩效评价系数，员工绩效评价系数=员工得分/员工所在考核分组平均分，将员工的分数根据部门的平均分进行折算，实现跨组织、跨周期员工准确评价。

4.绩效管理多维联动，提升绩效管控效力

在二次考核过程中，月度绩效考核结果与季度、年度员工评级关联性不强，为增强年度绩效与季度、月度绩效的正向联动，避免“轮流坐庄”现象，建立月度、季度、年度评价联动机制，由月度累计得分直接评定员工季度、年度绩效等级。

绩效激励指数可以直观展示评分差距，针对不同考核周期，分别计算绩效激励指数，可以有效监控轮流坐庄情况。当月度评分拉开一定差距时，若每个月高分/低分员工均不同，存在轮流坐庄的情况，则计算的季度累计绩效激励指数远小于月度值，通过月度季度绩效激励指数的对比，能够实现对轮流坐庄的有效监测。

5.搭建绩效管控平台，推进管理高效智能开展

绩效管控系统采用以绩效经理人为基础的层级式框架分布结构，每个绩效经理人及其所管理员工为一个基础单元，在此基础上进行层级嵌套，实现绩效经理人管理模式与固有组织架构的灵活共存。

在此平台，各级组织每月填报员工绩效管理数据，绩效激励指数、绩效评价系数等量化指标后台自动计算。实现各级组织差异化评价方案制定，精准设置不同类型组织的月度、季度、年度绩效激励指数标准值。系统自动判定是否满足绩效激励指数标准，对于不满足要求的部门，系统会自动驳回以督促各单位进一步拉大收入差距。

三、实施成效

（一）绩效薪金多维联动，企业活力有效激发

2022年，国网徐州供电公司通过绩效激励指数、跨月度联动绩效、跨组织跨层级绩效管理等管控策略的实施，达到了对于普通员工，在月度拉开了2万元左右的差距，2022年全年薪酬A级员工薪酬倍比达到1.17，实现了年度A级员工1.15倍比的薪酬能增能减目标，充分调动了各级员工的工作主动性与积极性，切实发挥了绩效管理的激励作用。

（二）数字平台智能管控，管理效率明显提升

管控平台，实现了员工月度绩效考核、业绩过程考核的数字化管理，绩效激励指数可以直观体现员工评分力度，实现了根据实际工作完成情况，合理拉开各部门绩效差距的目标；平台通过将组织业绩考核结果向各部门自动推送，确保每项指标及时准确分解到相关员工，大大提高了绩效管理工作的质量与效率。

（三）绩效管理“百花齐放”，管理能力逐渐释放

绩效激励指数的设置，实现了方法的解放，各级绩效经理人立足实际、因地制宜持续改进绩效管理方式。变电运维室开展“诚信积分制”考核，督促员工不断提高安全意识和责任心；变电修试班组实施“多系数”积分考核模式，促进业务融合落地；计量室设置“时间、数量、质量”模拟市场三要素考核指标，实现经济效益与业务效率双提升等。

基于数字技术的市县一体化供电服务指挥中心建设

国网扬州供电公司

扬州供电服务指挥中心成立于2018年，但县级供电服务指挥业务缺失，供电服务指挥体系存在短板，市县纵向业务协同不足，县级信息系统支撑不足。因此，以供电服务AI指挥员为核心，以营配调数据为基础，建立市县供服“一站式”全景数字平台（小艾2.0）。通过智能语音、图像识别、大数据分析、流程自动化等数字技术，推动县供电服务指挥业务数字化迭代，赋能诉求汇聚、流程替代、过程预警、事后评价等供电服务指挥闭环过程，推进市县同质化管理。发挥市供电服务枢纽作用，增强业务、数据、技术、管理融合能力，实现市县一体化供电服务指挥业务协同管理效率、社会经济效益、服务价值创造能力全面提升。

一、工作背景

（一）基本情况

国家电网公司提出建设具有中国特色国际领先的能源互联网企业，初步建成了“以客户为中心，资源统一配置、服务一口对外、业务全面管控”的供电服务指挥新体系。近年来，国网扬州供电公司以客户为中心，以可靠性和优质服务为主线，坚持创新引领，通过资源整合、业务重组和流程优化，形成了“过程透明、信息在线、流程融合”的供电服务指挥体系，助力公司高质量发展。

供电服务指挥中心作为国网扬州供电公司营配调业务支撑和实施机构，实行7×24小时服务管控和服务响应，下设配网调控班、配网运营指挥班、服务指挥班和营配调技术支持4个班组，主要承担配网调控运行、配网抢修指挥、配网运营管控、客户服务指挥、服务质量监督、营配调技术支持等业务。

（二）存在的问题

一是组织体系不完善。供电服务指挥体系架构不完善，县级供电服务指挥分中心建设要求尚未明确，市县协同指挥界面不清晰，县公司班组设置不完善、技术力量弱，一人身兼多岗情况严重，不适合目前监测分析等指挥集中集约、末端融合下沉强化现场的趋势要求。

二是业务纵深推进不足。供电服务指挥中心部分业务实施不均衡，末端营配网格化管理不统一，纵向跨专业融合深入有待进一步提升。因市县公司运检、营销业务未同质化管理，县公司相关跨专业业务中间环节多，营配业务协同和支撑能力不足，配电网管理水平和优质服务水平急需提高。

三是信息系统支撑不足。供电服务指挥系统未完全贯通市县业务数据，县公司专业间数据烟囱效应、管理壁垒依然存在，部分单位系统指挥功能不完善，业务界面不清，系统信息汇集和中枢作用未充分发挥，暴露出数据共享不充分、数据多头维护等问题，未能实现业务融合、数据贯通和资源共享。

二、工作思路及举措

（一）思路及目标

为推进“电网+服务”管理融合，进一步发挥好供电服务指挥中心“统筹指挥、精准决策”的枢纽作用，从组织体系、业务运转、数字赋能三个方面，进一步优化完善供电服务指挥体系，促进营配调业务协同贯通，全面提升客户服务水平和配电网运营质效。

组织体系方面。实施供电服务指挥体系再深化，组建县级供电服务指挥机构，明确市县两级管控架构和职责界面，进一步统筹市县配网抢修指挥、配网运营管控、客户服务监督、营配调技术支持等业务实施，不断提升管理穿透力和落地执行力。

业务运转方面。构建市县一体的业务运转模式，健全“供服指挥中心—末端网格”快速响应机制，以“停电全感知、服务全透明、监督全覆盖、信息全在线”为目标，深化工单驱动的营配业务管控，强化地区、网格各层级运营指标管控和分析，做到市县同专业、同标准、同评价。

数字赋能方面。聚焦客户体验、专业深度和班组效率提升，强化人工智能、数据中台应用，深化数据与主动服务、智能运方、风险预警、智慧网格管理等场景的深度融合，数字化管理水平在国网、省公司持续领跑。

（二）主要做法

1. 组织架构

在各县公司分别组建实体化运作的供电服务指挥中心，定位县公司业务支撑与实施机构，承担本单位配网抢修指挥、配网设备监测、客户服务指挥、服务质量监督等业务的统一开展，接受本单位营配调等职能部门的专业管理，接受市供电服务指挥中心的业务指导。

按照“机构精简、层级扁平、管理高效”的原则，县供电服务指挥中心设管理层和业务层。管理层为中心负责人和管理（技术）专职，业务层设供电服务指挥班、配网运营管控班。县公司原营销部95598客户服务及质量监督业务、调控中心配网抢修指挥及停电信息发布业务、配电运检中心配网运营管控业务、三新公司农电管控中心等机构的相关职责和人员整体划入县公司供服中心，原业务机构撤销。

2. 主要职责

县公司供电服务指挥中心应独立设置，区别于现有市县公司业务分类（如图1所示）。作为属地业务支撑和实施机构，根据相关专业工作标准，支撑县公司运维检修部、营销部、调控中心等专业管理部门相关业务。

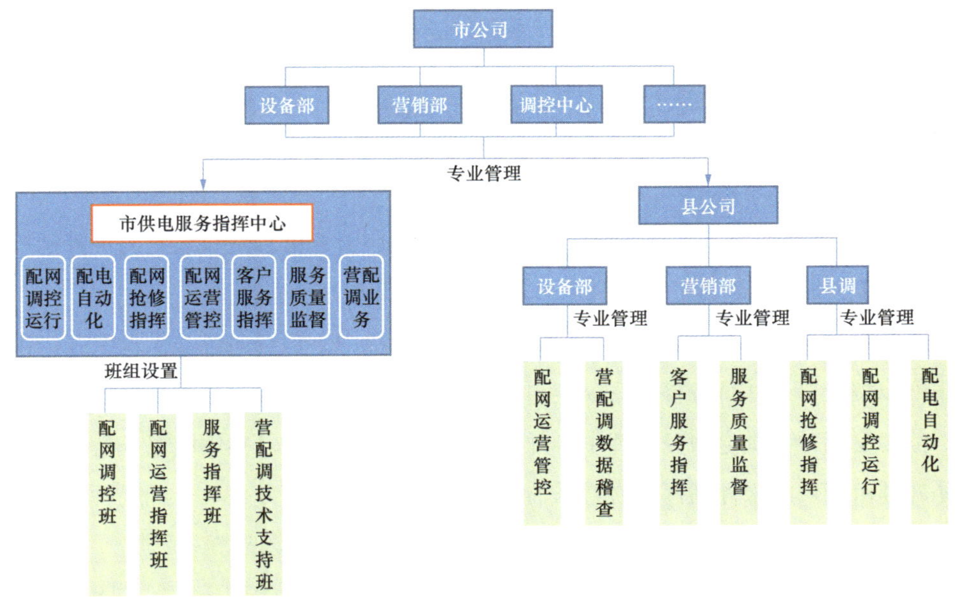

图1　市县公司现有业务模式

县公司供电服务指挥中心主要负责配网抢修指挥、配网运营管控、客户服务指挥、营配调业务支持等四大类十九项业务，提供各类指标数据、问题分析、风险预警、整改和评价建议，县调控中心独立开展配网调控运行及配电自动化相关业务（具体业务模式如图2所示）。

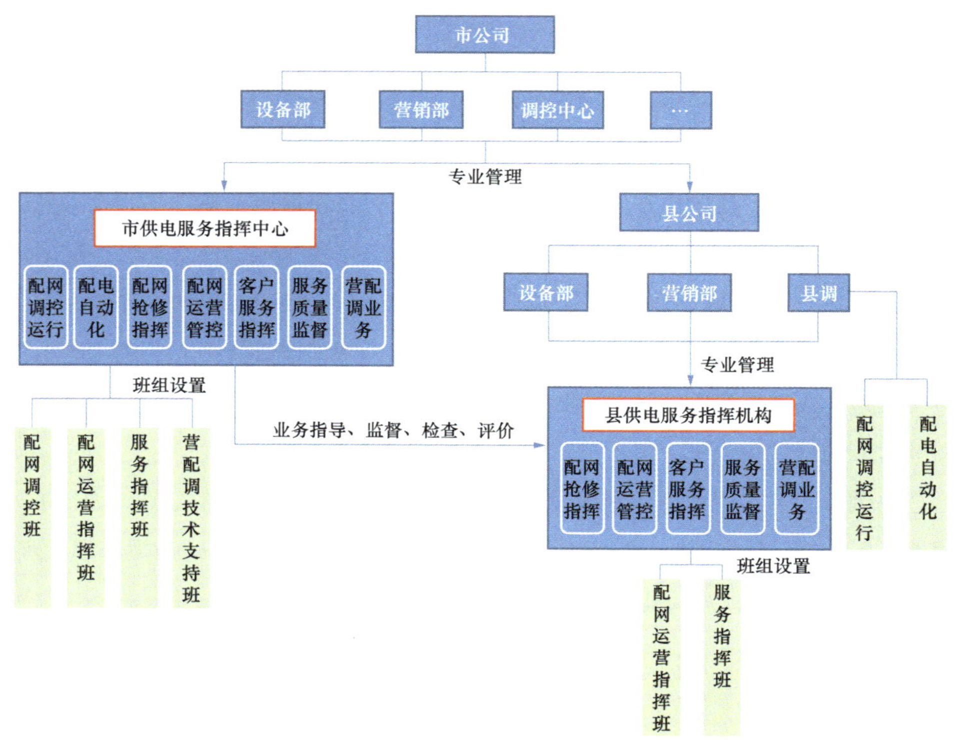

图2　市县一体化业务模式

3. 业务协同

县供电服务指挥中心对外负责客户诉求归集沟通、服务信息发布，对内负责指挥大后台资源支撑服务前端，对服务质量开展过程监督，提出业务改进建议。

与市供电服务指挥中心业务协同。市供电服务指挥中心负责向各县供电服务指挥中心派发非抢修类工单，并负责督办、审核与闭环；负责派发设备监测异常情况的抢修及运维工单；负责定期对县供电服务指挥中心开展服务质量监督评价。县供电服务指挥中心负责接收并处理市级供电服务指挥中心转派的各类非抢修工单、督办工单；开展所辖范围内服务质量监督管控；负责开展设备监测异常情况、服务事件的现场调查、反馈。

与县运检部业务协同。县供电服务指挥中心支撑县公司运检部开展配农网管理。负责配网设备监测、配网可靠性、分线线损等业务和关键指标的管控分析与预警督办。根据相关工作标准，指挥市县基层班组开展配农网运维检修、中低压故障抢修、基础数据核查等具体业务，并对实施过程进行管控。县供电服务指挥中心将内外部配网运检业务需求分解成作业事件，并以工单形式发起业务办理流程、调配业务资源，并对业务全过程进行跟踪督办、分析评价的闭环管理，为运检部提供各类指标数据、问题分析、风险预警、整改建议，并提供考核意见。

与县营销部业务协同。县供电服务指挥中心支撑县公司营销部开展业扩全流程管控、客户服务指挥、服务质量监督等工作，根据相关工作标准，负责对服务全流程开展预警、响应和客户满意度评价。将县公司内外部营销业务需求分解成作业事件，并以工单形式发起业务办理流程，派发营销类工单至相关班组。县供电服务指挥中心对执行过程进行管控，为县公司营销部提供各类指标数据、问题分析、风险预警、整改建议，并提供考核意见。

与县其他单位业务协同。县公司供电服务指挥机构支撑县公司电力调度控制分中心开展配网抢修指挥、停电信息报送业务，为县公司电力调度控制分中心提供配抢工单、停电信息指标统计、问题分析、整改建议，并提供考核意见。负责向县配电运检中心、三新公司派发非抢修其他运检类工单，并开展工单督办、审核与闭环管理；负责派发抢修类及运维工单，开展抢修力量的统一指挥。

4. 数字赋能

为支撑市县一体化供服指挥机构业务的高效运转，以供电服务AI指挥员为核心，以营配调数据为基础，建立市县供服“一站式”全景数字平台（小艾2.0）。通过智能语音、图像识别、大数据分析、流程自动化等数字技术，推动县供电服务指挥业务数字化迭代，赋能诉求汇聚、流程替代、过程预警、事后评价等供电服务指挥闭环过程，发挥市供电服务指挥枢纽作用，增强供电服务业务、数据、技术、管理融合能力，实现“业务流程透明化、功能调用便捷化、系统应用实用化”，助力提升市县一体供服中心运营质效。市县一体化信息支撑架构如图3所示。

（1）基于模型化的供电诉求汇聚能力。建立故障事件、报修语音、失电感知、保电需求、服务热点等诉求模型，通过高内聚、低耦合的模型化方法，实现供电诉求的全量汇聚，解决供电服务指挥过程中服务对象多元、诉求信息海量、诉求途径多样等问题。

（2）基于数字替代的指挥业务贯通能力。应用AI、网络化等技术，实现配电变压器检修无人化指挥、配网调度网络化发令、抢修指挥网格化派单、营业厅视频自动巡检、转供预案一键生成等业务环节数字化替代，推动供电服务指挥提质增效。

（3）基于流程管理的环节预警能力。拓展供电服务AI指挥员业务流程监控能力与短信、外呼预警能力，实现抢修超时、业扩超期、频繁停电、停送电超时、线路重载等关键业务环节实时预警，保证供电服务质量。

（4）基于实时数据的业务评价能力。以省级量测中心、数据中台为基础，开展实时曲线与状态告警大数据分析，实现抢修工单质检、停电执行校验、抢修满意回访、营配调数据稽查等业务执行情况数字化评价。

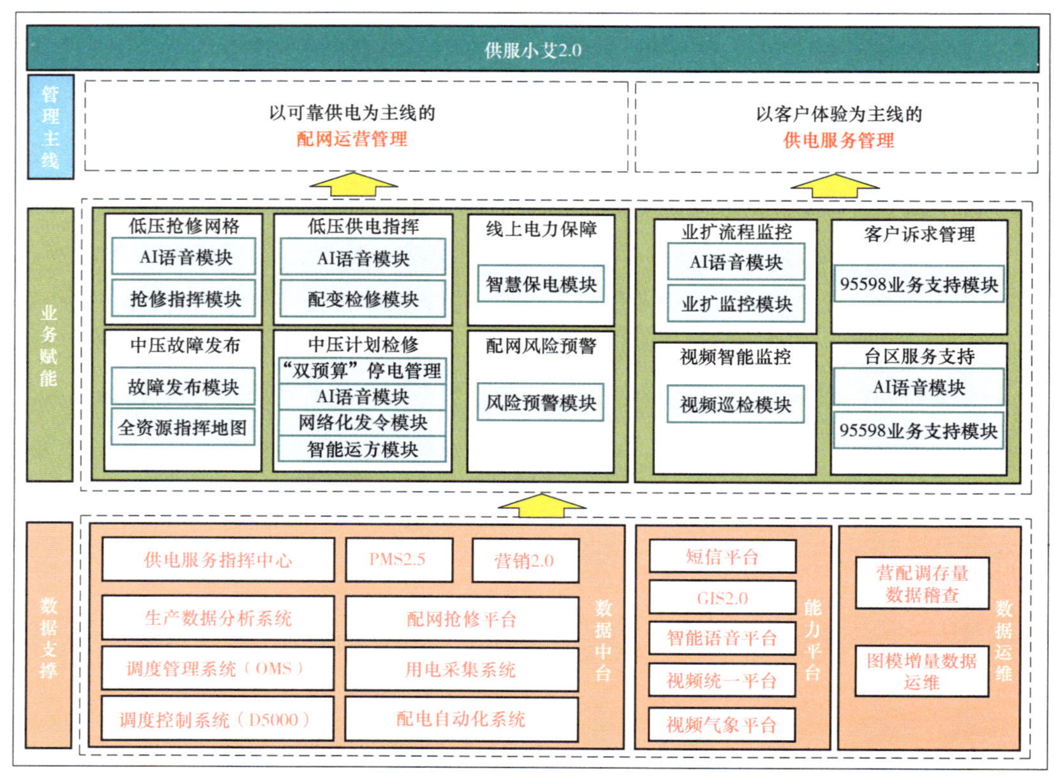

图3　市县一体化信息支撑架构

三、实施成效

在管理提升方面。以供电服务AI指挥员为核心，推动市县一体化供电服务指挥业务迭代融合，形成了统一的组织模式、管理制度、业务流程和系统规范，解决了业务管理分散、环节多，数据准确性与时效性差、共享度不高，数据分析应用不足的问题。以工单驱动为手段，建立抢修、服务、监测等业务一体化闭环管控流程，专业协同性大幅提升。

在可靠供电方面。以市县全量停电信息池为基础，精细化停电管理。通过故障事件化诊断与发布，抢修网格派单、超时预警、工单质检等全过程智能管控，抢修工单一次派发准确率提升至95.21%，抢修平均时长下降25.63%，极大地缩短了用户故障停电时长，保障

社会的高可靠性供电及电网安全高效运行。

在客户服务方面。从满意度、抵达时长、接单时长、修复时长、指挥执行率等方面，建立抢修网格评价体系，客户回访满意率提升至98.77%。通过业扩全流程监控、客户诉求热点分析、客户信息校验等业务数字化管控，万户投诉数0.0037，全省最低，进一步提升客服服务质量，极大地增强了社会的电力获得感。

输变配协同网格自主巡检探索与实践

国网泰州供电公司

输变配协同网格自主巡检策略不仅是多专业、多任务巡检策略优化，更是电网运检模式的数字化转型典型实践。当前，无人机自主巡检已逐渐成为输变配设施巡检工作的重要方式，但存在输、变、配各专业无人机应用各自发展，缺乏专业化统筹管理、资源重复投资、各专业无人机应用缺乏区域化协同的问题。国网泰州供电公司紧密围绕电网数字化转型，以新一代设备资产精益管理系统（PMS3.0）为依托，聚焦公司提质增效、班组减负赋能，成功构建无人机全专业融合网格化智慧巡检新模式，全面实现无人机巡检“五化”转型，根本转变了无人机巡检模式，赋能电网全寿命周期管理、能源互联网生态圈建设，显著提升了巡检质效，实现了良好的管理效益、经济效益和社会效益。

一、工作背景

近年来，在国网泰州供电公司数字新基建、能源互联网等战略需求驱动下，无人机业务迎来跨越式发展，已成为电网运检模式数字化转型的典型实践，有效提升了输变配设备巡检的质效。但目前输、变、配各专业无人机应用各自发展，缺乏专业化统筹管理，资源重复投资，各专业无人机应用缺乏区域化协同。

输电线路、变电站、配变台区等设施是电力系统的重要组成部分，直接影响电网健康运行状态及供电可靠性。当前，无人机自主巡检已逐渐成为输变配设施巡检工作的重要方式。无人机固定机巢作为无人机起飞、停放、充电的平台，可为无人机自主巡检提供通信、导航及能源保障，是提升无人机巡检自主化和可靠性的关键支撑。固定机巢在实际应用过程中，仍存在部分突出问题。一是固定机巢布局不合理。虽然无人机巢设备数量和规模逐年增加，但是多个机巢巡检覆盖范围重叠程度较高，无法以最少数量机巢实现输变配全领域精准覆盖，因此导致无人机巡检效率较低，存在无人机巡检资源浪费问题。二是机巢集群任务分配智能化程度不足。数字化、智能化工程已经成为发展趋势，但无人机巡检任务实施过程中依旧存在分配问题，在任务执行需求、环境、安全等方面欠缺考量，因此难以实现多因素综合任务预分配与节点故障下动态任务重分配。三是机巢集群内部协调程度有限。目前无人机巡检主要依赖的还是输、变、配的单专业巡检，难以实现机巢集群任务共享、云端联调联动，多专业协同调度已经成为需要解决的技术壁垒。

二、工作思路及举措

坚持“科学技术是第一生产力”的理念，落实“创新驱动发展”战略，把握“能源安全生命线”，推进“设备巡视自动化、安全评估常态化、流程管理数字化”，创新推动无人机巡检组织架构优化和业务流程变革。以现代设备管理体系建设为引领，以新一代设备资产精益管理系统（PMS3.0）为依托，聚焦“安全、质量、效能、价值”提升，拓展输变配专业无人机应用广度，提升人工智能、参数化建模等技术应用深度。构建基于网格化机巢的区域化协同运检机制，实现无人机巡检装备智能化、业务规模化、技术实用化、管理规范化、队伍专业化，推动设备运检管理模式转型升级。

（一）突出效益导向，优化资源调度策略

积极研发应用先进施工装备，将人员从简单重复、高风险性的工作中解放出来，改变高风险作业中“人海战术”主导的施工作业方式，提高作业效率，降低安全风险。

以联调联动机制为基础。常态化督查无人机业务开展规范及实施成效，形成以无人机巡检为主导，以人工巡检为补充的巡检模式。同时强化外委人员、装备及作业信息化手段管控，确保作业安全及信息安全事件零发生。

以无人机巡检技术为依托。无人机作为一种高效的巡检工具，能够不受地形、空间等限制，深入人力无法到达的高度和角度，替代人工执行高难度、高风险作业，扩展巡检人员视野，不仅能节省时间和人力成本，提升巡检质量，还能降低巡检安全风险。通过无人机精细化自主巡检规模化应用，设备隐患排查治理取得实效，连接金具断裂、绝缘子掉串、导地线断线等重大隐患均能及时发现和消除，大幅压降状态不良设备比例。

以专业化组织架构为保障。因地制宜组建与无人机区域化协同巡检相适应的柔性专业管理机构，国网泰州供电公司探索成立智能运检中心并在各县公司成立智能运检分中心，

统筹输变配协同作业开展。建立协同应用机制，根据各类巡检任务，适应性组建与无人机区域化协同巡检相适应的专业管理机构，统筹输变配协同作业开展。

（二）发挥技术优势，形成科学巡检制度

制度的创新需要与技术的进步同频共振，在组织体系、业务流程、规章制度等方面变革优化，更加高效整合各类资源要素，提升管理效率效益。

根据各类机巢的性能和适用范围，结合应用需求建立固定机巢分层配置机制。以变电站为中心划分固定机巢部署网格，形成不同类型机巢互补覆盖所有巡视设备的网格化点。基于无人机固定机巢集中调度平台，各专业共享固定机巢，系统根据任务性质、设备重要程度智能编排每日作业任务，接到故障巡视、灾害特巡等临时紧急任务时确保优先执行，执行过程中各专业可通过系统实时查看无人机回传视频图像，任务完成后巡检数据返回各专业进行后续处理，从而实现输变配等各专业无人机协同巡检，如图1所示。

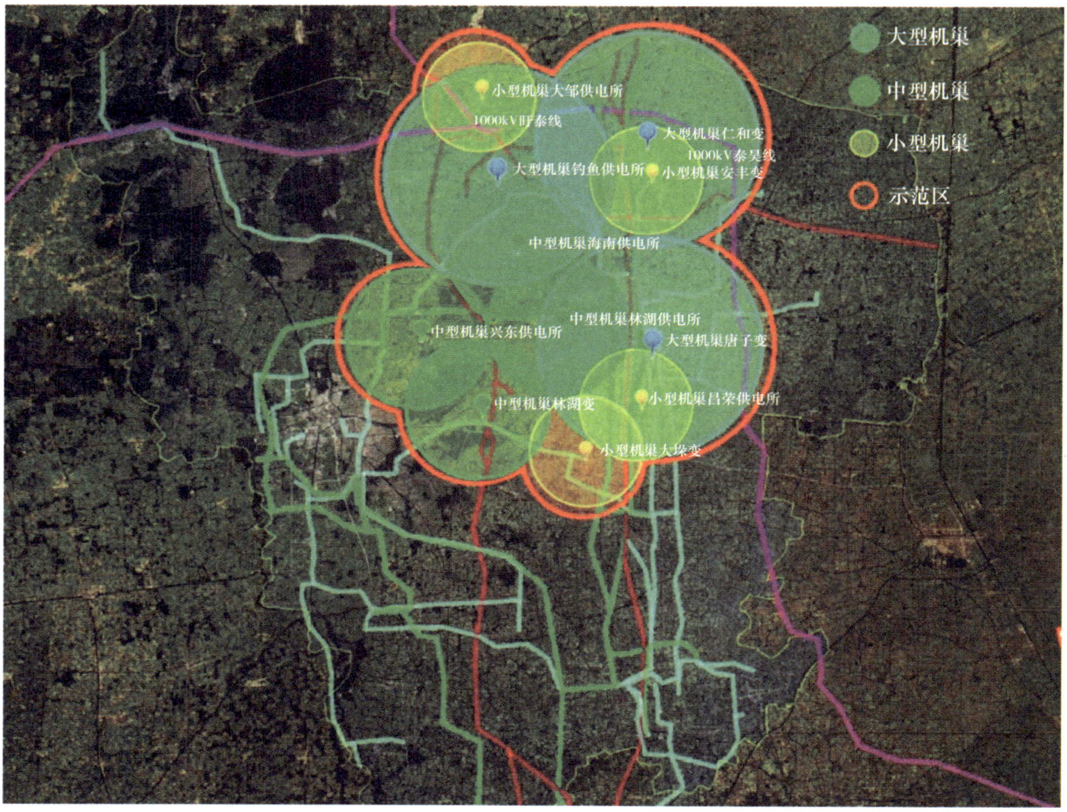

图1　机巢分层配置示意图

优化无人机作业数据全流程贯通。基于无人机机巢部署，构建无人机巡检网络，实现输配变设备巡检全覆盖，全面支撑无人机输变配通道巡检、本体精细化巡检、夜间应急巡检等任务类型，实现从巡检任务制定、任务派发、巡检结果回传，到数据处理归档的实时闭环管控，结合5G技术应用，实现无人机高效远程联动、视频图片等大流量数据低延时回传、边缘侧前端识别和实时建模（SLAM）新型自主巡检作业等场景应用。5G网联无人机实时回传如图2所示，基于配网自主避障的前端实时识别如图3所示。

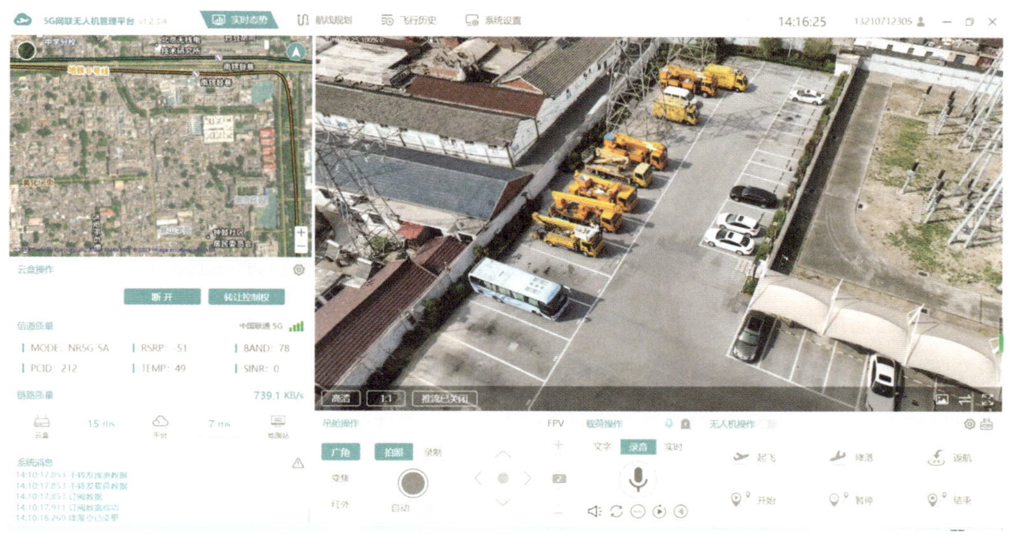

图2 5G网联无人机实时回传

图3 基于配网自主避障的前端实时识别

（三）强化信息整合，建立数字管理模式

无人机作为网格化巡检技术在设备运维中深度融合的重要载体，将实现各类设备状态、环境等信息采集、感知、处理、应用，推进各能源品种数据共享和价值挖掘，加快电网向能源互联网升级。同时，深化无人机与5G通信、边缘计算通信等人工智能技术融合，拓展无人机应用场景。变革无人机巡检作业模式，建立无人机巡检网络；基于网格化机巢部署与无人机巡检单兵作业装备应用为电网输电、变电、配电全环节提供数字化运维服务，构建数据驱动、人机协同、跨专业融合、共创共享的电网运维形态，最大限度支撑电网数字化转型，装备、人员、数据资源优化配置能力、安全保障能力和供电服务能力显著提升。

基于“同源维护、规范接入、统一扎口、共建共享”的原则，基于PMS3.0业务中台开发固定机场共享应用功能模块，深化5G、边缘计算等人工智能技术应用，拓展无人机业务纵深，为全省无人机、固定机场、移动机场等装备提供统一接入、互联共享服务，避免了无人机应用共性服务重复建设，减轻专业应用开发负担，提高无人机在各业务场景应用建设效率。通过构建输配变全专业航线数据库，实现对无人机航迹数据的初始碎片化、重构化，结合无人机输配电线路交跨、建筑物等自动净空排查技术，破除巡检专业壁垒，强化航迹数据耦合性；依托数字化建模技术，从源头开展设备数字化建模，支撑规划设计、工程建设、竣工验收、运维检修等各环节无人机协同应用，实现设备全生命周期数字链数据同源统一。

三、实施成效

国网泰州供电公司以管理创新推广项目实施为契机，以“一体四翼”发展布局为统领，紧密围绕电网数字化转型，聚焦运检提质增效和一线减负赋能，依托PMS3.0，着力推动“四个转型”。技术转型，强化新型基础设施建设，持续夯实数字技术底座；业务转型，强化数字技术融合生态，实现巡检业务线上流转；服务转型，强化数据资产价值释放，打造能源互联网生态圈；组织转型，推动运检组织模式转型，保障数字运检深入开展。在兴化总结出一套可推广可复制的县级供电企业基于无人机规模化应用的数字化电网建设方案，根本转变了无人机巡检模式，显著提升了巡检质效，有效促进了班组减负提效和电网数据价值释放，支撑新型电力系统建设。

（一）管理效益

一是巡检模式更加高效。成功构建无人机全专业融合网格化智慧巡检新模式，打破传

统无人机巡检输变配单一专业执行的模式壁垒，全面实现无人机巡检“五化”转型。有效支撑电网全寿命周期管理，深度融入电力设备规划、设计、建设和竣工验收等各环节。

二是系统成熟度和员工数字化素养显著提升。形成基于PMS3.0的智慧高效的无人机全专业融合网格化巡检成熟模式，加速推进无人机运检全专业规模化应用。在此过程中，培养一支覆盖各专业具有较高数字化思维、素质和能力的数字化核心队伍，支撑公司数字化管理体系建设。

（二）经济效益

一是巡检质量明显提高。实时监控无人机飞行轨迹，保障无人机作业安全合规。有效支撑巡检效率提升。输变配三专业巡检效率分别提升5、3、4倍以上，检修费用减少10%。

二是数字化新技术和大数据应用水平显著提升。应用蚁群算法等数字化新技术，优化区域网格最优巡检及资源配置策略，形成智能高效的巡检模式，降低运维成本和操作门槛。大数据分析技术有效提高运维数据处理效率，提升缺陷识别准确率，支撑基层快速智能决策，降低电网故障损失。

（三）社会效益

一是班组减负提效效果明显。无人机单作业任务流转时间缩短1倍以上，实现设备巡检“少人化、无人化”，有效缓解日益突出的人力资源矛盾。有效支撑业务模式创新，充分发挥电网核心枢纽作用，助力政企协同，服务政府决策和行业治理。

二是供电服务数字化和数据治理水平显著提升。通过设备数字沙盘、多系统大数据综合分析，及时全面掌握设备状况，提升设备状态感知及检抢修能力，及时响应客户需求。电力数据社会价值也得到有效释放。数据治理成效明显，基础数据与现场数据一致性得到根本提升。

基于多维精益管理的供电所价值贡献评价体系构建与实践

国网盐城供电公司

国网盐城供电公司在梳理研究电力高质量发展目标和改革管理要求的基础上，基于激发基层活力、推动企业高质量发展的需求，提出了基于多维管理的供电所价值贡献评价体系。该体系以多维管理为核心，以“效益、服务、管理”三个维度为评价导向，以实现供电所全方位价值贡献为目标，整合多个核心业务平台，利用改进主成分分析与三维建模分析等大数据分析技术，将数据挖掘和供电所测评有机结合，实现对供电所的多维度评价。通过建设与多维价值贡献评价体系相适应的评价结果应用与改进机制，实现了在“员工、供电所、公司”三个层面的价值输出，全方位助力公司提质增效再升级。

一、工作背景

国企改革三年行动以来，网省公司提出开展提质增效专项行动，推动经营模式由依靠电量单极增长向多引擎驱动转变，供电所作为供电公司服务的最基层和管理的最末端，站在了推动内部模拟市场建设的最前沿。国网盐城供电公司以多维精益管理变革为契机，积极寻求推动内模市场建设在最小单元和前沿阵地落地的具体实践路径，探索以数据化、数字化、数智化价值贡献评估计量为手段的激励和管理方法，提出了电网企业基于多维精益管理的供电所价值贡献评价体系及其实现路径，对供电所的经营管理方法与成效进行多维度、全方位、高视角的立体化展示，并量化为价值贡献，以衡量发展成效、洞察问题缺陷、提高工作质效，助力公司经营管理转型升级，全面提升价值创造能力。

二、工作思路及举措

（一）工作思路

供电所传统的业务指标评价体系更多关注安全、稳定、可靠等管理类指标，而对于投入产出、经营效益等方面的评价工作仍未开展，已经落后于国家和国家电网公司改革的步伐。根据落实落细内模市场建设的现实需要，必须对经营、管理、服务质量进行全面、客观、实时、准确的评价，以“评”估指标为手段，以提升“价”值为目标，量化效益成绩、管理水平、服务质量，方可实现对成绩的精准度量、对问题的精准识别、对风险的精准防控。

由此，国网盐城供电公司以战略目标为指明灯，以提质增效、管理提升、数字转型的发展理念为方向标，引入价值贡献视角，深化和拓展价值贡献评价体系的内涵，从“效益、服务、管理”三个维度构建评价体系（如图1所示），对供电所利润创造、问题解决、服务提升三个方面的价值贡献度进行综合、立体的衡量、描述、比较和诊断、分析、洞察，并借助精准直观的数字对评价指标进行量化，借助动态可视的图表对评价结果进行展示，从而强化供电所价值贡献意识，激活数字潜能。

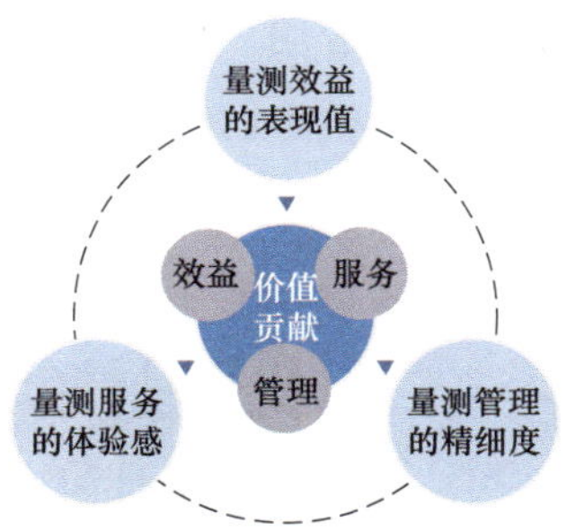

图1　电网企业基于多维精益管理的供电所价值贡献评价体系

效益维度，量测效益的表现值。效益维度的评价最为直观，对其进行有效计量，能够通过收入、成本、利润类等经营核心指标，结合供电所生产经营实际构建基本指标体系，将日益增大的经营压力层层传导。以国网江苏电力内部模拟市场建设的指标体系为基础框架，评价体系的效益维度将收入、成本类的核心指标与利润表相结合，实现了供电所生产经营主要指标（量、价、费等）完成情况的实时测算。

管理维度，量测管理的精细度。管理维度用于及时发现运营主体存在的管理问题，实现具体问题具体分析、解决问题对症下药。在评价体系建立的过程中，对不同领域的管理活动执行了分类归属，借助指标关系图谱，选用比率、长度、人数、金额等侧面属性衡量管理的水平和成效。效益维度的评价实现了管理质量的数据化映射，促进供电所在质量、效率和动力等方面下功夫，撬动效益增长。

服务维度，量测服务的体验感。服务维度用于监测用户的感知和体验。供电所位处用户服务的前沿战线，必须主动适应供电服务的新要求，增强供电企业的电力供应及服务能力，提升用户知电、信电、购电、用电的体验，全面保障用电安全。通过服务质量的测量和评估，能够促进供电所在服务的精细化、人性化上下功夫，巩固用户基础，为增供扩销创造条件。

（二）具体举措

瞄准供电所创造利润、解决问题、提升服务的三大目标，多维精益管理的供电所价值贡献评价体系在构建、应用和运营的过程中，首先以“全面化、标准化、融合化、实用化”的“四化”为标准，建立价值管理指标体系框架；以“搭建数据收集平台、搭建运行监测平台，建立积分管理制度”的“两平台、一制度”为载体，在数据的输入端和输出端实现数字化多维度收集与展示，实现价值管理指标数值量测；设计制定“员工绩效看板、供电所多维画像、运营问题策略库”的“一板、一像、一库”系列可视化，多维度分析诊断数据问题，呈现价值管理指标评价结果；以价值贡献与薪酬分配、管理改进、资源配置“三挂钩”机制为保障，持续深化评价体系的应用，激活价值管理评价体系潜能。电网企业基于多维精益管理的供电所价值贡献评价体系的实现路径如图2所示。

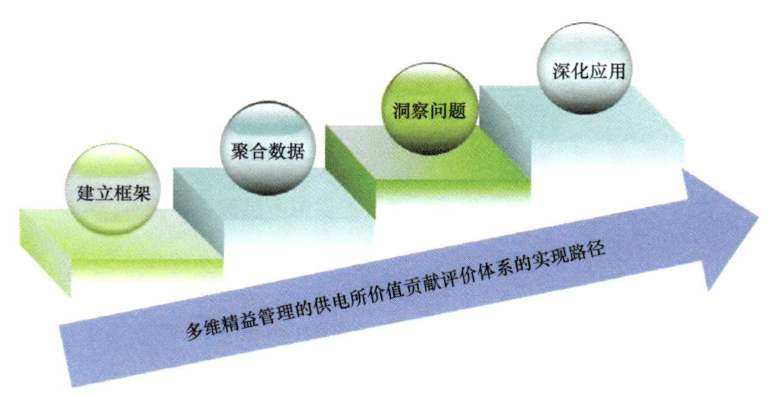

图2　电网企业基于多维精益管理的供电所价值贡献评价体系的实现路径

开展业务梳理，建立价值指标体系框架。国网盐城供电公司充分借鉴国网江苏电力关键业绩指标等内容，在各运检、营销、服务、管理等部门开展全方位业务调研与流程梳理，结合供电所自身的结构特点，对业务内嵌的流程、流程应用的系统、系统包含的数据、数据呈现的指标进行全方位、多层级、宽领域的收集，绘制共计58项的客观、全面、综合的指标图谱作为备选指标库。综合考虑独立性、敏感性等因素，对指标进行再次筛选，建立了涵盖服务效率、管理价值及效益趋势，适用于基层供电所的效益、服务和管理三类23个代表指标。优化运用熵权法和层次分析法，经过计算形成质效评价体系各项指标权重，用于综合反映供电所质效结果。

融合专业数据，实现指标多维收集展示。以模型为信息聚合和呈现的载体，国网盐城供电公司逐月开展多维数据分析，深化运营诊断，并使用分析、发布、预警实现常态化管理，对供电所各项业务和关键指标进行全面管控。在纵向、横向两个维度上对23项供电所指标进行聚焦观察、分类分析，形成多种极具参考价值的供电所经营管理数据。按照分析评价报告管理制度，对各供电所效益类指标、服务类指标、管理类指标得分情况建立360度观察视角，实现了供电所积分排名（如图3所示），供电所质效三维评价（如图4所示），绘制管理贡献价值地图（如图5所示），客观评价经营和管理现状等丰富的信息呈现和灵活的数据互动，为改进业务表现提供合理依据。

某供电所质效评价打分表（QEI）

供电所	评价维度		分值	排名	得分率	小计
*供电所	效益评价41.5	电费管理	8	5	80.00%	6.4
		线损管理	8	4	85.00%	6.8
		用电检查	8	2	95.00%	7.6
		计量管理	8	7	70.00%	5.6
		供电所综合效益贡献度	9.5	10	55.00%	5.225
	服务评价31.7	工单处理满意率	7.2	12	45.00%	3.24
		故障平均修复时长	9	8	65.00%	5.85
		万户投诉率	8	3	90.00%	7.2
		意见工单数	7.5	9	60.00%	4.5
	管理评价26.8	安全管理	5	3	90.00%	4.5
		运维管理	5.5	9	60.00%	3.3
		属地管理	5.8	14	35.00%	2.03
		项目管理	5.5	11	50.00%	2.75
		综合管理	5	10	55.00%	2.75
最终得分			67.7			

图3 供电所QEI积分情况

分析数据要素，多维诊断经营管理问题。绘制对供电所的画像（如图6所示），明确各个供电所服务、绩效、管理的明细指标，形成时间序列波动图，直观地诊断供电所多层次的经营情况。基于诊断结果中供电所的优势特性与改进机会，因地制宜展开措施，制定精准施策方案（如积极并优先投资、酌量次优投资、控制投资等差异化投资方案及管理方案），建立供电所运营问题动态策略库（见表1），定期治理规范策略库中的管理方案，总结提炼县级公司可复制推广的管理模式。通过成果共享，一方面促进各县级公司的数据分析能力、供电所整体综合管理能力的提升；另一方面提供了加强各县公司、各供电所经验交流的研究交流平台。

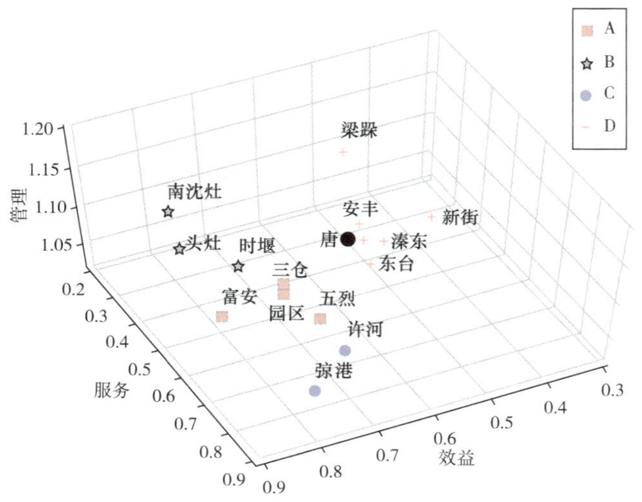

图4　供电所质效三维评价模型

图5　供电所管理贡献价值地图

全面深化应用，提升关键节点价值贡献。在对多维数据分析管理体系的诊断分析的基础上，全面推行价值贡献与薪酬分配、管理改进、资源配置“三挂钩”机制，在“员工、供电所、公司”三个层面查问题、补短板、定方案、强管理、促提升。质效挂钩激发了员工队伍活力，供电所积分办法、员工积分办法客观公正地提供了配套考核，并放大了价值贡献评价体系的激励导向作用，引导各供电所、员工专注价值创造，鼓励多作贡献。坚持问题导向，促进管理不断提升。国网盐城供电公司依托供电所多维画像和运营问题库，探索短板改进工作与稳固优势措施，持续优化资源配置，通过多维评价结果真实反映指标对各供电所的影响程度，进而分析对公司经营利润、管理提升的贡献差异，有的放矢地制定管理提升策略和电网投资策略。

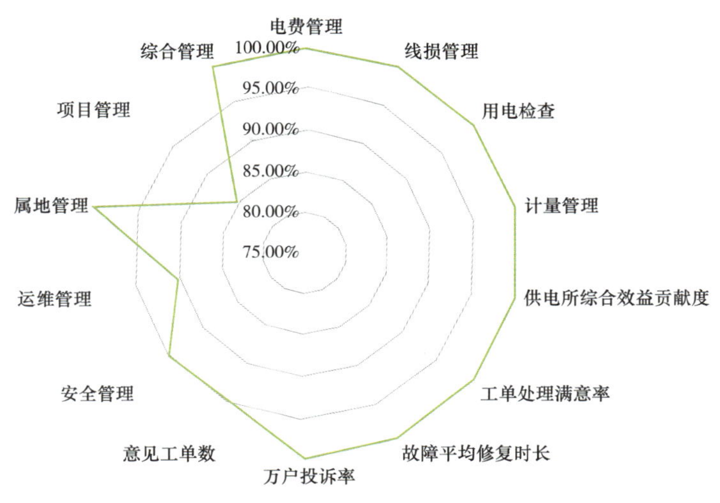

图6　供电所质效评价雷达图

表1　供电所运营问题策略库

评价主体	评价区间	评价结果	施策建议
富安、三仓	A	效益、服务、管理相对较均衡	积极并优先资源配置，均衡的管理效益叠加，可配置稳健的管理者方案
园区、五烈			
头灶、时堰	B	管理、效益相对较好，服务短板	酌量次优项目投资，建议增加服务宣传、适量加大台区经理、营业厅业务人员的考核及奖惩力度，配置拓展型管理者方案
南沈灶			
弶港、许河	C	服务、效益相对较好，管理短板	酌量次优项目投资，建议增加管理培训经验，增加供电所间的交流频次，配置经验型管理者方案
梁跺、新街	D	服务、效益短板，管理居中	控制型项目投资，建议增加服务宣传、适量加大台区经理、营业厅业务人员的考核及奖惩力度，增加市场拓展、综合能源等其他业务收入来源，配置拓展型管理者方案
安丰、唐洋			
溱东、东台			

三、实施成效

该案例中的基层供电所评价体系导向，使供电所日常管理及服务方式日趋规范，团队薪酬的总额核定向劳动效率高、人员配置率低的组织和团队倾斜，推动了人员的合理流动，盘活了人才存量，自项目开展以来从人员富余供电所到缺员供电所的人员流动达到了160余人。主动拓展业务领域，全市98个供电所开展了电能替代业务，累计实现电能替代8亿千瓦时，新建供电所屋顶光伏14处，年发电量约95万千瓦时。87个供电所探索开展电动汽车充电业务，供电所充电桩实现充电量69.48万千瓦时，引导公司战略目标落地实现。

以组织综合绩效提升为目标的地市公司卓越绩效管理深化应用

国网淮安供电公司

国网淮安供电公司作为2022年省公司深化卓越绩效管理首家先行试点单位，围绕组织综合绩效提升目标，全面深化应用卓越绩效管理。设计“逆向诊断+正向导入”工作思路，建立涵盖组织、制度、流程等要素的管理体系。聚焦全面覆盖、管理提升，以“目标—现状—问题—提升—固化”逻辑，实施逆向诊断。围绕重点突破、战略落地，推进卓越绩效“道”“法”“术”在各个典型场景的正向导入。强化能力建设、氛围营造、企管业务转型等资源保障，支撑卓越绩效管理常态运转。国网淮安供电公司全面导入卓越绩效模式，覆盖市本部、县区公司、一线班组等各层面，推动基础管理质量与关键业绩指标全面提升，为网省公司创建一流企业不断输出“淮安经验”“淮安方案”。

一、工作背景

（一）推进卓越绩效管理，是创建世界一流企业的重要路径

党的十九大提出要加快建设具有全球竞争力的世界一流企业。国家电网公司“十四五”发展规划提出，要对标国际领先水平，找准短板差距，深化卓越绩效管理，提高管理现代化水平。因此，通过导入卓越绩效管理，国网淮安供电公司能够对标与世界一流企业的差距，分享、推广中国特色的企业管理，助力国家电网公司建设世界一流企业。

（二）推进卓越绩效管理，是落实网省公司战略的有力抓手

卓越绩效是以战略为中心的管理方法，强调系统性、协同性，注重过程与结果的测量、

分析与改进。因此，导入卓越绩效能够有效提升员工的战略意识，推进战略文本向具体任务分解、传导，解决部分干部员工战略意识不强、战略传导手段有限、与重点工作的衔接度不高等问题，为落实网省公司战略提供有力的管理方法。

（三）推进卓越绩效管理，是提升组织综合效益的系统方法

目前，国网淮安供电公司在专业管理特别是基础管理方面还存在诸多问题，突出表现在安全管理、可靠性提升、优质服务、同期线损管理等方面。卓越绩效模式以提升组织绩效为目标，提供了一套行之有效的绩效管理与持续改进的系统方法。因此，国网淮安供电公司全面深化应用卓越绩效管理，持续夯实企业基础管理质量，实现组织综合绩效全面提升。

二、工作思路及举措

坚持组织综合绩效提升的总体目标与服务战略目标落地，以及基础管理提高的工作方向，从组织网络、管理标准、管理流程等方面出发，健全卓越绩效管理深化应用的管理体系（如图1所示）。坚持全面覆盖，按照“目标—现状—问题—提升—固化”的逻辑思维，开展“标准设计—评价诊断—创新改进”等一系列活动，推进逆向诊断在各层级落地实施，实现基础管理提升。围绕重点突破，立足典型应用场景，利用卓越绩效的“道”“法”“术”正向导入，优化提升专业管理的价值取向、管理体系、绩效水平，实现卓越绩效在安全、可靠性、线损、服务等重点领域的根植，以系统整合思维推动战略落地。强化能力建设、

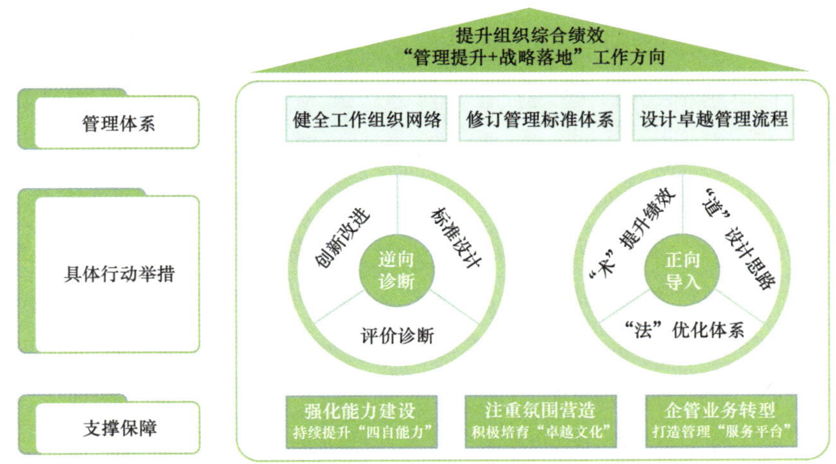

图1　地市公司深化应用卓越绩效实施路径图

氛围营造与企管业务转型，积极培育各级干部员工的“四自能力”和企业的“卓越文化”，不断输出卓越管理品牌，支撑网省公司世界一流企业建设。

（一）探索建立全面高效的卓越绩效管理体系

坚持党建领航，健全工作组织网络。组建由党政负责人任组长的领导小组，由各党支部负责人任组长、青年骨干党员任联络员的组织网络，与省公司企管部党支部、鑫顺管理咨询分公司党支部开展三方结对行动，制定落地实施方案及9项专项任务，为卓越绩效深化应用提供方向性指导（如图2所示）。注重制度建设，修订管理标准体系。编制《全面深化应用卓越绩效管理工作意见》，修订省公司印发的地市（县）公司卓越绩效管理标准，设计100余项指标，汇总为“过程标准+结果指标”的制度体系。优化、修订省公司印发的《乡镇供电所卓越绩效工作指南》《企业现场管理准则》以及《质量信得过班组建设准则》，形成形式多样、内容详备的标准体系。强化业务融合，设计卓越管理流程。年初分析形势、规划部署，细化制定“1+5”战略落地工程、“4+20”战略行动举措，形成卓越管理年度规划部署。年中动态调整、优化举措，落实逆向诊断、逆向导入行动方案，灵活调整发展规划、综合计划和全面预算。年终战略评估、闭环管理，全面评估各项重点工作实践成效，针对突出短板，持续落实补强举措，推进动态销号。

（二）优化评价标准和表单设计，以逆向诊断促进专业改进

以管理现代化为目标，固化评价标准。梳理95项关键业务、100余项指标，设计专业管理过程“体系建立健全、方案有效执行、持续改进创新、融合协调互补”的评价要点，以及关键结果指标“行业比、同比、标杆比、均衡比”的测量方法，固化为电网企业现代管理成熟度评价标准，在市县公司全面深化应用。以检验成熟度为关键，组织评价诊断。将卓越绩效的管理现代化评价方法嵌入重点工作评估、关键绩效指标分析等各项工作中，市本部组织14个部门、50余名专职，盘点95项业务、100余项指标的管理现状，优化设计、全面填报一体化自评表单，整合为6大项管理优势、5大项改进机会；组织各县区公司编制自评子报告，各基层一线班组重点评估人力资源、核心业务等关键要素的指标现状。邀请省公司专家组赴淮开展现场复评活动，反馈5项主要优势、4项改进机会及3项改进建议。以提升卓越度为导向，实施创新改进。聚焦“自评诊断+现场复评”发现的各类问题，分级分类增补纳入各项创新改进计划中，针对跨部门、跨流程的重大管理创新、技术创新，以及指标类专业级问题，差异化开展创新改进活动。

（三）聚焦战略落地和重点突破，以正向导入实现全面提升

提级管控安全管理、供电可靠性、服务投诉率、线损率等四项核心指标，推进卓越绩效“道”“法”“术”的深化应用。从“道”的层面，设计专业管理工作思路。设计卓越绩效九大理念应用策略，解析卓越绩效九大理念的审视重点，组织各责任部门结合实际业务发展需求，应用专业管理理念，围绕工作计划、组织、指挥、协调、控制等方面，自我审视专业管理体系顶层设计的价值取向、发展思路，优化设计工作思路（如图2所示）。从“法”的层面，优化专业管理提升方案。设计卓越绩效模式应用方法论，解析每个模块的专业管理要求，明确建设重点，组织四项核心业务的各责任部室，应用卓越绩效模式应用方法论，立足指标薄弱环节、专业管理特征，设计涵盖专业、管理各要素的管理提升方案（如图3所示）。在“术”的层面，提升管理工具应用实效。设计涵盖过程、结果的专业管

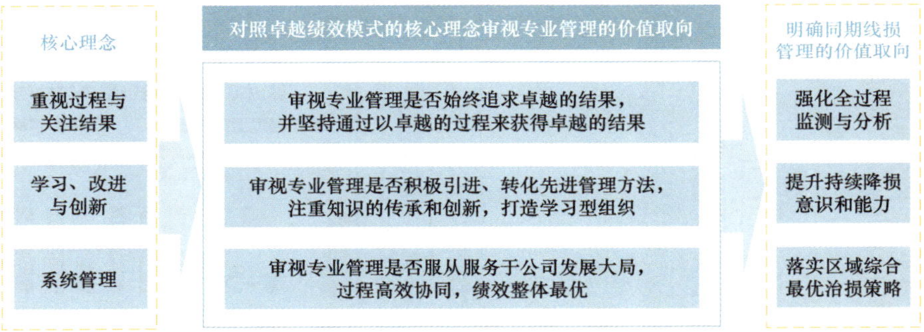

核心理念
重视过程与关注结果
学习、改进与创新
系统管理
对照卓越绩效模式的核心理念审视专业管理的价值取向
审视专业管理是否始终追求卓越的结果，并坚持通过以卓越的过程来获得卓越的结果
审视专业管理是否积极引进、转化先进管理方法，注重知识的传承和创新，打造学习型组织
审视专业管理是否服从服务于公司发展大局，过程高效协同，绩效整体最优
明确同期线损管理的价值取向
强化全过程监测与分析
提升持续降损意识和能力
落实区域综合最优治损策略

图2　同期线损管理工作思路示例

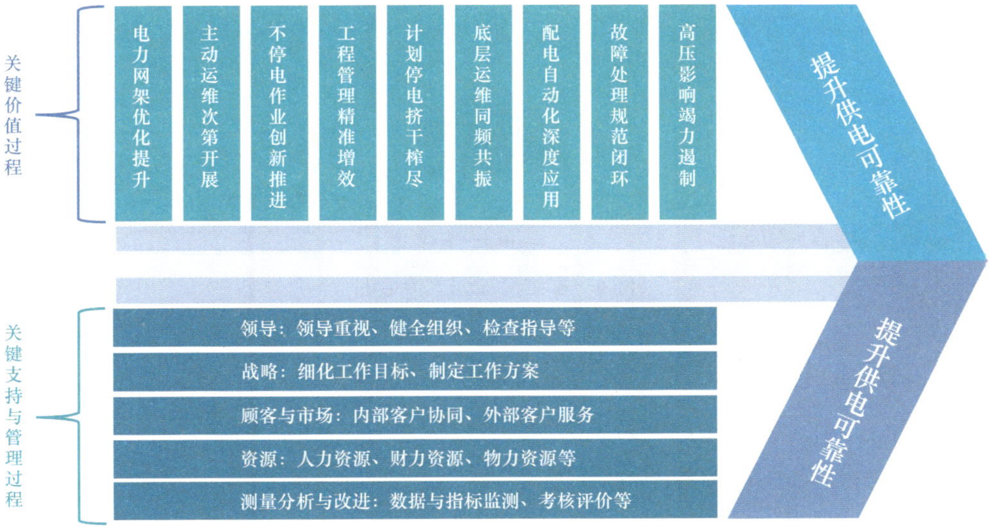

关键价值过程
电力网架优化提升
主动运维次第开展
不停电作业创新推进
工程管理精准增效
计划停电挤干榨尽
底层运维同频共振
配电自动化深度应用
故障处理规范闭环
高压影响竭力遏制
提升供电可靠性
关键支持与管理过程
领导：领导重视、健全组织、检查指导等
战略：细化工作目标、制定工作方案
顾客与市场：内部客户协同、外部客户服务
资源：人力资源、财力资源、物力资源等
测量分析与改进：数据与指标监测、考核评价等
提升供电可靠性

图3　提升供电可靠性工作方案示例

理评估工具，组织各专业部室，以季度指标、工作进度与质量为参考，开展评估活动，指导改进方案持续优化。

（四）强化资源保障，支撑卓越绩效管理循环运转

强化能力建设，持续提升“四自能力”。选派28名优秀青年骨干参加中质协、江苏省质协举办的卓越绩效培训班，表彰15名优秀自评师，推荐参加省公司技能大赛。组织15名自评师，全程参与逆向诊断、正向导入活动，以赛促学、学干结合。注重氛围营造，积极培育“卓越文化”。制作卓越绩效宣传视频，展示卓越绩效应用案例，策划“重点专项求突破、卓越绩效勇担当”主题沙龙，编制卓越管理案例集，深植卓越绩效文化（如图4所示）。企管业务转型，打造管理“服务平台”。广泛征集不同服务对象需求，将责任部室或员工科学划分为4类服务对象，了解不同服务对象的实际需求，征集50余条信息，融入卓越绩效深化应用活动中。

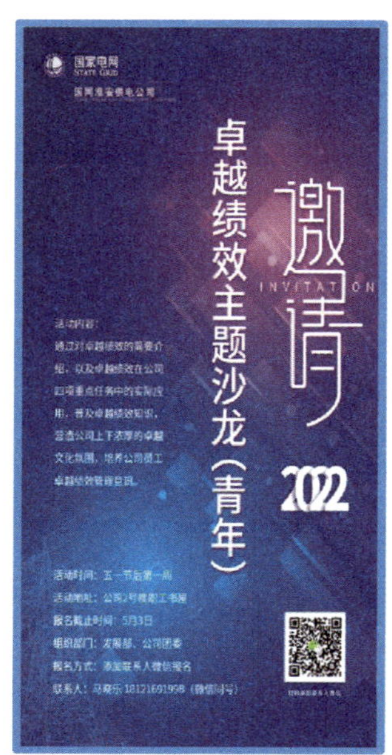

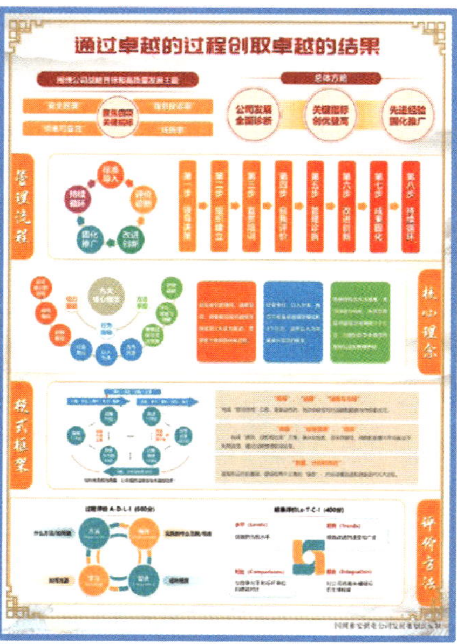

图4　多维度加强宣传培训

三、实施成效

（一）持续提高公司基础管理质量

通过全面导入卓越绩效模式，有效提高了国网淮安供电公司的基础管理质量，特别是

安全管理、供电可靠性、服务投诉率、线损率等管理指标全面进位。截至2022年底，安全管理方面，违章数量全省第3少。供电可靠性方面，全市户均停电时长1.63小时、全省第2名，其中本部全省第2名，金湖、涟水、洪泽、盱眙公司在全省57家县区公司中位列第4、7、8、16名。线损管理方面，台区经济运行率提升4.5个百分点，配电线损达标率保持全省前列，入选国网同期线损“十强市”8次、“百强县”33次。优质服务方面，年化万户投诉率全省第2名，万户意见率同比压降50.9%、降幅全省第1名。

（二）明显提升公司关键业绩指标

通过实施逆向诊断与正向导入，助力公司关键业绩指标全面提升。2022年，全社会用电量为248.7亿千瓦时，同比增长8.7%。售电量221.9亿千瓦时，同比增长8%。全口径营收167.8亿元，同比增长13.5%。

（三）输出卓越绩效管理典型经验

积极承担地市公司全面深化应用卓越绩效管理的试点重任，验证了国网江苏电力关于逆向诊断、正向导入、“四自能力”提升等一系列专业规划的适宜性、科学性，为其他兄弟单位更好开展相关工作提供了典型做法，获得国网江苏电力卓越绩效复评专家工作组的一致认可。2022年，累计获得省公司重大专项激励8项。

数字赋能　助推业财一体的新型财务管理体系建设

国网宿迁供电公司

国网宿迁供电公司全面贯彻落实国务院国资委《关于中央企业加快建设世界一流财务管理体体系的指导意见》要求，积极实践国网江苏电力“两融三型”财务发展战略，紧扣基层单位实践，以数字财务（Digital）为手段、以业财融合（Integrated）为路径、聚焦公司运营（Operation）效率，深化市县财务共享（Shared），构建了一套以创值活动为核心的业财一体财务管理新机制。新机制提升了财务工作效率，并有效支撑财务发挥“支撑战略、支持决策、服务业务、创造价值、防控风险”的功能作用，为国家电网公司建设世界一流财务管理体系提供了“基层方案”。

一、工作背景

2022年2月，国务院国资委发布《关于中央企业加快建设世界一流财务管理体系的指导意见》，明确指出要更加突出财务“支撑战略、支持决策、服务业务、创造价值、防控风险”的功能作用。对标世界一流财务管理体系，发现传统的财务管理模式在人员理念、组织结构及信息化建设等方面已无法满足财务工作向战略型、引导型、价值型的新型管理体系转变，主要存在以下难点。

一是组织架构亟待变革。传统财务职责按照会计科目划分，财务工作充当“业务会计”的角色，业务财务融合深度与理想中仍有差距。二是业财数据整合不够。信息系统对业务财务数据的整合功能支撑不足，特别是工程项目领域，各专业系统之间信息交互有限，不利于开展业财一体的创值管控活动，弱化了财务支撑决策功能。三是业务风险管控偏弱。由于财务流程处于业务末端，取得业务数据的及时性不足，对经济业务侧重于事后管理，事前合规性风险防范纠偏能力较为缺乏。

针对上述难题，国网宿迁供电公司作为省公司试点单位，发挥“体量小、好调头”的优势，打破业财分离的传统财务模式，以数字财务（Digital）为手段、以业财融合（Integrated）为路径、聚焦公司运营（Operation）效率，深化市县财务共享（Shared），基本建成了以创值活动为核心的业财一体财务管理新机制（DIOS）。

二、工作思路及举措

（一）加快建设数字财务

1.确保财务信息数字化全面实现

国网宿迁供电公司积极实践会计档案数字化，在记账凭证和财务账表数字化的基础上，积极推进原始凭据数字化。开发原始凭据影像系统，对内部单据采取信息集成方式共享业务部门的原始单据，实现与经法系统合同文件共享、审计系统审计报告共享。对于外来原始单据，主要是增值税发票，公司承担省公司增值税发票电子化的试点工作，实现电子发票自动取数、自动归档，并积极尝试与业务关联获取更高应用价值，例如“作废”“红冲”“异常”等发票非正常状态提示，进项税发票抵扣认证自动触发等。

2.推进财务业务数字化总体实现

原始凭证数字化为业务数字化创造了条件。2021年4月，国网宿迁供电公司上线财务报销单轨制，实现95%以上业务流程在线审批，并对审批流程进行优化调整。一是前置财务审核，将财务审核前置到业务发起第一环节，财务、业务专职共同对发起流程合规性负责。二是提供全额支付、分期支付、暂不多种等支付选项，减少同一业务的重复审批，推行记账流和资金流合一。三是稳步推进移动审批试点，依托i国网App开发财务移动审批功能，财务审批突破地点限制。

3.加快财务管理数字化探索步伐

信息和业务的数字化奠定了财务管理数字化的基础，国网宿迁供电公司加快推进财务管理数字化建设。上线智能税务稽核系统，对计提不准确或者漏提报情形进行智能报错。利用系统每月对已计提税金进行在线稽核，及时查漏补缺。牵头配农网项目智慧管理平台开发，可视化展示立项、开工、验审同步、财务决算等36项流程信息，共享原始凭据、合同文本、审定单等影像文件，实时跟踪管控项目实施关键节点，实现甲供材自动核对清退、项目全过程预警分析，为业务高质量开展提供决策支撑。

（二）深入推进业财融合（Integrated）

1. 建立适应业财融合的财务机制

（1）构建功能式财务架构。结合地市公司生产经营业务实际建立适应业财融合的功能式财务架构，将财务部划分为4个小组，分别是财务管理组、投资发展组、市场业务组和会计信息（共享财务）组。分别承担着价值引领、业务支持、市场研究和信息反映职能。财务的人力资源主要侧重于业务支持和价值管理，占比达80%，其中业务支持人员超过了50%（如图1所示）。

1）财务管理组：主要职责包括统筹配置资源、资金集中管理、财务状况管控和经营绩效评价等。

2）投资发展组：主要职责包括筹划业务资金安排、跟踪业务执行过程、防范业务执行风险、反映业务执行结果和评价业务执行绩效等。

3）市场业务组：全面负责市场业务的财务支撑，包括市场销售预测、客户信用及风险评估、电费资金风险管控、销售成本分析等。

4）会计信息组：主要职责包括会计核算、会计报告、会计档案、会计审核（稽核）、税务事务等。

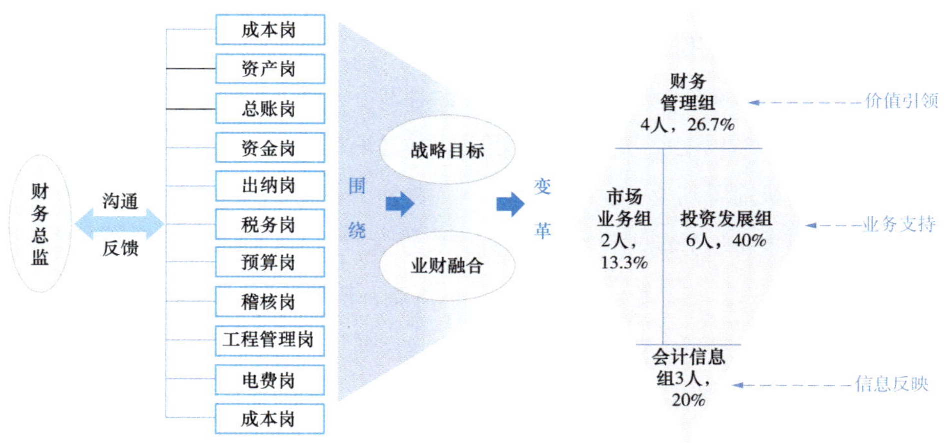

图1　财务部组织架构重构示意图

（2）重构财务岗位职责。重构财务岗位职责，将财务管理和风险防控融入业务全过程。以业务为核心设置财务岗位，财务人员从“核算人员”转变为“财务经理”。财务经理负责某一个或多个业务的全业务链的财务管理，包括财务筹划、资金安排、预算管控、会计核算、工程结算、支付审核、竣工决算和工程增资全过程，管理责任更加明确，在工作中与业务部门形

成了伙伴式的业财关系。

2. 积极探索业财融合的路径

加快推动“业务会计”向“财务经理”角色转变。财务人员虽然身份上是财务部门的一员，工作实质是其所负责业务的组成人员。在思想上，不再是为业务核算记账的“局外人”，而是将业务部门视为团队伙伴，提供财务服务以支持团队创造更高价值；在行动上，积极学习业务知识，参与业务活动，支持业务开展，保障业务进行；在财务职责上，从战略和全局高度，站在创造价值的角度对业务进行财务筹划和资金安排，做到跟踪控制和推进实施，及时防范和动态纠偏，切实履行财务管理职责。

（三）大力聚焦公司运营（Operation）

1. 深入开展公司运营分析

重点关注生产、建设、营销等主营业务领域，按月编制《财务运营分析报告》，及时传达最新财税精神、分析项目执行梗阻、提示公司运营风险、出具专业管理意见，为决策层提供公司运营信息。实施以来，累计发布《财务运营分析报告》26期，提供管理建议85条，风险预警24个。

2. 积极促进运营效率提升

立足财务经理机制，全过程介入公司经营活动，借助财务资源配置等方式减少和控制无效业务活动，推进业务流程优化。以业财沟通联系单机制为抓手，先后推动业务部门出台了低压业扩配套管理、配电网项目结算、电网运维业务规范等8个跨部门流程优化方案，为优化电力营商环境、加快电网建设时效等发挥了积极作用。

3. 切实加强运营风险防控

财务经理在项目化团队中能够第一时间预估或者发现风险，通过财务运营分析准确定位风险成因，立足业财协同实现风险消除和规避。国网宿迁供电公司对新兴产业成立初期在业务开展、合同管理、公章管理等存在的风险点及时进行预警纠偏，对恒力产业园增量项目存在的拟建资产流失风险提前预判，并有效规避，为公司消除经营风险的同时，保护了公司利益。

（四）稳步拓展财务共享（Shared）

设立财务共享中心，将收单、制单、资金、报表等传统财务职能进行集中，推进市县一体建设。

1. 推进单据集中审核、集中制单、集中稽核

引入自动识别机器人对纸质单据与在线影像的一致性进行二次复核，保障在电子档案

推行前纸质档案完整归档。通过财务外包对经审核通过的业务流程进行集中制单、凭证进行集中整理，将财务经理从纸质单据二次整理等事务性工作中分离。设置稽核岗作为财务部门内部稽核，按月分主题对财务经理审核单据的合规性进行把关。

2.不断完善资金集中支付

建立市级资金集中支付。各县公司完成支付业务审批流程后，自动进入宿迁市资金池，由市公司按照内控规范完成“三人三岗”审批流程，所属三个县公司共减少了6个资金管理人员，全市资金岗位人力资源节约率达75%；同步推进资金预算智能预警，在提升支付效率的同时，提升资金集约管控精准度。推动资金支付凭证套打，将支付审批单、银行回单、付款凭证进行关联，一次性打印输出，节约三分之一的纸张，消除银行回单分拣等烦冗工作。

3.积极探索报表集中编制

报表编制进行市集中管理。市公司直接获取县公司数据进行财务报表编制，财务快报的编制时效大幅提升。优化“一键式报表”规则，在统一报表基础上设计辅助表直接取数，最大限度减少报表手工填报。

三、实施成效

（一）财务效率显著提升

功能式财务架构的重构，从机制上助推财务人员新时代财务管理者思维转变，有效提升财务人员业务素养，在实践中与业务形成伙伴式业财关系；4个功能性小组的建立有效压缩了财务领导的管理幅度，使其有更多的精力用于统筹管理、沟通协调等其他重点工作，对应4个组长承担部分管理职责，有助于培养锻炼组长的组织能力和领导能力；财务共享中心的建立，通过信息化改进和事务性业务的高度集中，在不增加人员的情况下，释放30%以上的人力资源用于业务支撑。

（二）战略支撑、决策支持作用凸显

通过聚焦创值活动的业财一体管控，财务为公司运营提供更多战略支撑和决策支持，财务在公司领导和专业部门的认可度大幅提升。《财务运营分析报告》建立了财务与公司领导的对话途径，财务进入业务流程，准确、及时分析公司各业务、各环节、各组织的运营状况，为决策层提供公司运营信息，国网宿迁供电公司自2021年开展以来已累计提供管理

建议85条，风险建议74条。《业财沟通联系单》构架了财务与业务的交流通道，财务发挥价值管理职能，牵头推进低压业扩管理、配电网项目结算、预算招标衔接等8大跨部门流程优化方案，助力公司优化电力营商环境、推进电网建设等重点任务。

（三）风险全过程管控更有抓手

风险管控从事后监督向事前介入、事中管控转变。财务经理人从前期财务筹划、预算安排开始介入业务流程，履行其战略一致性、业务合规性、经济性审查，确保预算安排支撑战略、合法合规。预算下达后，财务经理跟踪招投标、合同签订、合同履约全过程，在为业务提供财务支持、推进业务实施的同时发挥风险管理职能，及时防范和动态纠偏，立足业财协同实现风险消除和规避。

基于三层网格化管理的矛盾纠纷调处服务机制建设研究与探索

国网连云港供电公司

为维护企业和谐稳定和长治久安，积极落实社会治理机制和国家信访制度改革要求，规范涉电、涉企矛盾纠纷调处流程，压降信访数量，国网连云港供电公司以提升矛盾纠纷化解质效为目标，积极对接社会治理机制和国家信访制度改革，以网格化管理、社会化服务为方向，聚焦矛盾纠纷厘清供电所（主业班组、集体班组）、部门（单位）以及公司三级网格的人员架构和工作职责，充分利用网格特点，系统排查、提前介入、主动调解，建立“一级收集稳控、二级研判调处、三级销号闭环”的信访矛盾调处流程，通过矛盾纠纷三级调处机制有效提高了信访工作的预见性，切实保障公司高质量发展。

一、工作背景

（一）助力国家社会治理新格局建设的基本要求

习近平总书记在党的十九大报告中提出，要打造共建共治共享的社会治理格局，提高社会治理社会化、法治化、智能化、专业化水平。随着地方经济快速发展和电力需求持续增长、电网规模不断扩大，供电业务领域逐步拓展，所面临的矛盾挑战必将更加复杂，供电企业必须不断推进管理变革，健全矛盾调处机制，强化专业协同、流程协同、政企协同，不断夯实企业健康稳定发展大局。

（二）落实国家电网公司企业宗旨的重要举措

国家电网公司强调，要坚定不移做强做优做大国家电网，持之以恒践行人民电业为人民的企业宗旨，确保到2025年基本建成具有中国特色国际领先的能源互联网企业。近年来，随着供给侧结构性改革深入推进，供电企业面临的形势依然复杂，特别是疫情对于经济社会发展的冲击以及电力体制改革纵深推进，新老问题交织，企业内外部矛盾可能会择机显现。为此，必须创新发展矛盾纠纷调处方式方法，建立一套更加完善的基层矛盾调处机制，确保各类涉电、涉企矛盾纠纷得到快速有效解决。

（三）推动公司和谐高质量发展的必然选择

国网连云港供电公司始终坚持稳中求进工作总基调，准确把握高质量发展要求，不断夯实基层基础、凝聚攀高动能，全力推进基于多元协同的绿色能源高质效的城市能源互联网建设。作为责任央企，积极推动治理效能提升，探索运用网格化思维和更加完善的制度流程化解发展矛盾，是贯彻落实网省公司战略，深入推进能源互联网企业建设，推动企业和谐稳定快速发展的必然选择。为此，必须从矛盾纠纷的源头入手，开展基于网格化管理的矛盾纠纷调处体系建设（如图1所示），切实维护群众的合法权益。

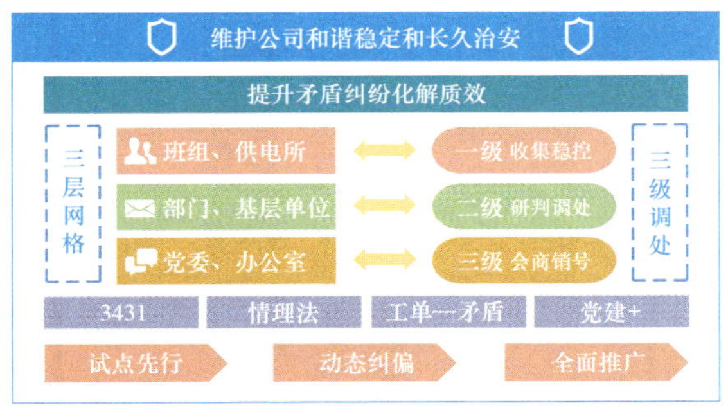

图1 基于三层网格化管理的矛盾纠纷调处服务机制

二、工作思路及举措

一是加强统筹领导，优化组织结构。成立基于网格化管理的矛盾纠纷调处机制建设工作领导小组，逐级分解任务、落实责任主体，审定网格化处理矛盾纠纷调处方案，组织做好网格化矛盾调处组织机构优化调整工作，加强对矛盾纠纷调处工作的统筹规划，定期听取各区县公司的阶段汇报，检查化解成效，协调处理重大矛盾纠纷问题，全力提升信访矛盾化解质效。选取基层班组、供电所台区作为基本网格单元，分市县公司两个层面明确供电所、部门以及公司三级网格的人员组成，优选配强三级网格负责人和联络员，横向加强与属地镇政府、村委会等汇报沟通，纵向畅通网格沟通汇报渠道，依托网格做好源头信息收集、政策法规宣传、矛盾纠纷调处等工作，全力将网格打造成采集信息、发现风险的第一感知触角，化解矛盾、消除隐患的第一前沿阵地，便利用户、解决问题的第一服务窗口。

二是细化职责分工，明确工作内容。细致梳理矛盾纠纷类型，明确牵头调处部门。细化三级网格责任，明确工作职责，一级网格负责收集网格管辖范围内涉电、涉企的苗头性、倾向性等矛盾纠纷，做好矛盾纠纷的初步调处和及时上报工作，按照上级要求定期组织对辖区内矛盾纠纷进行排查梳理，建立本级矛盾纠纷台账，做好跟踪调处。二级网格负责对上报矛盾纠纷组织分析研判，对本级网格收集的矛盾纠纷进行交办跟踪调处，加强部门协同、政企联动，全力将矛盾化解在初期、解决在当地。三级网格负责定期组织矛盾纠纷全面排查，对上报矛盾纠纷组织会商会办，通过交办单、电话督办等形式压紧压实工作责任、明晰处理进展，探索与属地政府建立矛盾纠纷联调联处机制，做好重要时刻重点人员疏导稳和应急预案，落实包案责任，全力推动矛盾化解闭环。三层网格组织机构和人员组成汇总表见表1。

表1　三层网格组织机构和人员组成汇总表

	网格	基本单元	网格负责人	网格联络员
市公司	一层网格	市三新公司所辖供电所、市公司一线班组	供电所党组织负责人、班组长	台区经理、班组员工及其他工作人员
	二层网格	各职能部室、产业单位、三新公司	各部门（单位）党组织负责人	各部门（单位）分管负责人、产业单位及三新公司纪委书记
	三层网格	公司党委领导、党委办公室	公司党委主要领导	党委办公室分管主任
县公司	一层网格	区县公司所辖供电所、区县公司一线班组	供电所党组织负责人、班组长	台区经理、班组员工及其他工作人员
	二层网格	各职能部室、产业单位、区县三新公司	各部门（单位）党组织负责人	各部门分管主任、产业单位及三新公司分管领导
	三层网格	公司党委领导、党委办公室	公司党委主要领导	党委办公室主任

注　三新公司为供电所管理单位。

三是完善调处流程，提升化解质效。建立“一级收集稳控、二级研判调处、三级销号闭环”的调处流程，通过三级矛盾处理提高信访工作预见性，做到全员动员、全面排查、全力化解。针对一级网格收集上报的矛盾纠纷，二级网格在限定时间内组织业务归口部门、法律部门等召开多部门专题会议，讨论分析事件背景、诉求、处理情况及现状，分层、分类、分步制定落实化解措施、防控预案，持续跟踪矛盾纠纷处理进展，直至矛盾化解闭环。复杂矛盾纠纷及时通过网格网络，快速上报三级网格及属地政府相关部门，经公司领导签批后由办公室进行督办调处，公司信访专职、法律专职、部门兼职信访人员等不定期深入矛盾纠纷现场进行调处指导，持续跟踪矛盾调处进展，全力推动复杂矛盾纠纷化解闭环，具体流程如图2所示。

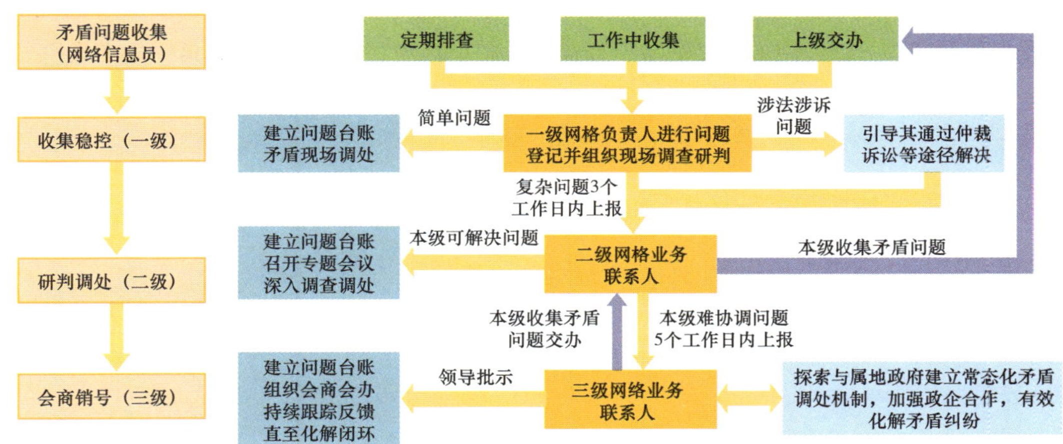

图2　基于“网格化”管理的矛盾纠纷“小三级”调处流程图

三、实施成效

（一）信访秩序明显好转，助力企业和谐稳定发展

国网连云港供电公司通过网格化服务管理提升了基层工作人员对涉电、涉企矛盾纠纷调处的参与度，保障了矛盾纠纷早发现、早介入、早处理，有效降低了信访数量，促进了企业和谐稳定发展。2022年，国网连云港供电公司系统接到信访诉求38件（建议类、重复访除外），比去年同期降低13.6%，新发信访结案率达100%。

（二）保障企业良性运转，经济效益提升

基于三层网格化管理的矛盾纠纷调处服务机制的构建，强化了企业与员工的情感联系，为企业应对疫情造成的利润空间压缩等挑战提供稳定发展的制度支撑。同时，三层网格化管理将公司在新业务拓展、新技术应用过程中所遇到的问题及时进行解决，大幅强化了国家“双碳”目标及公司城市能源互联网战略在基层一线的执行效果。2022年，国网连云港供电公司实现营业总收入139.87亿元，同比增幅为26.99%，增幅全省第一。

（三）具有广泛推广价值，社会效益显著

该机制三层网格人员组成合理、职责明确、流程清晰，在基层电网企业具有较强的普

适性。目前，该机制试点经验被《江苏信访杂志》录用，相关经验成果先后被国家信访局、省市信访局网站采用推广。从企业承担社会责任看，通过运用矛盾纠纷三级调处机制建设成果和经验，不断加强和完善在调处流程、规范管理、优质服务、维护职工群众合法权益以及宣传教育等方面存在的薄弱环节，畅通和拓宽了群众利益诉求表达渠道，切实维护了人民群众的合法权益，提升了公司的企业形象及影响力。

以超特高压电网安全为核心的智能精益运检管理

国网江苏超高压公司

针对当前超特高压电网安全运行要求提高、运检管理难度加大、数字化和精益化管理水平有待提升等问题，遵循“数字驱动、精益管控”的原则，以保障超特高压电网安全可靠为核心要求，充分导入精益管理思想和科学方法，将数字技术与运检管理深度融合，按照“以精益化做深运检智能化，以智能化促进运检精益化”的总体思路，从顶层设计、组织架构、运检要素、运检业务、管理机制、资源保障等方面入手，实施超特高压电网智能精益运检管理。

一、工作背景

（一）保障大电网安全稳定运行的必然要求

电力安全关系国家安全，随着“四个革命、一个合作”能源安全新战略和碳达峰、碳中和发展目标的提出，我国能源清洁低碳转型进程加快，大电网安全稳定运行风险加剧。超特高压电网输电距离远、密集通道多、环境条件复杂、安全风险因素多，必须应用先进技术和管理手段，守牢电网安全“生命线”。

（二）推动运检管理数字化转型的重要支撑

近年来，国家大力实施创新驱动发展战略，国家电网公司加快“大云物移智链”等数字技术应用，推动全业务、全环节数字化转型。国网江苏超高压公司作为江苏主干电网的运维主体，在保障电网安全运行、推动能源转型、助力“长江大保护”、提高产业链供应链现代化水平方面肩负重要职责，必须把握数字化转型契机，服务“强富美高”新江苏建设。

（三）提升超特高压运检管理质效的有力举措

当前，超特高压设备数量逐渐增多、各类现场日益复杂，运检业务需求增速与资源供给增速矛盾日益突出，智能运检新装备运行可靠性、新技术应用成熟度、新系统数据融合度等方面仍有提升空间，亟须利用智能精益管理手段推动超特高压运检提质增效，为保障电力源头供应和公司战略落地提供坚强支撑。

二、工作思路及举措

（一）全面统筹布局，明确运检管理发展规划

1.确立方向目标，构建总体蓝图

围绕“超特高压能源互联网卓越运营的领跑者”的战略定位，深入剖析国网江苏超高压公司运检管理面临的形势、问题与挑战，明确提出聚焦安全生产主责主业，将精益化管理要求和智能化管理手段贯穿于业务管控和专业管理全过程，推动电网设备向智能互联升级，业务管控向数字智慧升级，专业管理向精益高效升级。

2.明确管理思路，优化顶层设计

按照“以精益化做深运检智能化，以智能化促进运检精益化”的总体思路，遵循“数字驱动、精益管控”原则，充分导入精益管理思想和智能技术，从组织架构、运检要素、运检业务、管理机制、资源保障等方面，提高运检智能精益管理水平，为超特高压电网安全可靠运行提供坚实支撑。

3.细化行动方案，明确工作要求

基于总体目标和建设思路，统筹安排各项任务，将工作要求纳入国网江苏超高压公司运检专业“十四五”规划，细化精益运检行动计划，深化智能运检建设方案，为智能精益运检管理制定具体的实施路径。

（二）优化组织架构，推动运检管理高效协同

1.立足业务需求，构建三级指挥管理机构

基于生产业务管控需求，建立“公司本部—运维站（中心）—班组”全面贯通、高效穿透的三级指挥管理机构，促进超特高压电网运检全业务信息交互及决策执行，提升信息集控、过程管控、远程监管和指标监督能力，实现基层一线、智能运检管控中心、生产部门间纵向联动以及运检、安监等生产部门间横向协同。

2. 调整业务范围，优化智能运检管控中心

系统谋划智能运检管控中心功能布局，明确中心目标定位，清晰划分职责界面，优化调整业务范围，健全工作运转机制和配套设施，进一步提升设备状态管控力和运检管理穿透力，支撑运检管理向智能化、精益化转型。

3. 强化统筹协调，健全组织运行联动机制

建立专业协同横向沟通、专题攻关、资源统一调度和集中管理三项联动工作机制，促进多专业间及时充分沟通和协同联动，推动以超特高压电网安全为核心的智能精益运检管理工作高效有序实施。

（三）深植精益理念，强化运检要素精细管控

1. 健全标准化管理制度，夯实精益管理基础

针对智能精益运检工作要求和关键业务，健全制度流程、数字化架构、设备质量等方面的标准化规范，通过制度流程标准化、平台建设标准化、质量管控标准化，确保各项工作开展有据可依。

2. 推进精细化业务管控，提高流程执行效率

以标准化制度为依据，以业务流程为抓手，严控设备入网质量，全面跟踪作业过程，加强供应商运行绩效评价，推动设备入网、运维检修、运行评价全过程的精细化管理，提高电网设备安全可靠性和业务流程运转效率。

3. 制定差异化运检策略，确保设备安全可靠

以提升设备安全可靠性为目标，全局统筹运检资源需求，通过运检要素差异化投入、设备状态分级管控、现场作业差异化预控，推动运检资源精准投入、高效利用，全面提高运检业务的预见性、针对性和有效性。

（四）加快智能转型，推进运检业务数字赋能

1. 应用“全局共享式”智能平台，支撑全业务在线管控

严格按照信息数据接口和结构标准，依托智能管控平台，推动运检业务“快精智”；应用通道可视化平台，深化线路全方位监测；基于三维一体化管控平台，辅助设备多维度管控，支撑运检业务开展。

2. 推动“高效自主式”故障诊断，实现精准分析研判

基于智能管控平台，建立故障原因综合诊断模型，实现诊断精准高效；辅助开展故障诊断，及时发布预警信息；推动现场处置精细管理，提升管控能效，实现设备缺陷及故障

的精准诊断、高效处置。

3.深化“立体联动式”智能巡检，确保全方位精细运维

充分利用无人机、可视化装置、在线监测等智能装置和技术巡视效率高、故障发现及时、主观影响小和巡视视角全的优势，以数字化班组建设为抓手，持续深化智能装置及技术应用，严格落实各项智能运检管理规范，打破基层班组原有人员架构及作业管理模式，提升设备巡视运维质效。

4.推进“全程监测式”检修作业，智能化辅助检修安全

基于智能管控平台，融合智能辅助监控系统、智能穿戴设备等新技术，建立运检现场作业远程监控系统，确保现场作业执行精细化，提升对日常检修、高空作业等现场作业的安全管控能力。

（五）健全管理机制，促进运检管理提质增效

建立智能精益运检管理全过程监督机制，推动管理举措全面落地、管理任务按时完成；完善常态化检查评价机制，推动从问题、结果考核向质量、过程考核延伸，打造管理闭环；健全多维度激励机制，突出绩效考核结果的联动应用，增强管理内生动力，促进管理效果提升。

（六）夯实资源保障，支撑运检管理持续改进

结合超特高压运检业务实际需求，加强适应智能精益运检管理的高素质复合型人才队伍建设，注重技术创新管理和交流合作，强化成果总结验证和转化推广，营造智能精益的企业文化生态，推动以超特高压电网安全为核心的智能精益运检管理可持续、高质量发展。

三、实施成效

（一）电网安全水平显著提高

通过实施超特高压电网智能精益运检管理，有效防控设备风险，电网安全得到良好保障。截至2022年底，已连续4169天未发生人身安全事故以及由电网设备故障引起的停电事故，500千伏及以上输电线路、变压器和断路器故障跳闸率分别同比下降34.8%、41.8%、15.0%，保障电力安全可靠供应。应用无人机、可视化、在线监测等手段，缺陷发现率同比上升40.0%，实现设备状态可测、可视、可控，其中，无人机缺陷漏判比例同比下降

62.8%，误判比例同比下降86.8%，缺陷管控水平显著提高。编制完成51份制度规范、标准作业指导书，每月发布精益管控提升工作月报，累计通报整改问题225条，智能化装备使用、管理和巡检等各环节要求规范统一，各项精益管理要求切实落地，电网安全基础进一步夯实。

（二）管理效率效益明显提升

基于运检管理智能化、精益化水平提升，超特高压电网巡视效率和超高压能力得到进一步提高，人力成本投入持续减少，经济效益有效提升。截至2022年底，基于大数据分析和图像识别技术，表计识读替代率达到91.2%；宿豫、青石变利用一键顺控完成新设备启动及倒闸操作，与传统操作相比，操作时长节省70%；基于移动终端作业实现过程记录、数据回填等功能，作业文件准备工作量减少82%。输电人员巡检效率为0.64百千米/人，较2020年增长14.3%；变电人员巡检效率为5.85万千伏安/人，较2018年增长13.8%；线路巡视人工投入由37800人・次/年降为17980人・次/年，现场巡视人力投入降低52.4%；超高压作业消缺率达到100%，超高压成本大幅降低。2022年底，因提前发现46处危急严重缺陷设备异常并及时消缺，避免因设备故障导致的经济损失约4895万元，保障地区经济安全。

（三）社会责任价值日益凸显

超特高压电网是促进清洁能源消纳的重要通道和可靠平台。2022年底，经江苏超特高压电网输送绿色清洁能源588.269亿千瓦时，相当于节约638.91万吨原煤消耗，减少二氧化碳4137.8万吨、二氧化硫12.76万吨、氮氧化物13.42万吨，为加快建成能源互联网、尽早实现“双碳”目标、支撑国家能源安全新战略落地提供了强大助力。高质量完成迎峰度夏、全国“两会”、进博会、特高压直流满送等重大保电工作，成功应对“温比亚”等4次台风侵袭以及“4・30”“5・14”等极端强对流天气，连续7年实现特高压直流满功率运行“零故障”，为江苏电网负荷创新高提供了坚强支撑。超特高压电网的安全稳定运行，为江苏乃至华东地区的电力供应提供了有力保障，弥补了经济社会发展带来的用电缺口，支撑“十四五”期间乃至更长远的经济、社会、环境发展，人民群众获得感、幸福感全面提升，有力彰显国企担当，践行人民电业为人民的宗旨。

示范基地篇

电力计量数字化检定基地

一、基地简介

电力计量数字化检定基地位于国网江苏营销服务中心，负责全省电能表、互感器、采集终端等计量设备的首次检定与供应，服务全省4600万客户，保障用电计量的准确可靠。基地占地面积超过2万平方米，拥有249张检定装置、45台机器人、16台AGV、智能仓储系统、封印贴标系统等，年检定能力超过1000万只。

基地于2011年起规划筹建，2014年初投入运行，将全省各市、县分散式检定转变为省级集中统一管理模式，实现“整体式授权、自动化检定、智能化仓储、物流化配送”。率先开展数字化转型探索实践，历时7年技术攻关，实现了生产全过程无人化运行，生产效率提高57%，人员配置减少90%，电能表质量控制水平显著增强，实现了计量设备集中检定由自动化、信息化向精益化、智能化的转型提升。基地投运以来，已累计检定计量设备超3000万只，充分发挥了电网企业在计量资产供应链中的纽带作用，带动上下游产业协同发展，保障了电力贸易结算的公平公正。

二、示范项目

1. 标准化作业

计量设备检定质量关系电力贸易结算的公平公正，通过建立“五位一体”的标准化作业管理机制，实施流程环节、制度标准、分工职责、考核奖惩、风险控制的协同管理，规范自动化生产及运维的各个环节，并通过作业指导书、生产调控与体系管理信息系统进行固化。通过全方位采集各环节的设备及生产信息，建立生产运维知识库，实施关键业务环节痕迹化管控，细分电子化记录及台账分类管理要求，实现操作过程及设备状态有记录、可分析、可追溯、易管控。同时，在自动化检定控制技术上不断创新突破，持续优化自动化检定线搬运流转、检定检测、封印贴标、分拣仓储一体化流程，实现了计量设备自新品入库至检定检测、结论上传、成品出库全过程的标准化执行，消除生产执行差异，最大限度地保证了对检定生产作业对象管理的一致性，确保超大规模计量设备检定质量与执行效率，电能表质量控制水平持续提升，全省运行电能表故障率降至万分之五以下。

2. 中台化调度

为确保最大化发挥各区域、各系统、各单元协同工作效率，基地建立了中台化调度模式，基于智能物联及大数据分析技术，形成人机一体化的协同调控工作机制。引入中台化管理理念，全面梳理仓储、输送、检定等各系统的执行流程，将整个基地内的不同子系统整合形成调度中台。在设备调度方面，实施各子系统生产任务的统一决策、调控，实时分析确保任务负荷的协同匹配，实现仓储出入库、接驳、输送、拆码垛、身份识别、上下料、装配、贴标、分拣等各设备环节工作节拍最优化协同。在运维人员调度方面，智能诊断故障类型，并根据故障紧急程度建立分级分类闭环管理机制，应用移动化作业终端，通过室内定位手段辅助，将运维工单智能推送给距离最近的若干运维人员，由其“抢单”获取处置权并纳入绩效考核，既保障了处理效率又激励了工作积极性。通过中台化调度实现了基地生产资源协同配置、调度协同优化、故障协同诊断和质量统一管控，在设备开动率提升至99.8%，运行维护人员配置减少90%。智能调度中台如图1所示。

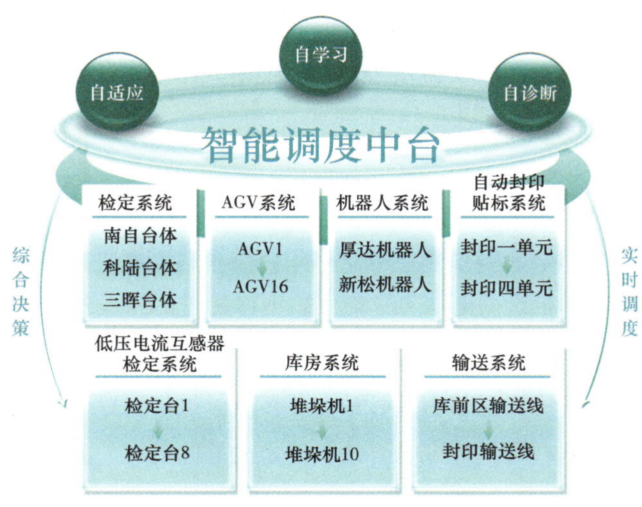

图1　智能调度中台

3. 透明化管控

基地生产设备及生产线结构复杂，运行监控难度高。为此，基地不断创新工作模式，建立了高效化运行监控机制，以数字化仿真展示替代实地巡视监控，打破地域分散性对监控巡检工作管理的约束。构建3D立体全息可视化巡检系统（如图2所示），可视化场景与实际场景达到了秒级同步，监控员可通过桌面控制摇杆实时巡检整个基地，大大提高了监控人员的融入感和沉浸感。现场运维人员配备了移动巡检装备，包括操控掌机、接移动手环和AR眼镜，可实时在线查看异常信息并及时反馈故障处理状态，保障了生产平稳运行，生产效率提升了57%。

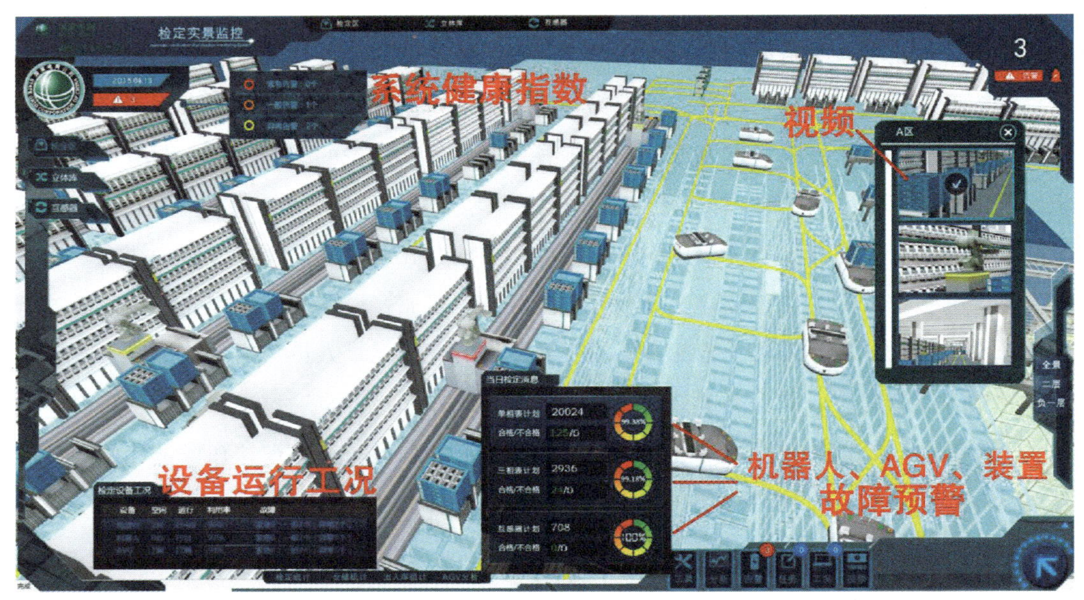

图2　3D立体全息可视化巡检系统

4. 预防性控制

针对计量设备检定质量控制（如图3所示），建立预防性管理措施，形成了实时性验证、周期性核查和中长期监测的三级预防体系。针对各检定批次，严格执行国家规程及国网内控标准，并规范每个批次的电能表平均偏差不得超过0.2%，严格执行隐患批次退货或返厂更换，确保各批次电能表的偏差有正有负，总体趋近于零，防止单向性偏差影响电能计量的公平公正。针对检定质量的中期管控，严格执行检定装置的期间核查，及时掌握装置指标变化趋势，提前防范失准，保障自动化检定的准确可靠。此外，基地使用留样电能表与高精度表开展运行状态的长期比对，辅助运行故障分析，识别运行质量隐患，支撑全省计量资产全寿命周期质量管理的前瞻性决策。

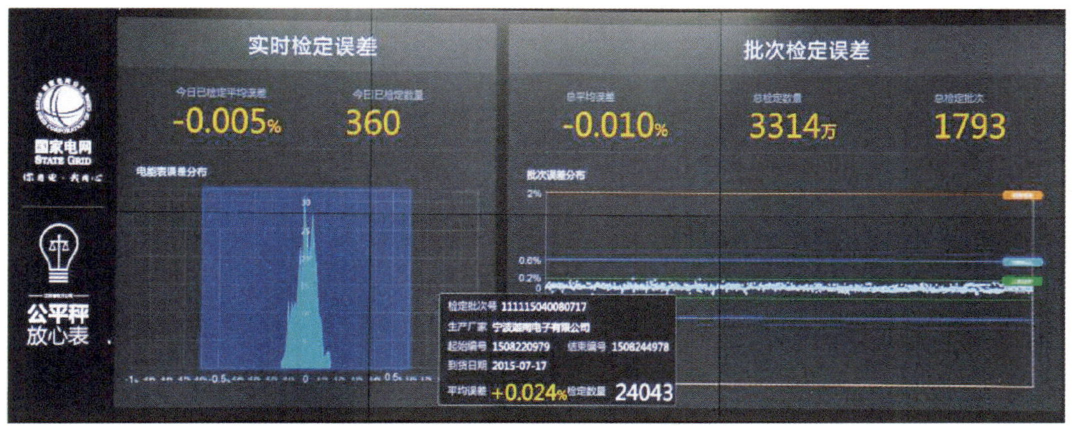

图3　检定质量控制

三、成效说明

管理效益方面，通过建立全面高效的管理机制，创新技术手段，检定误判率有效控制在万分之四以下，有效保障全省计量设备集中检定和供应质效，助力推动公司服务转型升级。

经济效益方面，自动化生产效率显著提升，监控运维人员大幅减少，每年节约运行成本约5000万元。通过严控计量设备质量，运行故障率持续降低，减少了计量偏差带来的损失。

社会效益方面，通过对设备及生产质量的严格控制，全省计量设备运行质量处于全国领先水平，维护了电力贸易的公平公正。基地的创新实践对工业互联网建设、企业数字化转型具有积极的推动和促进作用。

示范引领方面，江苏计量数字化检定基地建设相关成果已成功推广至国网26家网省公司，带动了电力计量技术进步。基地获评全国五星现场、江苏省示范智能车间，为工业互联网建设提供了典型示范，相关实践经验在汽车、电子仪表、飞机等制造领域得到借鉴应用。

四、展示条件

计量数字化检定基地采用“机器人+AGV+检定装置”的生产模式，全过程无人化运

行，自动化程度高。基地设有360度全景式参观通道，配备环绕式全景演示大屏，支持全场景3D人机交互式体验。已接待各类参观调研200余次，多次承接国务院国资委、省政府、国家电网公司总部现场会等重要参观任务，获得了一致认可与好评。

电力计量数字化检定基地实景图片如图4所示。

图4　电力计量数字化检定基地实景图片

党建综合实训中心

一、基地简介

国网江苏电力党建综合实训中心位于无锡市滨湖区国网江苏电力党校、管培中心内，总占地面积约1700平方米，是国网江苏电力公司级实训基地。国网江苏管培中心坚持党的引领，深化融入融合，以学习贯彻习近平新时代中国特色社会主义思想为主要任务，服务碳中和、碳达峰目标和新型电力系统建设，创新建设党建综合实训中心，努力在国家电网公司发展中站排头、当先锋、作表率，赋能于建设具有中国特色国际领先的能源互联网企业。

自2020年7月启用以来，党建综合实训中心立足“国内领先、国网首家”建设定位，

图1　党建综合实训中心

以习近平新时代中国特色社会主义思想为首要任务，聚焦“智慧型、全交互、沉浸式”三个特色，融合“互联网+”、VR、AR等先进技术，设置党史党性教育、特色成果和党建综合三大模块十个功能区域，综合运用红色教育资源和“双碳”、新型电力系统建设成效，打造教研并重的实训模式，建成共产党员服务队实训、国企党建示范、干部赋能、员工积极心态养成、领导力评鉴和案例研究开发“六位一体”的综合基地。

图2 实训中心一楼

二、示范项目

国网江苏电力管培中心坚持与时俱进，准确把握党性教育、干部赋能、管理提升的本质和规律，创新建立党建综合实训中心，优化教学表现形式，提高培训的体验感、触动感和获得感，使党员教育、干部培训不断焕发“新机”、开创“新局”。

明确“系统化、结构化、场景化”的设计理念。结合现有场地条件，搭建总体框架，明确建设方向和路径。一是设计系统化。聚焦共产党员服务队实训、国企党建示范、干部赋能、员工积极心态养成、领导力评鉴和案例研究开发六大基地功能定位，建设“系统融合、集成创新”的党建综合实训中心，为高质量、针对性开展党性教育、干部赋能提供支撑。二是功能结构化。按照结构化思路，针对不同需求，设置三大模块十个功能区域，彼此既紧密联系又相对独立。其中，光辉历程、初心使命、开天辟地、伟大复兴等四个模块侧重于党史党性教育功能，红色之旅、先锋引领、筑梦登高等三个模块侧重于展示公司全国劳模、中国好人、江苏时代楷模及共产党员服务队的先锋模范作用，智慧党建两个模块侧重于专业管理与成果展示，场景实训侧重于场景化能力训练与提升。三是教学场景化。打破传统灌输式的教学模式，运用视频、图像、文字、实物等打造现场教学，达到立体、多维的展示效果，让学员沉浸其中，拉近教学距离，提升培训效果。如建立“智慧型、全交互”场景实训室，开展场景化、互动式实训，通过梳理党建工作关键事件和能力要点，萃取可复制、用得上、信得过的“苏电”案例，通过角色扮演、模拟演练等实操实训，激发学员学习热情与活力，赢得广泛认可和好评。

挖掘“权威性、先进性、时效性”的展示内容。加强内容挖掘提炼，做到好中选优、精益求精，着力提升品质和内涵。一是体现权威性。严格策划党史党性教育区域展示内容，邀请国内权威专家甄别把关，反复修改完善、斟酌打磨。如实训中心“共产党员服务队实训基地”的铜牌是2019年2月习近平总书记的入党介绍人、延安梁家河村老支书梁玉明为公司共产党员服务队实训基地的授牌原件，这是目前唯一一块由梁玉明给全国共产党员服务队培训基地的授牌。二是彰显先进性。以弘扬“三个先进”（思想理论、发展成就、组织人物）的思路，突出宣传、学习和践行“先进”的观念。如“筑梦登高”模块重点展示公司系统知名的全国党代表、劳动模范、中国好人、时代楷模等时代风采。三是强化实用性。坚持参观学习与现场培训相结合，做到一体两用、按需选择。参观学习模式以功能介绍、特色亮点展示为侧重点，现场教学模式以党史党性教育、公司党建工作宣贯、专业管理知识传授为侧重点，实现了两种模式之间自由切换、无缝衔接。

创新“智慧型、全交互、沉浸式”的呈现方式。突出新技术、新系统接入和应用，创新表达和呈现方式。一是党建智慧型。“智慧党建”厅利用党建大数据，集中展示公司党建工作总体情况和主要成果。展厅提供党性可视化“智慧”体检，通过身份信息验证，可自主查询党员组织生活信息，输出党员个人“先锋红卡”，实现党员信息大数据集成管理。二是系统全交互。全面接入国网系统首个党建全交互系统，成为公司全交互系统的一个重要端口。目前，全交互系统已覆盖400多个基层党建活动阵地，开展一对一、一对多、多对多的培训直播、视频会议、模拟演示等活动已形成常态。三是体验沉浸式。践行体验式教学理念，基于VR、AR、动画、视频等多种融媒体技术，开发设计培训教学课程课件。如“伟大复兴”模块采用三维透视技术呈现裸眼3D效果，呈现了天眼、蛟龙号等新中国成立以来伟大工程及“双碳”、新型电力系统建设成效，在身临其境的同时感受视觉震撼。“开天辟地”模块通过VR、AR技术，创新呈现形式，将特制卡片对准互动屏幕扫描，生成三维立体图像和相应的“四史”教育视频，实现虚实结合。

三、成效说明

一是现场培训带来“两个改变”。一方面，改变了传统课堂教学相对固化、沉闷的格局，让课堂“活起来”。实训中心现场教学已成为“万名党员进党校学党史强党性”等各类理论教育、党建登高培训班的必修课。截至目前，已承接系统内各类培训班现场教学230多批10500余人次。另一方面，改变了传统以单向传输、被动接受为主的学习模式，让学员“动起来”，探索实践实训“翻转课堂”，让学员真正成为教学活动中“主动”的一方，在体验沉浸中收获更多的认识与启发。

二是参观交流实现“两个突出”。一方面突出党建引领、战略制胜。以习近平新时代中国特色社会主义思想为指导，坚持党的引领，深化融入融合，服务“双碳”目标和新型电力系统建设，打造系统内培训阵地建设的“新名片”，赋能于建设具有中国特色国际领先的能源互联网企业。典型经验在系统内外主流媒体推广报道。另一方面突出了业务交流、智慧共享。实训中心增进了系统内外党性教育、干部赋能、管理体制的专业交流，搭建了培训教育资源共建共享、合作发展的“新桥梁”。截至目前，国资委党建局领导，中国社科院专家，中电联领导，国家电网管理学院，国家电网高级培训中心，国网湖南电力、国网新疆电力、国网浙江电力、国网安徽电力等公司同行，以及宝钢股份公司等系统内外单位领导和专家前来参观交流，获得了广泛好评。

四、展示条件

党建综合实训中心坚持教研并重、红专并举，设置光辉历程、初心使命、开天辟地、伟大复兴、筑梦登高等10大教育功能区域。除硬件设备设施外，目前拥有资源包括“一景四船”等苏电党史实物模型、自主讲解AI机器人“丹心同学”、30部VR沉浸式党史党性教育微课、5部AR卡片互动式教学微课、36个红色精神图谱、97支视频以及500余张图片，积极打造内容丰富、功能完善、集成创新的党性教育载体平台。

自2020年7月实训中心投运以来，国网江苏电力依托公司优秀青年员工队伍着力打造了一支由11人组成的“丹心”柔性讲解团队，打造现场教学精品课。为了便于规范管理、保证有序运行，国网江苏电力编制印发了《党建综合实训中心管理办法（试行）》，印发了管理员日常工作手册，由归口管理部门、运行管理部门、支撑保障部门等协同配合管理，各司其职、各尽其责，确保教育基地管理工作规范有序、保障有力。

南京电动汽车智能充电综合服务示范基地

一、基地简介

南京电动汽车智能充电综合服务示范基地，包括极客空间江北新区站、江宁站两座智能充电综合服务楼宇，是国网南京供电公司“南北双极”新能源汽车充电战略布局的重要组成部分。国网南京供电公司作为智能充电综合服务楼宇汇聚点，以全市150余座充换电站、近2000台充电桩为补充，打造新型城市充电网络，具备光伏、储能、车网互动、快慢充电、有序充电、换电渣土车、纯电动物流、市级电动汽车监管平台等全方位的展示要素。

其中，极客空间江北新区站是全国最大规模的集储能、光伏和综合服务于一体的智能充电停车楼宇，项目聚焦“技术示范与模式引领”，助力引领全市电动汽车产业发展升级。设有电动汽车光储充一体微电网管理平台、南京市新能源汽车及充电设施监测平台和南京市智慧停车平台，可监测分析研判全市车桩分布情况和电动汽车运行情况。极客空间江北新区站通过“四个中心”建设（交通枢纽换乘中心、电动汽车能源互联示范中心、国网电动汽车服务体验中心和市级电动汽车运营管理中心），显著提升南京新能源汽车客户服务水平。极客空间江宁站是南京的第二座大型充电综合服务楼宇，项目聚焦“商业化运营与拓展”，推动建立了充电、出行、互动、售车的全链条商业模式，实现多品牌新能源车线上选购、线下体验的服务模式，打造新能源汽车全价值链服务体系。

二、示范项目

南京供电公司以服务国家“新基建”发展为指引，积极对标世界一流管理提升行动部署，创新推出了具有南京特色的新能源汽车智慧能源服务品牌“极客空间”。通过“极刻”技术、

"集客"平台和"即刻"服务，在引领南京充电设施建设、推动新能源汽车产业发展和服务客户体验提升三方面争先领先率先，践行着"为美好生活充电、为美丽中国赋能"的时代使命。

一是"极刻"技术提升运营效率。承接省公司能源互联网示范项目，在极客空间江北新区站中示范应用车网互动（V2G）技术，并与3兆瓦时储能系统、200千瓦楼顶光伏柔性互动，打造了全国首个电动汽车光储充一体微电网，构建新能源汽车智慧互联新生态。研发应用南京电动汽车及充电设施运行监测平台，运用大数据技术，监测分析全市车桩分布情况和电动汽车运行情况，及时研判远景用户充电需求，有针对性地加强热点区域充电桩规划建设，最优配置各类充电资源，有效提升充电设施运营效率。

二是"集客"平台汇聚多方资源。在国内率先实现车联网平台与市政府的合作，打通了各个充电桩服务商之间的壁垒，为政府规划及决策提供支持。搭建平台汇聚客户和多方合作伙伴，开展商业性或公益性展会，加强新能源汽车发布销售、清洁能源文化交流，实现多方合作共赢。

三是"即刻"服务丰富客户体验。以"急客户所急，想客户所想"的服务态度，创新"e站服务"模式，为客户提供了车贷、车险、分时租赁、智慧出行和商业零售等各项服务，加强差异化、定制化增值服务，有效提高了用户黏性。建立用户体验中心，以平台展示、VR技术为手段，为用户科普电动汽车知识，提升价值体验。

三、成效说明

紧扣国家电网公司"一体四翼"战略发展布局，服务新型电力系统建设，从新能源汽车"规划网、充电网、服务网"三个维度提档升级，以完善的充换电基础设施保障，促进交通运输领域绿色低碳发展，助力"双碳"目标落地实践。

一是科学布局规划网。促请政府推动出台《南京市居住区电动汽车充电基础建设指导意见》等文件，科学规划充电桩合理布局。聚焦换电新兴市场，编制《南京市换电式渣土车推广方案》，建成溧水换电渣土车综合能源示范站，开展渣土车极限测试，探索换电运营新模式，推动发布《南京市"十四五"电动汽车充、换、储电基础设施规划》，赢得绿色交通发展的先机。

二是加速构建充电网。建立涵盖公司所有服务渠道的三层充电服务网络体系。以极客空间江北新区站、江宁站两个市级枢纽为第一层服务网络，形成新能源汽车售车、租车、试驾、提车、充电桩报装等一站"极客式"服务，并将业务拓展到新能源渣土车、纯电动物流等领域；以各区县营业厅为第二层服务网络，针对城镇居民使用的乘用电动车以及物流、运输等专用车进行电动汽车全生命周期服务管理；以乡镇供电所为第三层服务网络的最后一级，深化新能源汽车下乡示范，重点推广贴合乡村出行、农务运输、农业生产的需求的车型，助力服务乡村振兴。

三是提档升级服务网。承接国家电网公司新能源汽车“买车—装桩—接电”联网通办试点工作，携手比亚迪等新能源汽车车企和经销商，依托“网上国网”App，将充电桩办理申请工作嵌入买车环节，方便客户“即买即办”，推出开门接桩服务，开展小区充电设施整体规划设计建设，针对统一将管沟、集中表箱、分支箱等设施一次性建设到位，新建小区、存量小区、老旧小区制定开门接桩三大方案，打通新能源车主充电最后50米，最大限度消除新能源车主的后顾之忧。

四、展示条件

极客空间江北新区站（见图1）占地共10亩，总建筑面积达3万平方米，站内设有车辆展示、虚拟驾驶体验、新品发布等功能区域，建筑地下2层、地上8层，共有充电桩390余台。极客空间江宁站包括销售服务区和停车充电区两大功能区域，地下2层、地上8层，共有充电桩180余台。江苏省委常委、南京市委书记韩立明，南京市委常委、江北新区党工委专职副书记罗群先后莅临调研，基地多次承接国网智电专业现场会等大型会议参观任务，多次接待系统内外学者、同行的参观调研，具有丰富的接待经验。

图1　南京电动汽车智能充电综合服务楼宇（极客空间江北新区站）

苏州同里区域能源互联网示范区

一、基地简介

苏州同里区域能源互联网示范区是国家电网公司首个融合能源生产、服务、展示等的江南水乡绿色低碳园区，集聚能源最先进管理理念，建设15项世界首台首套创新项目，展示能源网络新形态、能源运行新方式、能源服务新模式。

（一）业务范围

一是电网调控业务。打造源网荷储协调控制系统，通过对区域内源、网、荷、储等各类元素的协调控制，实现能源微网的经济高效运行。区域内建成了风电、光伏、光热、压缩空气储能、电池储能等多能源形式，通过优化管控模式，实现冷、热、电等多种能源最优化的互补运行。二是多功能充换电业务。打造多功能绿色充换电站，实现“光、储、充、换、放”一体化运营，可为公交车、乘用车提供全自动换电和快速充电服务，实现新能源消纳、退役电池梯次利用和充换电站经济高效运行。三是综合能源服务业务。打造江苏能源云网苏州子平台，全面集成水电气热冷等多种能源数据，为政府提供能效全景展示和分析，辅助制定能源政策；为用能企业提供能效检测、评价和分析，提供需求发布、服务商检索，助力能效提升；为能源市场参与主体提供综合能源交易服务，为运营商提供可定制化的能源管理子系统，降低运营成本；为社会公众提供公共服务应用，凸显共享价值。

（二）承担功能

一是示范“可再生能源利用”先进技术。构建“以双微网路由器为硬件核心、以源网荷储协调控制系统为软件支撑”的绿色能源微网，应用清洁可再生能源发电、储能、综合能源利用、交直流混供等多种自主创新的先进可再生能源利用技术，有效满足分布式能源、多元服务快速发展的需求。二是构建“综合能源服务商”先进模式。探索综合能源生产、配置、管理、服务、交流全流程，打造冷热电集成耦合、一体化配置的先进模式，创新开展综合能源服务、绿色交通服务，为公司从电能供应商向综合能源服务商转型提供实践探索。三是展示“清洁低碳安全高效”先进理念。示范构建“电为中心、电网为平台、多能互补、智能配置”的区域能源体系，展现网格化能源网络新形态、智能化能源运行新方式和综合化能源服务新模式，推动相关产业链、服务链加快发展，逐步引导形成清洁低碳、安全高效的生产生活方式，提升公司在国际能源变革领域的贡献度和品牌影响力。

（三）展示重点

一是依托综合能源展示中心，系统展示能源变革理念、技术、管理等创新成果，重点包括：以多媒体互动平台演示双微网路由器为核心的新型交直流配电网建设和管理理念，展现分布式电源就地高效接入、促进新能源大规模开发利用最新成果；以“实物模型+动画片”的方式展示“三合一”电子公路、绿色充换电站等清洁电能替代化最新成果；通过互动屏阐释江苏能源云网苏州子平台在提供安全、高效、经济、低碳的能源服务方面的创新成果。二是依托同悦楼，现场展示电动公交车充换电过程，同时可乘坐无人驾驶电动车，体验人工智能、智慧交通和绿色能源的有机融合。

二、示范项目

示范区建成15项世界首台、首套的能源创新示范项目，涵盖能源供应、配置、消费、服务等全环节，整体构成一个冷热电多能互补、源网荷储协调互动的智慧能源细胞，重点如下：

能源供应方面，充分挖掘示范区内的可再生资源禀赋，采用先进的可再生能源利用技术，在区域内建设分布式清洁能源设施和储能设施，满足地块冷、热需求。包括多能互补综合利用、高温相变光热发电、高温相变储热、预制舱式储能、压缩空气储能等5个项目。预制舱式储能如图1所示。

能源配置方面，构建交直流混合配电网，推动多种能源互相耦合，实现冷、热、电一体化配置和源网荷储协调控制。包括微网路由器、低压直流环网、中低压交直流配套、源网荷储协调控制系统等4个项目。微网路由器如图2所示。

图1　预制舱式储能

图2　微网路由器

能源消费方面，围绕交通、建筑、工业等领域，打造能源绿色低碳消费的典型示范，推进能源消费电气化进程。包括绿色充换电站、“三合一”电子公路、负荷侧虚拟同步机、同里湖嘉苑绿色被动房等4个项目。“三合一”电子公路如图3所示。

能源服务方面，打通水、电、气、热等能源行业壁垒，搭建服务政府、用能企业和能源服务商的共享平台，辅助政府制定能源政策，实现综合能源服务供需精准对接，促进社会能效全面提升。包括综合能源服务平台、综合能源展示中心2个项目。综合能源展示中心如图4所示。

图3 “三合一”电子公路

图4 综合能源展示中心

三、成效说明

能源供应方面，示范区清洁能源累计发电量达458.96万千瓦时，其中，区内约113.58万千瓦时，全部实现就地消纳，区外约345.38万千瓦时。预制舱式储能累计充电约11.69万千瓦时，累计放电约10.57万千瓦时。

能源配置方面，示范区构建起双微网路由器为核心的交直流配电网，建成源网荷储协调控制系统。自投运以来，源网荷储协调控制系统完成了主动孤网、应急支撑、需求响应等三大现场功能应用试验，并能够在安全、绿色、经济等3种运行模式间自由切换，促进清洁能源的就地最大消纳。

能源消费方面，示范区绿色充换电站累计充电5690次、充电量为26.79万千瓦时，蔚来乘用车换电工位累计换电9173次、换电量为45.86万千瓦时，“三合一”电子公路累计行驶超过4800千米，同里湖嘉苑被动房取得住建部与德国能源署颁发的“被动式低能耗建筑示范项目”认证。

能源服务方面，示范区江苏能源云网苏州子平台已累计在苏州地区促成合作项目96个，产值超过13905万元。

宣传展示方面，示范区累计接待参观人数1.97万人，在“一带一路”能源部长会议、第三届国际能源变革论坛、2021年国际能源变革对话期间向国内外嘉宾展示苏州能源变革发展成果，创新成果还受邀在国家“双创”展、中国—阿拉伯国家博览会和世界物联网博览会等展出，极大传播了中国能源变革理念和思想。

四、展示条件

场地方面，示范区目前有展示厅1间（面积约1650平方米），会议室2间，办公室4间，接待休息室1间，具备一定的承接各类会议和发布学术交流等功能。

人员方面，示范区有专业展示和运维团队，其中，专业讲解人员4名，运维人员18名，安保人员11名，保洁人员5名，同时建立了一套常态化的运维管理、展示参观、安保物业等流程和机制，具备同时接待多批参观人员的条件。

系统装备方面，示范区设有室内和室外音响系统，以及耳麦、话筒、iPad等多种展示设备，具备视频、多媒体互动平台、实物模型等多样化展示方式，能够生动形象展现示范区的能源创新理念、管理经验和先进技术。

经验方面，示范区累计接待参观人数1.97万人，是“一带一路”能源部长会议、第三届国际能源变革论坛、2021年国际能源变革对话的重要参观地，成功接待过全国政协副主席、民革中央常务副主席郑建邦，巴西矿产能源部部长本托·阿尔布开克，两院院士苏义脑、黄其励、刘吉臻、陈维江等国内外领导和专家，具有丰富的对外展示经验。

无锡广盈不停电作业中心

一、基地简介

无锡广盈集团有限公司配网不停电作业中心（简称广盈不停电作业中心）成立于2019年6月，主要负责无锡市区不停电作业抢修消缺、施工检修等工作。广盈不停电作业中心以“不停电就是最好的服务”为服务宗旨，以“技术领先、装备精良、管理一流”为建设标准，蹄疾步稳、奋力攻坚、狠抓落实，全力推进配网不停电作业发展。现有配网不停电作业班组4个、作业小组8个；从业人员65人，取得带电作业证书60人，其中复杂类带电作业证书39人；绝缘斗臂车19辆，旁路电缆车、移动箱变车、移动开关车、UPS车等复杂类带电作业车辆13辆。中心已具备全部33项配网不停电作业能力，拓展了部分0.4千伏、20千伏不停电作业能力，作业数量、作业质量均处全省领先水平。2021年获得国家电网公司配网不停电作业服务认证“甲4A”证书及“10千伏配网不停电作业服务认证优秀企业”称号。

二、示范项目

按照省市公司工作部署及规划，广盈不停电作业中心以力争形成国内领先的不停电作业核心竞争力为指引，积极推进配网不停电作业产业化、规模化工作，坚持技术引领，持续拓展全项目、全电压、全地形作业能力，大力提升配网不停电作业攻坚团队能力。经过三年的管理提升，在作业能力、装备管理、人员管理等方面，取得了一定的突破。

（一）拓展业务范围，提升作业能力

提升新技术掌握能力。攻坚新技术，制定新装备、新技术运用攻坚计划，攻坚一项、总

结一项、掌握一项、推广一项，以练促学，提升新装备、新技术运用能力。2022年广盈不停电作业中心加快人员补充和装备采购，加强作业人员技能培训，提升作业人员复杂装备能力。以“无感停电”为目标，进一步优化流程和制度，积极应用移动箱变电、移动电源车开展综合不停电作业，提升不停电作业“无感率”。

提升新装备运用能力。自2019年不停电作业再产业化以来，广盈不停电作业中心实现10千伏配网不停电作业4类33项作业项目全覆盖。2020年起，运用移动储能车、中压发电车、旁路作业车、箱式变压器车，深入开展电缆、环网柜等不停电作业，开展20千伏和0.4千伏不停电作业复杂项目，实现配电网全电压等级不停电作业能力覆盖。此外，广盈不停电作业中心综合运用无支腿绝缘斗臂车、玄武岩绝缘脚手架，实现全地形不停电作业能力。

推行项目化管理机制。广盈不停电作业中心采用质量管理体系，编制服务蓝图与质量手册，从组织机构、项目管理、生产管理、安全管理等方面规范不停电作业内部管理。创新采用项目经理责任制项目管理模式，有效推动不停电作业项目实施落地，利用不停电作业优势，有效提升供电可靠性。

（二）加强硬件建设，提升装备管理

广盈不停电作业中心积极探索配网不停电作业基地建设模式，建成上楼培训、下楼实训、出门实操的基地建设模式。

建成国内领先的电压等级、作业项目、配电网设备“三个全覆盖”的不停电作业实训基地（见图1），实现20千伏、10千伏、0.4千伏配电网不停电作业高低压全覆盖、国家电

图1　不停电作业实训基地

网公司不停电作业4类33项作业项目全覆盖、配电网设备选型全覆盖，同时满足不停电作业员工成长培训和项目拓展演练需求，兼顾配电检修和配电电缆实训功能。

建成具有物联网技术、温湿度智能管控功能的车库房20个、绝缘工器具库房250平方米和个人防护用具1间，补齐补强配网不停电作业车辆与装备，达到国内先进水平。制定《不停电作业工器具及库房管理办法》，利用设备全寿命监控平台，对不停电作业工器具及车辆进行全寿命周期管理。

建成VR仿真作业室（见图2），研发数字化现场作业培训视频20套，可以满足不停电作业日常工作开展、员工学习培训等需求，提升现场标准化作业水平。

图2 VR仿真作业

（三）加强队伍建设，提升员工素养

加强技能培训，强化人员技能水平。构建基于能力等级的分众化技能培训体系，建立培训—考核—激励机制。坚持逢培必考，由广盈不停电作业中心组织能力等级晋升鉴定和年度技能竞赛，开展工作负责人鉴定选拔。以现场“标准化、规范化”作业为标准，制订年度培训计划，开展培训考核，深化技能与绩效挂钩。实现新增独立作业35人，复杂证16人、机器人操作证6人。

打破身份限制，加快人才梯队建设。打破员工身份限制，以能力为导向，深化技能向管理提升的人才培养机制，在复杂证员工中定方向、压担子、常督促，专项提升员工现场安全管控能力，选拔一批素质过硬的工作负责人。试点配电施工项目经理、不停电专业人员流动机制，培养配电网复合型项目经理，培育“熟业务、懂技术、会管理”的不停电专业人才。成立以来共培养项目经理5人、工作负责人12人、班组技术员4人。

引入高素质人才，储备专业发展力量。从广盈不停电作业中心发展远景和专业传承角度考虑，在国网无锡供电公司范围内遴选主业青年员工进一步充实技术、管理力量。开展校园招聘，完成20名高素质人才培养，着力培养不停电管理人才，为不停电作业规划能力落地奠定人才基础。

三、成效说明

一是作业数量和关键指标大幅提升。目前广盈不停电作业中心具备国家电网公司四类33项全部不停电作业能力，其中带电立杆、旁路作业等复杂项目已具备日常化开展能力。不停电作业承载量约800次/月，其中三四类复杂作业占比约14.7%，三四类作业常态化开展，发电类作业稳定提升。与同期相比，不停电作业数量提升54%，三、四类作业工作占比由3%提升至15%。业扩配套不停电搭火率提升至95%，供电可靠率明显提升。

二是取得了良好的经济效益。截至2023年3月15日，通过开展不停电作业，减少停电时户数5.34万时·户，多供电量379.12万千瓦时，减少用户停电损失，服务地方产业强市。同时，产业单位增加不停电作业年营收3000万元，激励产业单位加大专业投入，产生良性循环。

三是实现不停电作业技术创新。建立秦虓劳模创新工作室，深化对不停电作业新技术、新工具的研究应用。其中《地电位更换高压跌落式组合工具》《高温气象条件下配网带电作业人员降温用具研制》获得国网江苏省电力有限公司职工技术创新二等奖，《新型地电位更换跌落式熔断器作业法》被评为第十届无锡市职工十大先进操作法。

四是打造无锡不停电作业拓展团队。招募14家单位的39名员工加入团队，成员所在专业覆盖营销、规划、设计、项目、施工、调控、运检、监理的全业务工作链条。专注不停电作业理念传播和技术发展的跨专业、跨单位组织，以价值贡献、理念传播、能力培养为团队文化。常态化组织开展典型不停电作业项目施工现场学习交流、邀请内外部专家授课，学习前沿技术、结构化研讨和技术攻关等活动。

四、展示条件

广盈不停电作业中心实训基地俯瞰图如图3所示。

图3　广盈不停电作业中心实训基地俯瞰图

常州高铁新城“双碳”示范基地

一、基地简介

落实习近平总书记视察江苏“当表率、做示范、走前列”的指示，践行国家电网公司“引领者、先行者、推动者”的要求，带头落实碳达峰、碳中和苏电行动方案，国网常州供电公司聚合优势资源，推进常州高铁新城“双碳”示范基地建设，打造常州“双碳”先行区。

常州高铁新城“双碳”示范基地围绕能源互联网规划建设、源网荷储协调发展、全社会节能减排、能源消费碳评估以及碳优化等方面开展市场业务拓展。依据能源网、多碳表互联网以及物联网，从能源视角和碳视角分别构建碳态势感知和能源数据网，承担区域碳信息全景感知、碳减排与优化、碳市场与交易等关键设备和平台研发与产业落地的重任。

国网常州供电公司成立碳达峰、碳中和工作领导小组，制定碳达峰、碳中和重点工作任务，在常州高铁新城开展碳达峰、碳中和试点建设，组织编制《高铁新城“碳达峰、碳中和”试点建设实施方案》，编制双周报，跟踪、推进、落实重点示范项目，加快能源生产清洁化、能源消费电气化、能源利用高效化，促进基础理论创新、技术创新、机制创新、模式创新，带动产业链、供应链上下游，推动全社会共同节能提效，为当地低碳发展贡献力量。

二、示范项目

常州高铁新城“双碳”示范基地紧紧围绕“双碳”目标，应用先进的管理经验和理念，以示范项目为引领，以更高标准、更高站位，主动承担起示范引领、创新突破的使命，贡献战略落地的常州范例。

一是上线全国首个城市级综合能源管理平台。2021年6月18日，全国首个城市级综合能源管理平台——常州“智慧能源”管理平台正式上线。该平台具备“百万级”用户接入能力，可实现煤、电、油、气等多种能源配置和消费的全景测量，实时诊断区域综合能源利用效率，为政府合理配置能源、优化产业结构提供辅助决策，为用户降本增效提供技术服务。智慧能源管理平台打破了城市传统能源行业之间的信息壁垒，实现了一屏知全域、一网管全局，能及时、精准地掌握城市各区域、行业以及企业的碳排放、能耗等信息。

二是大力推进分布式能源协调发展。构建灵活弹性的配电网，持续提升配电网互联互济和智能互动能力，支撑分布式电源和微电网，提供分布式电源接网一站式全流程免费服务，构建新型坚韧灵活电网的基础单元。打造不停电作业服务体系，进一步优化人、财、物配置，深化新技术、新方法应用，支撑配电网全时全域输送清洁能源。

三是积极推动绿色出行。在新能源大规模发展利用的基础上加快推广电动交通，推动电动汽车规模化应用、商业化运营。加快充电设施规划布局，编制高铁新城“十四五”充电设施专项规划，扩大充电设施覆盖范围和密度，推广有序充电，引导电动汽车与电网双向互动。与蔚来汽车开展全域合作，深入推进一体式充换电站建设、私人充电桩安装。打造纯电公交车示范项目。加强充电设施运营服务，创建“易充电”服务品牌，建设一体化运营服务平台，打造智慧车联网生态。

四是打造“双碳”智慧能源大脑系统。以“万物互联+海量数据+AI引擎”架构，构建“双碳”全景应用，基于碳流分析算法完成低碳规划、低碳调度、电网低碳效益分析、碳交易与碳市场模拟、云储能与虚拟电厂优化运行以及低碳综合能源园区规划与运行等关键领域核心算法的开发和部署，支撑新型电力系统和“双碳”试点落地的系统建设，积极拓展远景用能规划、云储能以及虚拟电厂等增值业务拓展，打造高铁新城区域内近零碳示范，支撑具有特色的“双碳”智慧能源体系落地。

三、成效说明

通过常州高铁新城“双碳”示范基地建设，探索解决碳排放跟踪、计量、评价、交易问题，为政府部门制定“双碳”相关政策、企业转型升级、用户降本增效等提供支撑，提供绿电交易以及低碳认证等服务，带来较大的经济和社会效益。

“智慧能源”管理平台通过对地块、建筑体的多种能源分布和碳排放密度进行监测，结合先进节能减排技术，提供区域级的能效提升解决方案。常州高铁新城能源互联网示范区的核心区及两翼工业企业区碳排放密度较高，根据高铁新城发展规划，2025年该区用能负荷还将近翻倍，对此，“智慧能源”管理平台分析建议在该区新增3座能源站，有效提升该区综合能效12.73%，年降低碳排放1899吨。

大力推进分布式能源协调发展，提升区域新能源消纳能力，提高清洁能源比例，通过打造“全景感知、柔性互联、自治自愈”先进配电网络，提高供电可靠性达99.99%以上。

积极推动绿色出行，提升国网常州供电公司“易充电”品牌知名度，推动政府出台高铁新城“十四五”充电设施专项规划，降低交通碳排放量20%。

“双碳”智慧能源大脑系统构建以能源大数据技术为骨干的碳全景感知体系，基于碳流分析技术，实时计算不同地区的碳流自然分布，实现能源系统碳流分布图的实时、精确跟踪和描绘，可积极探索电碳市场交易，结合用电供能组成积极探索电碳积分商城与绿电交易，对于出口型外贸企业提供专业的低碳认证，进一步促进用户“降碳增效”，为碳排放监管平台和碳交易平台提供数据支撑，支撑多方参与的可信低碳能源生态构建。

四、展示条件

“双碳”示范基地依托常州高铁新城在场地、人员以及组织经验等方面的优势，在科创水镇新建机房和大数据中心，完成智慧能源管理平台大屏展示系统本地化部署。从“能源视角”和“碳视角”分别展示区域内碳流自然分布，为工业和建筑、交通运输、生活消费、损失及平衡差额，以及商业及其他领域提供碳排放量分析和碳源精确追踪，同时也可以以大屏、录制视频、海报以及现场演练的方式展示高铁新城“双碳”示范基地在“双碳”智慧能源大脑、碳全景信息感知、碳减排与优化以及碳市场与交易等方面的建设进展和效果，分系统和应用展示零碳建筑、多能协同、数字化运维以及电能替代等平台建设效果，实时向政府、企业等用户反馈碳交易、低碳优化、节能优化以及协调等执行统计情况，还可展示智慧建筑—风光储一体化低碳建筑、智慧能源园区/企业、分布式光伏发电系统、零碳充电桩、云储能系统、综合数字化变电站以及智慧路灯等碳中和新基建试点工程建设效果。

高铁新城能源互联网建设展示中心外观如图1所示，智慧能源管理平台系统展示如图2所示。

图1　高铁新城能源互联网建设展示中心外观

图2　智慧能源管理平台系统展示图

泰州“虚拟沉浸+体感实训”的安全技能实训基地

一、基地简介

国网江苏省电力有限公司锚准本质安全内涵，树立大安全、大培训、大提质理念，拓展安全着力点、拓深培训业务线、拓宽教育区域面。搭建“逆向体验，正向实训，综合测评”的三维安全培训体系，智能化硬件、物联网技术、信息化系统完美融合，相得益彰。凭借长时间技术引领和安全运行实践经验，在泰州打造了技术领先、行业领跑的电力安全技能实训基地，已在电力行业内形成较高技术壁垒，有利于形成以安全教育为主导的产业集群。

基地建设自2019年起步，历经调研考察、基地建设、试运行等环节，2021年5月正式试运行。基地先后被命名为江苏省、泰州市、江苏省电机工程学会科普教育基地，泰州市应急消防科普教育基地，省级法治文化建设示范点，并荣获江苏省电力公司青年创新创意大赛金奖和国网第六届青创赛决赛一等奖。截至2022年底共举办各类安全技能实训及电力科普活动118期、参加人数5600余人。

基地主要功能：一是培育安全意识。通过安全文化展示、安全警示教育、事故案例动漫及微电影展播来还原事故发生过程，采用互动教学的方式让学员掌握已发生的各类电力安全事故，并深入分析事故原因及整改措施，由人至己，知敬畏，重规范，主动安全。进一步提高公司系统全员安全素养，增强全民用电安全和电力保护意识，充分发挥实训基地的安全引领作用，形成全员首保安全的良好氛围。二是传播安全知识。通过信息安全、消防安全、交通安全、危险化学品模块化教学，为供电企业职工提供职业道德规范、劳动保护、职业危害及其预防措施培训教育，灌输通用安全知识，普及职业健康防护知识，践行企业责任，以安全基本面的大力推广，保障公司深入推进高质量发展。三是传授安全技能。通过作业实操模拟、三维仿真标准化流程、现场实操实训，针对作业现场安全管理的薄弱环节，模拟配电变压器检修、架空线路更换、环网柜检修、电缆施放等多个典型作业现场，结合体感实训、VR实训、互动教学等多维度培训手段做到专业全覆盖。传授安全技能，提高作业人员安全技能水平。四是掌握应急能力。通过紧急救护、心肺复苏法现场互动教学、应急知识培训、消防逃生实景演练、应急学习测评、触电及创伤急救仿真实训等方式，普及急救知识，掌握应急能力，让学员切实掌握事故处理基本原则及步骤，具备快速正确的现场急救能力。

二、示范项目

安全生产是企业的生命线，安全教育培训是电网企业安全发展的重要保障。随着电网技术快速发展、新业务新业态不断革新、外包作业成为常态模式，传统安全教育培训偏重理论，忽视实训；形式单一，欠缺针对；覆盖不全，未成体系；考核不严，应用不广；依赖人工，建档不全，存在自有员工吃老本、安全意识淡薄，外协人员缺乏安全技能的情况，难以支撑和推动公司能源互联网建设高质量发展。

基于此，国网江苏电力着力构建“虚拟沉浸、体感实训”的智慧安全培训体系，以“一个理念，两个依托，三个转变”为主要内容，创新“四式教学”（模块式教学、流程式教学、互动式教学、案例式教学），践行“五步实训法”（警示、体验、仿真、实操、测评），遵循PDCA的运行模式，建立“逆向体验，正向实训，综合测评”的安全培训新模式，提升培训质效。

一是构建五维安全能力模型和安全培训理论体系。基地从安全理论、公共安全、通用安全、专业安全、应急技能五大方面，构建五维安全能力模型，并根据管理、作业、外包等各类人员角色差异，建立岗位安全能力矩阵，形成分专业安全培训课程架构。精准把握现场一线员工安全培训需求，建立通用、变电、输电、配电、营销、调控、信通、农电、不停电等十大专业安全培训课程体系，参照院校学分制绘定学习图谱，结构化设置知识点，层级化排定课程表，系统化编制考核内容结构表，科学设计培训教材及测评题库，并开发《安全技能培训体系开发技术规范》，适用于安全技能培训标准化体系建设及推广。

二是首创体感实训全新安全培训形式，具备行业引领性。智能化硬件、物联网技术、信息化系统完美融合，相得益彰。“虚拟沉浸+体感实训”相融合，全方位应用体感、实景、VR体验、3D仿真等新形式与信息新技术结合，让理论、知识、技能有温度、能感知，在动手、动心、动情中内化于心、外化于行。开发智能培训、综合测评两大系统，根据人员身份、专业，结合五维安全能力模型，个性化定制培训清单，主动化学习，同时根据学习轨迹自动生成机考+实操考核方案，强制化考核，智能生成培训档案，多维度综合分析，形成公司员工、外协队伍安全精准画像。

三是独创安全教育培训办班模式，建立全员安全档案。基地与省技培中心开展培训资源战略合作，采用学校式运营，少人化管理等运营模式，理论授课+体验实训+考核评价相结合，搭建“逆向体验，正向实训，综合测评”三维立体培训方式，实现员工安全技能等级差异化评价和外协单位无差别安全能力测评，做实做精做强安全技能实训。从安全教育的策划、执行、检查、改进四个阶段提升安全管理水平，电子化建立全员安全培训档案，实现数据贯通共享，智能化统计分析考核成绩，针对性提出改进建议。

三、成效说明

安全技能实训基地建设，依托体感实训，切实满足自有员工、外协队伍、社会大众培训需求，作为安全教育的创新先锋，行业内可实现员工安全等级评价与外包安全评价，行业外可开创标准化安全教育平台服务，市场推广应用前景非常广阔。

锚准本质安全内涵，树立大安全、大培训、大提质理念，拓展安全着力点、拓深培训业务线、拓宽教育区域面。智能化硬件、物联网技术、信息化系统完美融合，相得益彰。凭借长时间技术引领和安全运行实践经验，打造了技术领先、行业领跑的电力安全技能实训基地，已在电力行业内形成较高技术壁垒，有利于形成以安全教育为主导的产业集群。

行业内，在经济效益方面，采取学校式运营、班级化管理，整合培训资源，降低培训成本，预计可达年培训8000人次目标。在管理效益方面，建立全员安全档案，真正激发员工安全生产的积极性和主动性，使安全生产内化为员工的自觉行为，从而实现企业安全生产目标。行业外，倾力于服务社会大众、宣传用电安全知识、普及电力科学技术，打造江苏省及泰州市科普基地，定期向社会公众开放，作为学生、企事业单位以及社会团体的电力安全教育平台。

面向未来，基于“虚拟沉浸+体验实训”的安全培训体系，构建了电网企业全员安全档案，将人这个最大变量转化为安全生产的最大增量，保障能源互联网建设高质量发展。

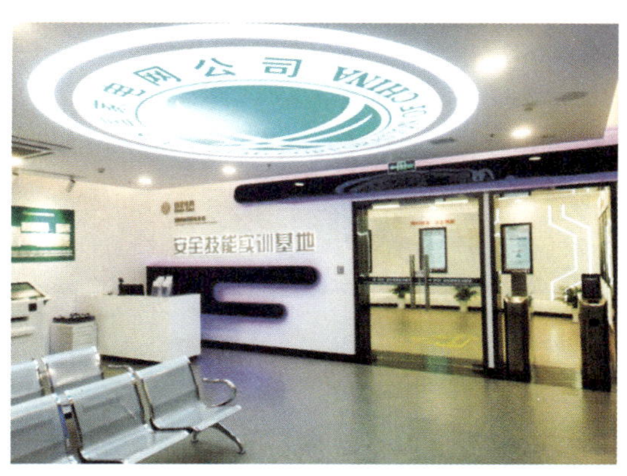

图1　安全实训基地大厅

图2　实训装置

四、展示条件

基地总占地面积5012平方米，其中户外面积4099平方米，户内三层设计面积为2015平方米，分为10大功能场馆，覆盖8大专业。基地配置教务主管1名、教员5名，负责基地日常运维、安全教育培训和外包队伍安全评价等工作；基地配置保安4名、保洁员2名，负责基地安保和公共部分卫生清洁工作。

南通分布式电源群控群调示范基地

一、基地简介

紧密承接碳达峰、碳中和及乡村振兴两大国家重大战略，以重塑光伏电站调控模式、支撑整县光伏开发建设为目标，南通分布式电源群控群调示范基地围绕分布式电源高能效调控、管理，先行先试，在江苏率先完成了分布式光伏电站群控群调系统的建设部署，通过实践逐步形成了一套先进、有效的新能源管控模式，在提升分布式电源接入电网调控手段的基础上，切实提升了电网及分布式电源的消纳能力。

目前，该基地负责管控南通全地区分布式光伏电源（装机容量为231.8万千瓦，位居江苏首位）的运行、接入，采用“无线+光纤专网混合”的控制模式，高质量实现主站系统与分布式光伏子站间的数据交互。其中，分布式电源群控群调的实现方式、策略控制、管控流程成为该套管控体系中的特色亮点，分布式电源与储能的协调管控也是基地展示的重要课题。

该示范基地在江苏率先实践、完善了先进的分布式光伏电站群控群调管理模式，同时率先以无线专网方式实现低压分布式光伏发电的功率柔性调节。由于管理模式先进、管理效益显著，已成为江苏推进分布式电源接入的前沿阵地；同时，南通分布式电源管理模式受到国家电网公司内部多家单位的关注、认可，成为建设分布式电源集群控制的标杆样板。2019年“江苏南通分布式光伏群控群调试点”编入《中国分布式电源调度运行管理实践》案例。2020年《分布式电源数据质量管理与广泛共享机制建设》入选国调系统典型经验。在2021年5月国家电网公司的专项调研中，国网南通供电公司依托该基地详细展示了分布式电源群控群调模式及相关管理成效，获得国家电网领导的认可，成为江苏省分布式能源管理独家展示窗口。

二、示范项目

随着碳达峰、碳中和战略及整县分布式光伏的推进，分布式电源呈规模性发展接入的趋势，其转动惯量小、电网适应性弱、抗干扰能力差等特点，给电网经济、高效、安全调节控制带来新的挑战。特别是分布式电源波动频繁、种类繁多，在直流闭锁、频率异常等因素下容易造成大规模脱网，以先进的调节管控模式引导其融入电网并增强其消纳能力成为当务之急。

南通分布式电源群控群调示范基地综合考虑分布式电源特点，以解决传统分布式电源接入无法灵活调配利用为出发点，建设部署了分布式电源群控群调系统，并以此为支撑构建了安全高效、多元互补的分布式电源接入管控体系，推动了高比例新能源接入系统运行稳定性和经济性的高质量提升。

南通地区目前具备分布式电源光纤专网通道和试点区域 4G 无线专网全覆盖。对于已接入光纤专网的光伏电站，通过光纤通信接入调度数据网；对于未建设光纤专网的电站，通过 4G 无线专网进入安全接入区。实现了两种通信方式下的 10 千伏分布式光伏电站单站有功/无功控制、并网点开关并网/离网控制，能够接收下达的分布式电源调度 AGC 指令及日前发电计划；对 380 伏光伏开展集群控制，实现了对分布式集群控制器终端下达区域有功、无功控制指令及并网、离网控制指令。依托群控群调系统建设及分布式电源高效管控体系，目前工作中有如下创新亮点：

一是基于“无线+光纤专网混合”的通信方式，实现主站系统与分布式电源子站间数据交互，实现遥测、遥信、遥调、遥控等功能。无线+光纤专网混合控制模式相比较光纤专网控制模式、无线公网控制模式等其他控制模式，适用于新能源发电渗透率高的地区，适用范围广，控制对象为无线通信或光纤通信的各电压等级分布式电源。

二是综合考虑通信通道建设和AGC控制装置成本因素，从宏观和微观两个角度进行策略控制。宏观层面，采用分层、分区、分步控制策略，在电压等级上，按照从高到低进行分层控制；在容量上，优先对密集度高的分布式电源进行分区控制；在时间序列上，可以按容量大小进行分步控制，优先控制容量大的分布式电源，逐步实现分布式电源的可控可调及群控群调。微观层面，可对分布式电源单站进行有序控制，主要包括按出力比例进行控制、按等容量进行控制、按发电计划进行控制等。不同的控制策略可根据区域特点和用户需求按需选用。

三是充分利用储能与新能源的互补特性，基于分布式光伏的预测结果，采用储能电站进行补偿实际出力与预测之间的差额，将差额保障在调度运行可接纳的范围之内，平抑光伏波动，降低电网运行备用成本。通过储能滤除新能源发电波动功率，减小新能源对电网的影响。提升新能源消纳能力，提升储能提供电网辅助服务的动态性能，降低电网运行成本，助力分布式新能源全额消纳。

三、成效说明

南通分布式电源群控群调示范基地通过在输电网和配电网之间建立双向互动的输配协同控制功能，有效保障了系统的安全稳定运行，为实现泛在调度控制提供有力抓手；通过建立地区电网有功控制模型并开展分布式电源集群间、集群内优化计算，构建了“网—源—荷—储”互动的灵活消纳方案，提升了地区电网分布式电源承载能力。通过建立地区电网无功电压控制模型并开展集群间、集群内优化计算，实现了对分布式电源逆变器、滤波器、调压配变等无功设备的调节，对提升地区电网电压合格率和降低网络损耗具有显著效果；通过整合资源聚合，有助于削减电力尖峰负荷，节约优化配电网资源；通过参与电网的辅助调峰服务，引导居民绿色能源消费，助力实现碳达峰、碳中和与乡村振兴两大国家重大战略。

通过近三年对分布式电源的集群优化控制管理，该基地已拥有成熟的分布式电源管控经验，并依靠此管控模式实现了试点区域电网光伏能源的灵活调节与科学分配，大幅提升了区域电网的快速有功调节及快速无功支撑能力，无功设备动作次数大幅下降，大幅促进电网运行水平显著提升。以分布式电源群控群调投运前后典型月数据分析，在系统闭环运行后，南通辖区内某县电网电容器和变压器分接头动作次数下降明显，与投运前比对，同比下降58%，环比下降45%。与此同时，系统投运后根据实时运行优化结果统计试点县区网损状况，分析表明应用该管控模式后电网降损效益明显，若推广应用效益节省将非常可观。

南通分布式电源群控群调示范基地，在持续促进地区分布式能源管控规范精益的同时，通过展示示范引领了全省乃至全国分布式新能源的建设、发展，有力推动公司新能源管控水平更上新台阶。

四、展示条件

南通分布式电源群控群调示范基地系统构架如图1所示，由部署在南通电力调度控制中心的系统主站与试点用户电站的系统子站组成。

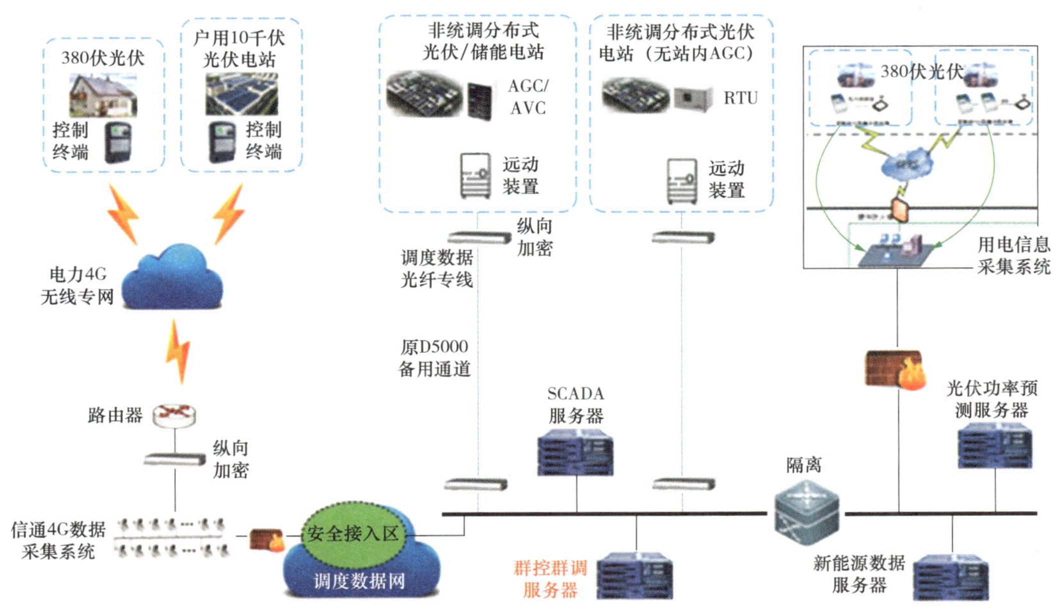

图1　南通分布式电源群控群调示范基地系统构架

目前，基地展示由主站控制展示厅及试点子站演示点组成，主站可从宏观角度进行分布式电源群控群调策略演示（如图2所示），子站可从电站设备进行展示，包括光伏组件、逆变器、通信终端等。

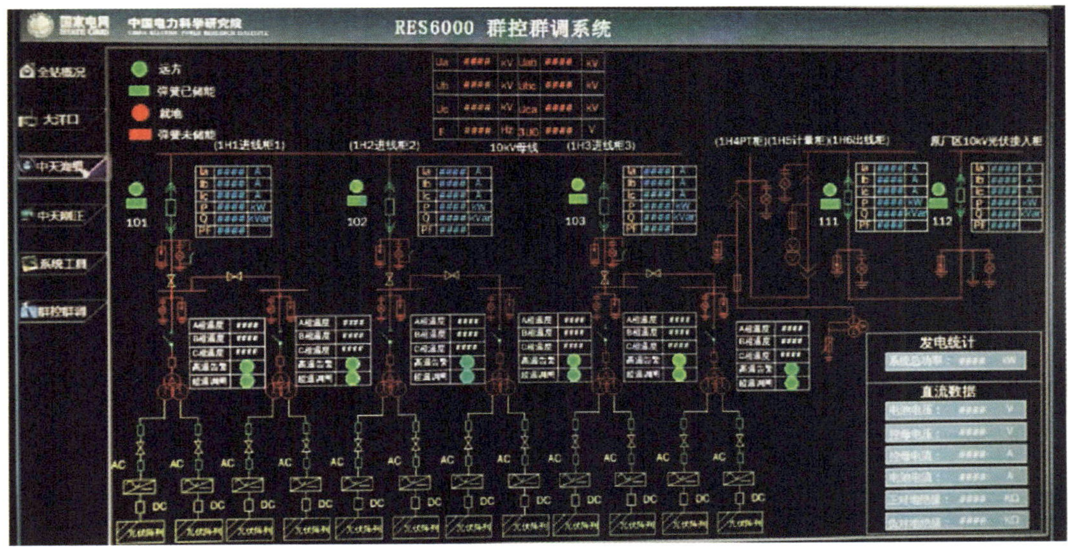

图2　群控群调系统策略演示

淮安数字化供电服务网格示范基地

一、基地简介

淮安数字化供电服务网格示范基地位于青年西路与金鼎路交叉口西南处，网格内实行营配业务末端协同开展，将配网网格责任人、营销、外包等相关人员合署统一办公。配置无人机、单兵作战装备，将无人机应用至配电网线路进行巡检、工程验收等工作中，打破传统的配电网巡检业务模式，实现巡检业务流水线化作业，探索配变TTU实用化，利用TTU对台区电桩充电状态进行动态调节，是一个营配高度协同、智能高效的标准化示范基地。

二、示范项目

（一）营配业务末端融合

围绕生产更安全、投诉压降、可靠性提升、线损提升四个核心，由计量中心、配电运检中心各出一名负责人进入网格合署工作，市场及大客户服务室各出一名责任人，仅承接网格内工作。网格内实行中低压网格化综合服务新模式，业务集约优化，指标责任共担，形成可落地、可复制、可推广的经验，不断提升公司市场竞争力和运营效益，主要采取以下措施。

一是提升用户复电时效，推动计量外协与配电网抢修外协分时协作，针对远程复电失败用户，确保客户缴费后2小时内现场复电成功。二是规范客户内部故障处理流程，发生配网线路故障且确定为客户内部故障的，开展联合验收，落实内部故障告知、签单验收、追责赔偿等工作要求。三是实现专业统筹减少重复停电，推动封闭性改造计划与停电计划合理结合，尽量做到一次停电，同步工作。四是业扩环节推动设备改造，高压业扩报装落实营配联合勘察，遵循“接改同步”原则，并联办理，保障用户接入时限。对于可能产生的设备重超载，现场同步确定改造方案，转配电网专业落实改造。

（二）配电网网格化管理

以提高供电可靠性为主线，以供电网格为载体，坚持将配电网网格化管理理念贯彻深入至每位责任人、每支外包队伍，实现配电网运检网格实体化运作，主业人员参与各业务环节，实行供电网格内运维抢修一体化管理模式，提升配电网供电可靠性、供电质量、智能化和客户服务水平。主要工作举措：一是明确巡视责任人，按配电网运维规程要求对所辖配电设备及通道进行监察性巡视，根据季节特点及设备运行状况编制所辖设备的巡视工作计划，规范巡视流程和内容，开展常规带电检测工作，全面掌握配电网设备的运行状况，为设备检修提供依据。二是依据缺陷记录，下达消缺计划，明确消缺负责人，组织消缺及验收，定期梳理上报辖区内缺陷情况，做好消缺验收，全过程跟踪缺陷闭环管理。三是严格执行运维管理规定，组织开展配电网设备运行分析，根据运行分析结果，提出配电网规划设计、建设改造、设备选型、电网运行控制、反事故措施等工作意见。四是网格运行抢修人员装备智能巡检装备，每个网格责任人、外协人员负责人配置一套具备实时视频远程传输、现场定位、行动轨迹、拍照上传、语音对讲等功能单兵巡检装备，实现远程现场联运机制。

（三）无人机应用

针对配电网线路复杂、数量多、变化快等特点，采用以可见光建模为主的三维数据采集方法，将可见光建模、激光扫描、设备模型进行有机结合，打造基于配电网线路的低成本、真彩色、高精度实景三维模型，建立配电网三维可视化底座。基于高精度三维数字底座，试点建设以固定机场、不间断飞行皮卡机场为主要巡检工具，可见光、红外线、紫外线等多源数据融合的区域网格化巡检示范单位。

管理人员可通过监控平台向班组推送巡检任务，接收到运维巡检任务后，班组首先进行空域申请情况确认，根据配电网线路设备健康程度、配电网线路所处区域地形、配电网在线检测系统观测的线路情况，制定网格化的针对性运维巡检策略，并将运维巡检任务下发至智能装备。巡检数据可实时回传至管理平台，并进行部件缺陷识别。

一是打造以智能化无人机巡检为主，基于标准航迹库的多种无人机装备组网巡检模式；

以机群形式同步开展作业，巡检效率较人工自主巡检将提升60%以上；以智能化巡检装备深化应用及智慧配电全景监控平台建设为突破口，实现配电网线路无人机自主巡检全覆盖，树立地市级智能化巡检装备组网巡检标杆示范单位。二是规范业务流程、创新管理模式，提升运管与决策能力，全面加强无人机巡检任务闭环，建立地市级配电业务三维监控中心；将无人机飞行监管、配电网设备与线路、可视化隐患缺陷推送、无人机画面实时回传等各种监测影像及数据汇聚于同一大屏，实现配电运维各类数据的集约化和规范化管理，使管理人员能随时掌握现场情况，运筹帷幄于千里之外，实现业务闭环管理与智慧决策。三是积累智能巡检经验，奠定全面数字化运维基础，通过示范区建设持续深化无人机及智能机场应用深度和广度，全面拓展无人机应用范围和辅助检修作业场景，有效发挥资源协同效应；基于三维全景监控平台，将台区内线路设备进行三维建模，将配电设备属性、在线监测、无人机巡检、线路调度等信息进行三维立体融合展示，建立标准航迹库，建立配电网缺陷样本库，建立配电网线路三维台账，奠定配电网数字化运维基础。

（四）有序充电

随着电动汽车行业的快速发展，越来越多的电动汽车充电桩投入运行，用户对个人充电桩的需求日益强烈，部分区域由于小区建设较早，无相关配置设施，配电变压器容量不能够满足要求，如遇充电高峰期，配电变压器短期内将通过较大电流，易造成配电变压器及低压设备过载，引发故障停电，影响用户正常用电。为解决这一难题，我们在示范基地建设安装2台直流充电桩、2台交流充电桩，通过配电变压器台区TTU根据配电变压器负荷情况，动态调整交流桩充电桩电流、时间，实行错峰充电，保障居民基本生活用电，具体方案为：一是融合终端应具备就地交采能力，实时监测配电变压器负荷；二是融合终端内置有序充电就地策略开发联调；三是融合终端内置软件与无线网络通信方式适配联调；四是支持有序充电功能的交流充电桩无线通信能力改造；五是完成充电桩与物联通信单元之间的交互联调；六是完成有序充电系统联调，并通过展示平台完成就地或远程调控效果。

三、成效说明

实行配电网格化管理，解决配电网日常运检过程中因营配业务协同、外包单位管控等问题，引发的外力破坏、用户内部、设备本体等故障率较高问题，网格示范基地较上年故障平均停电时间下降74.46%；配电线路故障率同比下降32%；中压线路线损合格率99.79%；万户用户报修工单下降17.92%；意见工单下降77.5%。

深化配电变压器TTU应用，根据配电变压器负荷情况实时调整台区充电桩充电时间和电流，实现错峰用电，保障电网安全稳定运行。

利用无人机、单兵运检装备新技术，打破传统的配电网巡检业务模式，实现“巡视现场数据采集—数据上传—隐患、缺陷分析—问题工单派—问题方案编制—整治实施”业务流水线作业。

四、展示条件

展示条件包括基地展示在场地、人员、系统、装备、有关经验等方面的条件。

场地：示范基地位于淮安市青年西路与金鼎路交叉处西南处，占地面积为1362.89平方米，建筑面积为668.8平方米，建筑3栋。其中，1号楼共三层，一楼为作为工器具、仓库、无人机放置、综合机房；二楼为办公区域，设置办公室5间，每间办公室设置工位4个，营销对外接待室一间；三楼为监控大厅和多媒体会议室，如图1所示。2号楼作为营配网格外协驻点的办公和值班场所。3号楼群为淋浴室、全电厨房、餐厅。

人员：主业人员3人，第二班组3人，外协抢修人员16人。

系统：配电物联网（通道危险源、站房环网柜运行状态）配电自动化：所有自动化设备（DTU、FTU、TTU）环网柜、柱上开关、变压器的运行状态。站房机器人系统：（机器人巡检、环境监测系统、智能辅助系统）可以监测站房环境、设备运行状态。无人机管理平台：工单派发、运行轨迹回传、实时视频（正在开发）。

图1　1号楼外观图

装备：4G智能单兵巡检装备（远程监控现场抢修画面，指挥作业，监控运行人员活动轨迹），架空线路、设备局部放电检测仪、红外热成像仪、电缆故障探测仪、避雷器校验仪等。

经验：以网格为单位，将配电运检、营销、外包队伍人员集中至同一地点办公，并对指标体系实行共同承担制，增强了各人员、专业之间的协同性，增强了主业人员对外包队伍的管控力度，保障了配电网安全稳定运行，提升了供电可靠性和服务水平。

连云港连岛能源互联网践行区

一、基地简介

按照国家碳达峰、碳中和战略部署，构建新型电力系统是电网公司的重要使命。国网连云港供电公司按照国网江苏电力统一部署，充分利用海岛地区风、光等丰富的自然资源，突出实用实效，坚持开放共享，建设连岛能源互联网践行区。

连岛能源互联网践行区是连云港全域海岛智能微电网及连岛区域综合能源控制管理与展示中心，承担着开山岛、车牛山岛、平山岛、达山岛等海岛智能微电网的能源管理、信息通信等诸多功能，同时也是电力电子变压器、交直流混合配电网、直流环网等新技术、新设备的集成应用场景。

作为能源互联网实践探索基地，连岛具有独特优势。一是区域独立，连岛是江苏最大的城市化海岛，面积7.6平方千米，通过6.7千米的拦海大堤与陆地相连，是独立的能源供给区域，便于开展能源互联网建设实践；二是能源充足，岛上具有丰富的风、光、波浪等自然资源，为多种能源开发利用和全电气化改造提供条件；三是客户多元，连岛共有用电用户2900余户，包括居民、企业、部队、学校等，对能源可靠供给、用能友好互动有较高要求；四是参与广泛，依托创建国际旅游岛契机，提供开放展示平台，让游客自主参与感知，便于展示能源互联网建设成果。

二、示范项目

国网连云港供电公司紧密围绕“四个革命、一个合作”能源安全新战略，主动履行央企社会责任，打造连岛能源互联网践行区，实现对连云港全域海岛智能微电网的集中能源管理。

（一）顶层设计，开展统一规划

国网连云港供电公司结合不同地区海岛多样化用能需求，采用“定制化+模块化”相结合的规划设计方案。结合不同海岛能源资源禀赋和负荷特点，制定“安全简易、创新示范、高效控制”三套规划方案，具有模块化适用性。安全简易方案强调设备安全、运行安全、消防安全、用电安全的典型方案应用；创新示范方案深化波浪能发电、能量路由器、直流配网等关键技术应用；高效控制方案强化微电网自动化系统建设，实现微电网内部高效运行控制。针对每个岛屿的多样化特征和用能需求，综合考虑微电网运行可靠性、经济性，定制化开展微电网规划设计方案编制完善。在连岛，微电网设计以创新示范为主。在交流配电网基础上，建设 ±750伏和 ±375伏直流配电网。投运国际领先的碳化硅电力电子变压器，作为交直流混合配电网的能源枢纽。建设工业以太网、无线专网、EPON无源光网络等多种类型通信网架，部署综合能源协调控制系统，高效处理海量信息，接入全域海岛微电网信息，动态平衡发用电功率，实现能源灵活调配。基于末端智能感知系统，实现主动抢修，建设游客中心直流快充站等项目，实现海岛智慧低碳用能在航道交通、居民生活、公共服务等多领域渗透。

（二）多方合作，推进项目建设

国网连云港供电公司联合政府机关、科研院所、设备厂家等，充分发挥各方动能，共同推进微电网建设，实现了偏远海岛地区的稳定可靠供电。不同海岛先后采用过国网捐建、科技项目、军企共建、政企共建等多种方式。国网连云港供电公司为克服外海岛屿微电网建设难题，联合科研院所、设备厂家、施工单位重点论证评审施工方案，科学比选确定最优方案。联合政府、部队、港口集团等熟悉海况、海岛环境人员，统筹协调海上物资运输、海岛建设施工等事宜。各部门各专业协同严格落实设备出厂前验收及随工验收制度，确保设备和工程质量。在平山岛、达山岛，采用军企、政企合作方式。政府、部队负责项目立项，提供微电网建设期间协调、配合及适当的资金、交通支持，电网主业联合科研院所、设备厂家、电网产业从微电网规划、设计、建设、培训全流程跟踪推进微电网建设，电网企业负责联合投资、具体开展微电网工程建设。

（三）多措并举，实现高效运维

高效运维是偏远独立型微电网建成后的重中之重。在微电网方案设计中，需充分考虑微电网运行控制策略，利用自动化手段减少人工操作，增加一键黑启动等相关功能。

充分利用岛上已有的无线公网、无线专网等链路通道，将微电网运行数据甚至视频画面传输至陆地，经安全隔离装置后接入电网调度系统供电网专业人员远程运维诊断。微电网建成后需强化驻岛人员培训、运维方案制定、运维团队组织和运维后期保障，确保微电网安全稳定运行。在连岛，接收独立型微电网运行和视频信号传输，在连岛能源互联网践行区集中监测，转发至电网调度端。项目投运后，国网连云港供电公司成立专业运维团队，远程监测和诊断各海岛微电网运行情况，指导驻岛人员现场运维，特殊情况下由专业运维人员登岛特巡。

三、成效说明

连岛能源互联网践行区是连云港全域海岛能源综合管理的核心，通过充分开发海岛风、光等自然资源，统筹谋划建设方案，统一部署推进项目建设，实现了有人居住海岛供电全覆盖，构建了海岛地区清洁低碳安全高效的能源体系。

具体建设成效体现在以下几个方面。

技术效益：掌握了电力电子变压器、交直流混合配电网等关键技术，实现多能自由转换。电力电子变压器额定功率下系统效率达98%以上，故障响应时间小于1毫秒，达到国际领先水平。供电可靠性显著提升，电压合格率达100%。

环境效益：实现风电、光伏等绿色能源全消纳，推进全电气化改造，打造电气化民宿和电气化街区；全域海岛每年可输送40余万千瓦时绿色电能，实现100%绿色清洁供电。

经济效益：岛域居住区运维抢修实现无人化值守，年节约生产成本180万元；相比海缆建设投资，开山岛等为独立型微电网建设，并通过连岛能源互联网践行区进行能源综合管理，将节省投资超过1.5亿元。

管理效益：主动抢修，实现故障抢修时长缩短44分钟，抢修满意率达100%；综合能源协调控制系统实现全域海岛微电网的调控运行管理，输出典型经验。与政府签订战略合作协议，形成建设合力；编制践行区运行维护规程，确定各单位运维职责。

社会效益：建成全国首个交直流混合型海岛微电网，在新华社国内动态清样刊发，开山岛智能微电网及海水淡化项目得到中央领导批示和国网主要领导推介，公司履行社会责任、服务地方发展事迹得到地方政府、驻岛人员的广泛赞誉。

四、展示条件

连岛能源互联网践行区位于连岛旅游度假区，利用原供电所改造而成，是全域海岛的能源监测管理中心，便于参观展示。国网连云港供电公司组建柔性团队，先后利用各级领导调研、党员轮训等契机，介绍连岛能源互联网践行区建设成果。

图1　连岛能源互联网展示